Anatoli Uschomirski
HILFE, JESUS, ich bin Jude
Ein Leben zwischen den Welten

Anatoli Uschomirski

HILFE, JESUS, ich bin Jude!

Ein Leben zwischen den Welten

SCM
Hänssler

SCM

Stiftung Christliche Medien

Der SCM Verlag ist eine Gesellschaft der Stiftung Christliche Medien, einer gemeinnützigen Stiftung, die sich für die Förderung und Verbreitung christlicher Bücher, Zeitschriften, Filme und Musik einsetzt.

2. überarbeitete Auflage 2017

© der deutschen Ausgabe 2016
SCM-Verlag GmbH & Co. KG · Max-Eyth-Straße 41 · 71088 Holzgerlingen
Internet: www.scm-verlag.de · E-Mail: info@scm-verlag.de

Artikel auf S. 207-208 zuerst erschienen in idea-spektrum 17/2015, © idea

Umschlaggestaltung: Kathrin Spiegelberg, Weil im Schönbuch
Titelbild: Autor: Lea Weidenberg; Hintergrund: shutterstock.com
Bildteil: Foto S. 15 oben, Martin Weinbrenner (www.martinweinbrenner.de);
restliche Fotos privat
Satz: typoscript GmbH, Walddorfhäslach
Druck und Bindung: CPI books GmbH, Leck
Gedruckt in Deutschland
ISBN 978-3-7751-5699-8
Bestell-Nr. 395.699

Ich möchte dieses Buch meiner lieben Frau Irina widmen.
Sehr dankbar bin ich für die 37 Jahre, die wir unsere Lebensreise
Hand in Hand gehen durften. Ohne ihre Unterstützung
und Liebe wäre dieses Buch nicht entstanden.

INHALT

Ein Geschenk Gottes für uns!

Vorwort von Ulrich Parzany

Ich freue mich über dieses Buch. Es beweist mir die Treue Gottes zu seinem Volk Israel. Ich kann es nur als ein Zeichen der unverdienten Gnade Gottes sehen, dass trotz der Verbrechen an jüdischen Menschen in der Nazizeit heute wieder so viele Juden in Deutschland leben. Ein besonderes Wunder sind die kleinen, aber wachsenden Gemeinden messianischer Juden.

Anfang 2012 war ich zu Gast bei Anatoli und Irina Uschomirski in ihrer Wohnung in Echterdingen. Irina hatte ein wunderbares Abendessen bereitet. Ich hörte staunend, was beide mir aus ihrem Leben erzählten. Beim Lesen dieses Buches fühlte ich mich an jenen Abend zurückversetzt – erschüttert und beschenkt. Ein jüdisches Ehepaar findet den Messias Jesus und durch ihn entdeckt es seine jüdische Identität.

Das verstehen viele nicht. Sie meinen, dass ein Jude zum Christentum konvertiert, wenn er an Jesus Christus glaubt. Nein, Jesus war Jude, alle zwölf Apostel waren Juden, Paulus war Jude, die Jerusalemer Urgemeinde bestand aus Juden. Sie wären nie auf den Gedanken gekommen, etwas anderes zu sein. Sie haben in Jesus die Erfüllung der Geschichte Gottes mit dem Volk Israel erlebt. Und sie erlebten staunend, dass Gott den Bund mit Israel für die Völker öffnete. An der Lebensgeschichte von Anatoli und Irina Uschomirski wird das unmittelbar verständlich. Anatoli zeigt den Lesern, wie Fehlentscheidungen in der Kirchengeschichte und skandalöses Fehlverhalten der Kirchen bis heute messianischen Juden das Leben schwer machen.

Die Begegnung mit Anatoli Uschomirski ist für mich die Fortsetzung einer vierzigjährigen Geschichte mit meinem Freund und Lehrer Alfred Burchartz, dem Gründer und langjährigen Geschäftsführer des Evangeliumsdienstes für Israel. Er ist als Jude durch tiefes Leid gegangen und erkannte auf schier unfassbare Weise Jesus als seinen Messias. Er hat mich und viele Christen gelehrt, das Neue Testament gründlicher aus jüdischer Perspektive zu verstehen. Nur so kann es überhaupt verstanden werden.

Als Ende der 1970er-Jahre in den evangelischen Kirchen bestritten wurde, dass die Verkündigung des Evangeliums von Jesus zuerst den Juden gilt (Römer 1,16), hat Alfred Burchartz in Wort und Schrift dagegen die Position messianischer Juden vertreten. Im Dezember 1979 veröffentlichte er in dem von mir herausgegebenen Magazin SCHRITTE einen Vortrag zum Thema »Judenmission – eine andere Art Holocaust? Stellungnahme zu einer Kontroverse«. Leider wurde die Stimme des an Jesus glaubenden Juden in der evangelischen Kirche nicht gehört.

Anatoli Uschomirski setzt diesen Dienst als theologischer Referent des Evangeliumsdienstes für Israel fort. Er und andere messianische Leiter der jüngeren Generation können uns in den christlichen Gemeinden helfen, die biblischen – und das heißt: jüdischen – Wurzeln unseres Glaubens an Jesus Christus besser zu verstehen. Sie sind ein Geschenk Gottes an uns. Hoffentlich wissen wir das zu schätzen.

Ulrich Parzany

HILFE, ICH BIN EIN JUDE!

Juden in der Ukraine

Ich wurde am 8. April 1959 als Kind jüdischer Eltern geboren. Meine Familie lebte in Kiew, der Hauptstadt der Ukraine. Kiew ist eine riesige Metropole mit ca. 3 Millionen Einwohnern, von denen sehr viele Juden waren, die meisten von ihnen assimiliert. 70 Jahre Kommunismus sind auch an ihnen nicht spurlos vorbeigegangen. Oft war es nur der Nachweis im Personalausweis, der ihre jüdische Identität bescheinigte. Auch meine Familie war nicht besonders religiös und eher säkular geprägt, auch wenn wir auf dem Papier nachweislich Juden waren.

Die meisten ukrainischen Juden kannten kaum die Geschichte ihres Volkes und wussten nichts vom Gott ihrer Väter. Dennoch konnte man Juden von Ukrainern unterscheiden. Ihre Gesichtszüge, ihre Gewohnheiten, ihre Sprache, ihre Witze, ihr Essen waren anders. Es herrschte schon immer offener oder auch verborgener Antisemitismus in der Ukraine. In den Überlieferungen, den Witzen und Erzählungen hat man Juden als gierige und hässliche Personen verabscheut. Im Personalausweis musste man unter Punkt 5 die Nationalität eintragen. Wer dort als Ukrainer oder Russe registriert war, hatte Glück, denn alle Türen standen ihm offen: ein Studium, gute Arbeitsstellen und vieles mehr. Für Juden sah es anders aus. Es herrschte ein ungeschriebenes Gesetz, welches besagte, dass auf der Universität in Kiew nur ein geringer Prozentsatz von Juden aufgenommen werden durfte. So verhielt es sich auch in den Betrieben: Es gab kaum Juden, die eine große Firma leiteten. Gleichzeitig versuchte jeder Chef, einen jüdischen Berater einzustellen, weil Juden als sehr gebildet galten.

Als ich später die Geschichte der Juden studierte, habe ich verstanden, weshalb unser Volk so viel Wert auf Bildung legt. Die Juden wurden durch die Jahrhunderte überall gejagt und vertrieben. Oft mussten sie fliehen, um ihr Leben zu retten, ohne ihre Habseligkeiten mitnehmen zu dürfen. Das Einzige, was sie immer mitnehmen konnten, waren ihre Intelligenz und ihre hohe Bildung. Aus diesem Grund haben Juden schon immer enorme Leistungen erbracht, um ihren Kindern eine gute Bildung zu ermöglichen.

Punkt 5 im Personalausweis war für die Juden in der UdSSR wie ein gelber Stern – ein Erkennungszeichen. Es gab auch viele Witze darüber, bis zur Bezeichnung: »die Behindertengruppe 5«. Kein Jude wollte, dass andere in seinen Personalausweis blicken. Sich öffentlich als Jude zu bekennen, war peinlich.

Mit zehn Jahren wurde ich zum ersten Mal mit meiner jüdischen Identität konfrontiert. Zwei Mitschüler verprügelten mich grausam ohne jeglichen Grund. Dabei hörte ich von ihnen die Worte: »stinkender Jude«. Offensichtlich hatte das aber nichts mit meiner Hygiene zu tun.

Woran konnte man erkennen, dass ein Kind aus einer jüdischen Familie stammte? Es gab in den Schulklassen Namenslisten aller Schüler, auf denen nicht nur der Name, sondern auch die Nationalität des Schülers stand. Wir vier Juden in der Klasse hatten immer Angst, wenn der Lehrer diese Liste in den Pausen auf seinem Tisch liegen ließ. Wir wollten auf keinen Fall, dass unsere Klassenkameraden in die Liste blickten und unser Geheimnis entdeckten.

Ich habe damals nicht verstanden, weshalb ich so abwertend als stinkender Jude bezeichnet wurde. Jahrzehnte später habe ich erfahren, woher der Ausdruck stammt. Im Anhang erläutere ich, wo diese Beschimpfung ihren Ursprung hat. Damals, in meiner Kindheit, hatte ich das nicht wissen können. Also wollte ich herausfinden, was es damit auf sich hatte. Zu Hause stellte ich meiner Mutter viele Fragen, die sie nicht beantworten konnte: »Was heißt es, ein Jude zu sein? Ist es etwas Schlechtes, ein Jude zu sein? Warum hasst man die Juden? Kann ein Jude ein Nichtjude werden, um sich alle Unannehmlichkeiten im Leben zu ersparen?« Meine Mutter glaubte an die kommunistische Partei, den Internationalismus und an große sowjetische Ideale. Ihr Bruder war mit 19 Jahren im Krieg gegen die Deutschen ums Leben gekommen. Vier ihrer Onkel ließen ihr Leben im Kampf für die Sowjets. So versuchte sie mir beizubringen, dass es einfach schlecht erzogene Kinder waren, die mich in der Schule beleidigten und schlugen. Das konnte ich nicht glauben, entschied mich aber, meine jüdische Identität nicht mehr einfach so preiszugeben.

Man konnte die Juden in der Ukraine auch an ihren Nachnamen erkennen. Es gab ausgesprochen jüdische Nachnamen wie Rosenfeld, Shapira oder Rabinowitsch. Mein Name Uschomirski war nicht besonders jüdisch. Der Mädchenname meiner zukünftigen Frau Irina war Kaz. Dieser Name war während des Zweiten Weltkrieges wie ein gelber Stern. Meine Frau erinnert sich: »Ich hatte keine Freunde beim Spielen im Hof, weil ich jüdisch war. In der Schule raufte ich mich ständig mit jemandem, weil ich oft gehänselt wurde. Das alles führte dazu, dass sich die jüdischen Kinder und später die jungen Leute zusammenschlossen und eigene Gruppen bildeten. Für mich war es so wichtig, mein Volk nicht zu verraten und meine jüdische Identität nicht zu verlieren.«

Nach dem Berufsschulabschluss musste jeder Absolvent vor ein Komitee treten, damit ihm sein künftiger Arbeitsplatz zugewiesen werden konnte. Es gab gute und weniger gute Arbeitsplätze. Für die Juden blieben oft nur die schlechten übrig. In Betrieben, in denen Waffen produziert wurden, durften Juden überhaupt nicht arbeiten. Als ich vor das Komitee trat, wurde mir mitgeteilt, dass ich in einem solchen Betrieb einen Arbeitsplatz bekäme. Ich traute meinen Ohren kaum! Aber der Vorsitzende bestätigte mir die Zuteilung erneut. Erst als ich die Papiere in meinen Händen hielt, fragte mich einer aus dem Komitee, ob mein Nachname nicht jüdisch sei Aber da waren die fertigen Papiere, die man nicht für ungültig erklären konnte. Deshalb fragte ich sehr frech zurück: »Und Ihr Name ist nicht jüdisch?« Später habe ich verstanden: Sie waren zu faul, um in den Personalunterlagen meine Nationalität zu überprüfen, und hatten daher diesen Fehler begangen. Meine zukünftige Frau mit ihrem typisch jüdischen Nachnamen Kaz hatte jedenfalls keine Chance, einen guten Arbeitsplatz zugewiesen zu bekommen.

Meine Familie – und meine Clique

Mein Vater starb, als ich elf Jahre alt war. Er hatte Lungenkrebs. Er wurde operiert, aber nach der Narkose blieb sein Herz stehen und man konnte ihn nicht mehr wiederbeleben. Das war meine erste Konfrontation mit dem Tod in der Familie. Den Sarg mit der Leiche meines Vaters bahrte man in unserer kleinen Zweizimmerwohnung auf, und ich fürchtete mich sehr, vorbeizulaufen, wenn ich auf die Toilette musste. An der Beerdigung nahm ich nicht teil. Meine Oma war der Meinung, dass man Kinder nicht zum Friedhof mitnehmen dürfe. Neun Jahre später heiratete meine Mutter einen anderen jüdischen Mann, den sie aus ihrer Kindheit kannte. Damit bekam ich einen Stiefvater.

Trotz des latenten Antisemitismus gab es für jüdische Jugendliche Wege, nicht Außenseiter zu sein. Mit 16 Jahren wurde ich Mitglied einer Clique. Ihr Anführer war ein zwei Jahre älterer hochgewachsener Ukrainer namens Wolodya. Wir wohnten im gleichen Plattenbauwohnhaus. Wenn Wolodyas Vater betrunken war, ging er im Hof umher und schrie: »Gib mir eine Sokyra[1], ich möchte den Juden den Kopf abhaken!« Alle in unserer Clique wussten, dass ich Jude war. Diese Tatsache störte sie allerdings nicht, weil ich mich als guter Kamerad erwiesen hatte und mich gut prügeln konnte. Außerdem duldete ich ihre antisemitischen Witze, die sie ab und zu rissen. Es ist mir heute unangenehm, an dieses Verhalten von damals zurückzudenken, aber ich hatte schlichtweg Angst, mich zur Wehr zu setzen, und meine jüdische Identität war damals durch negative Erfahrungen geprägt worden. Interessanterweise habe ich viele Jahre später ähnlich unangenehme Situationen erlebt. Zu diesem Zeitpunkt war ich schon Jesus begegnet, hatte aber bis dahin nicht viel Erfahrung mit meinem Glauben. Ich saß in einer Gruppe ungläubiger Männer. Einer erzählte einen vulgären Witz über Jesus. Ich lachte nicht mit, aber widersprach auch nicht. Daraufhin habe ich für mich beschlossen, bei solchen Gelegenheiten nie wieder zu schweigen. Dennoch kann ich gut nachvollziehen, dass ein Mensch in solchen Situationen versagen kann.

Nachdem ich schon drei Jahre in Deutschland gelebt hatte, besuchte ich zum ersten Mal meine Heimatstadt Kiew. An die ganz besondere Begegnung mit Wolodya, dem Anführer unserer Clique, kann ich mich recht gut erinnern. Er hatte zu diesem Zeitpunkt schon einige Jahre Gefängnis hinter sich. Wir hatten uns schon seit 13 Jahren nicht mehr gesehen, sodass es mir schwerfiel, ihn zu erkennen. Er freute sich sehr, mich zu sehen, und war sehr freundlich. Er sah überhaupt nicht wie ein Krimineller aus. Und dann erzählte mir Wolodya mit Begeisterung, dass er nach dem Gefängnisaufenthalt in einer Pfingstgemeinde zum Glauben an Jesus gefunden hatte. Wir unterhielten uns und er erzählte mir ausführlich, weshalb er als Christ das jüdische Volk so sehr liebte. Es sagte, dass es ihm eine besondere Ehre sei, mir das mitzuteilen. Ich konnte damals kaum glauben, dass dieser Jesus eine solche Kraft hatte, aus einem Antisemiten einen Freund des jüdischen Volkes zu machen!

GIBT ES GERECHTIGKEIT?

Eine schreckliche Entdeckung

In meiner Jugend begann ich, mich heimlich für meine jüdische Herkunft zu interessieren. So forschte ich in der Geschichte und im Leben meiner Vorfahren. Zu Hause fand ich ein Buch, das mir ziemlich eigenartig vorkam. Es enthielt nur Namen. Lauter jüdische Namen und einige wenige Fotos. Ich fand heraus, dass das die Namen der Juden waren, die in der Schlucht von Babyn Jar am 29. und 30. September 1941 zusammengetrieben und umgebracht wurden. Leider wurde die Geschichte des »Holocaust« in der ehemaligen Sowjetunion verschwiegen. Die Ideologie der Kommunisten war schon antisemitisch geprägt und man wollte den Juden keine »Extrarolle« im Zweiten Weltkrieg zuteilen. Als nach dem Krieg das Verbrechen der Nazis in Babyn Jar an die Öffentlichkeit trat, ersetzte man in den Berichten das Wort »Juden« mit dem Begriff »die sowjetische Zivilbevölkerung«. Nach der offiziellen Version ermordete man auch Juden, aber nicht mehr oder gezielter als andere Bevölkerungsgruppen. Deswegen wollte ich erfahren, warum so viele jüdische Namen in einem Buch gesammelt sind und weshalb dieses Buch bei uns zu Hause lag.

Die Namen waren alphabetisch geordnet. Aus reiner Neugier schlug ich die Seite mit dem Buchstaben »U« auf. Mir lief ein kalter Schauer den Rücken hinunter, als ich die Namen meiner Verwandten las: der Name meines Großvaters, meiner Tante und die Namen zweier Cousins, fünf und drei Jahre alt. Mir drängten sich viele ungeklärte

Fragen auf: Wie waren sie umgekommen? Warum hatte mir das keiner erzählt? Gab es irgendwo ein Grab oder ein Denkmal, wo man sie hätte beweinen können?

Meine Frau erzählte mir später, dass sie als Kind mit ihrer Familie ganz in der Nähe dieses Orts »Babyn Jar« lebte. Es war eine große Schlucht mitten im Wald. Kinder und Teenager spielten dort, ohne zu ahnen, was in dieser Schlucht geschehen war. Oft fand man dort Knochen oder ein altes rostiges Messer. Ein Junge stieß dort einmal auf eine deutsche Pistole.

Dieser Ort des Grauens wurde bis zum Ende der 60er-Jahre weder durch ein Denkmal noch durch eine Hinweistafel gekennzeichnet. Die Eltern und die Schwester meines Stiefvaters waren ebenfalls in Babyn Jar ermordet worden. Ich kann mich noch gut erinnern, wie meine Mutter und mein Stiefvater jedes Jahr am 29. September dorthin gingen und dort zwei Blumensträußchen auf einen mit Gras bewachsenen Hügel legten. Das taten auch viele andere Menschen, die keinen Ort hatten, an dem sie ihre Toten beweinen konnten.

Erst 23 Jahre später, als ich schon in Deutschland lebte, hatte ich die Möglichkeit, die schreckliche Geschichte von »Babyn Jar« (ukrainisch: »Babyn Jar«) ausführlich zu lesen. An diesem Ort des Grauens wurden am 29. September 1941 33 771 Juden (nicht gerechnet Tausende von kleinen Kindern) aus Kiew und Umgebung erschossen. Das Massaker von Babyn Jar war einer der Anklagepunkte in den Nürnberger Prozessen. Das sowjetische Anklageteam legte dort schriftliche Dokumente über die Exhumierungen vor. Im Jahr 1968 wurden weitere acht Mitglieder des Sonderkommandos 4a im »Callsen-Prozess« vom Landgericht Darmstadt zu langen Haftstrafen verurteilt. SS-Hauptsturmführer Kuno Callsen war Stellvertreter des SS-Offiziers und Leiters des Sonderkommandos Paul Blobel. Generalfeldmarschall Walter von Reichenau war schon 1942 an einem Schlaganfall gestorben. Generalmajor Kurt Eberhard verübte 1947 während seiner US-Internierung in Stuttgart Suizid.[2]

Im Mai 1971 wurde vor dem Landgericht in Regensburg ein Prozess gegen den Kommandeur des Polizei-Bataillons 45, Martin Besser (79), den Kompanieführer Engelbert Kreuzer (57) und den Feldwebel der Kompanie Fritz Forberg (66) wegen Beihilfe zu tausendfachem Mord eröffnet. Schon nach zwei bzw. drei Tagen aber stellte man das Verfahren gegen Besser und Forberg aufgrund amtlich attestierter Verhandlungsunfähigkeit ein bzw. unterbrach es. Kompanieführer Kreuzer klagte man zudem als Mittäter bei 40 000-fachem Mord an. Im August 1971 wurde der Polizeimajor und SS-Sturmbannführer Kreuzer vom Gericht für schuldig befunden und zu sieben Jahren Haft wegen Beihilfe zum Massenmord von Babyn Jar verurteilt. Darüber hinaus war er laut Urteil an den Morden von Berdytschiw, Chorol, Slawuta, Schepetowka, Sudylkow und Winniza beteiligt. Das Regensburger Landgericht war örtlich zuständig, da das Polizeibataillon 45 zum Polizeiregiment Russland-Süd gehörte und dessen Kommandeur, René Rosenbauer, in Regensburg lebte. Das Verfahren gegen den Oberstleutnant Rosenbauer, der das Kommando des oben genannten Regiments innehatte, wurde schon im Vorfeld wegen Verhandlungsunfähigkeit eingestellt. Keiner der Wehrmachtsoffiziere, die sich an der Vorbereitung, Durchführung oder Vertuschung des Massakers beteiligt hatten, musste sich jemals vor Gericht verantworten.[3]

Ein Brief aus Kiew

Zu Hause fand ich in einem Buchumschlag einen Brief, der in kargen Worten den Tod meiner Verwandten beschrieb. Diesen Brief hatte meine Tante zweiten Grades an eine Organisation in Philadelphia (USA) verschickt. Die Kopie davon hatte meine Mutter im Buchumschlag versteckt. Darin konnte ich einiges über den Tod meines Großvaters David Uschomirski und seiner Familie erfahren. Hier die Übersetzung dieses Briefes:

Ich schreibe Ihnen aus Kiew, der Stadt, in der die Tragödie von Babyn Jar stattgefunden hat.

Freunde aus Philadelphia haben mir geschrieben, dass auf Ihre Initiative hin Shimon Kipnis, das Buch »Buch der Erinnerung« über die Tragödie von Babyn Jar veröffentlicht wird.

Was für eine gütige Idee das doch ist! Vielen Dank Ihnen dafür!

Ich will, dass in dieses Buch die Namen meiner Mutter, meines Großvaters, meines Bruders und meiner Schwester eingetragen werden. Mein Großvater – David Jakowlewitsch Uschomirski, von Beruf Schuhmacher, hatte zwölf Kinder. Am Leben blieben nur acht.

Mein Großvater liebte meine Mutter Bronislava Davidovna von ganzem Herzen: Sie war sein ganzer Stolz, weil sie als einzige Tochter des armen Uschomirski einen Hochschulabschluss hatte – sie war Ärztin. Als der Krieg begann, gingen zwei Brüder meiner Mutter an die Front. Viele unserer Verwandten wurden evakuiert. Wir wollten auch weggehen, aber unglücklicherweise erkrankte mein dreijähriger Bruder Dimitri an Scharlach. Meine Mutter konnte sich nicht auf den Weg machen, während sie ein krankes Kind im Arm hielt. Als wir einen Monat später Dima aus dem Krankenhaus abholten, wurde meine fünfjährige Schwester Mila krank. Auch sie hatte Scharlach. Auch da konnten wir nicht fahren …

Und trotzdem schickte mein Großvater meine Großmutter, eine seiner Töchter und mich mit dem letzten Zug aus Kiew weg. Er selbst blieb bei meiner Mutter. Er konnte seine Lieblingstochter nicht »verlassen« …

Sie alle kamen in Babyn Jar um. Ich bin die einzige Überlebende aus unserer großen, fröhlichen Familie. Jedes Jahr gehe ich am 29. September wie Tausende andere nach Babyn Jar, lege dort frische Blumen hin, wo sie ermordet wurden, und weine, weine, weine …

Jetzt werde ich wissen, dass mein Großvater, meine Mutter, meine Schwester und mein Bruder nach der jüdischen Tradition auf dem jüdischen Friedhof in Philadelphia beerdigt sind.

Meine Tante, die diesen Brief geschrieben hatte, war zu diesem Zeitpunkt schon verstorben. Ich habe diese Geschichte tief in meinem Herzen begraben. Sie war zu schmerzhaft, um mit jemandem darüber zu sprechen. Doch dieser »Same« ging auf und ich begann, Deutsche dafür zu hassen, was sie meinen Verwandten und meinem Volk angetan hatten. Gleichzeitig wuchs in mir eine Ablehnung gegen alles, was nicht jüdisch war. Die Gesellschaft übte Druck auf die Juden aus und das war die entsprechende Reaktion.

GOTT REDET DURCH MENSCHEN

Die sowjetische Gesellschaft, in der ich aufgewachsen bin, war von der Ideologie geprägt, dass der Mensch von Natur aus gut ist und alles aus eigener Kraft erreichen kann. Besonders wichtig waren eine gute Bildung, Intelligenz, gesellschaftlicher Status und die Fähigkeit, sich mit Ellenbogen durchzusetzen. Ich versuchte, mein Leben entsprechend dieser Werte selbst zu bestimmen, doch es gelang mir nicht. Obwohl ich einen guten Job und Freunde hatte, spürte ich, dass mein Leben ins Leere lief. Meine Intuition sagte mir, dass das Leben aus mehr besteht als aus Kameradschaft, Arbeiten, dem Bücherlesen und dem Musikhören. Das Leben musste einen tieferen Sinn haben, vielleicht in unserer Seele. Doch womit füllt man die eigene Seele, damit sie glücklich wird?

Gott klopfte zweimal bei mir an

Mit 20 Jahren musste ich als treuer sowjetischer Bürger zwei Jahre beim Militär dienen. Leider wurden Juden dort sehr schlecht behandelt. Besonders das Militär wurde von antisemitischen Klischees beherrscht. In der Zivilgesellschaft war es möglich, die eigene jüdische Identität nicht preiszugeben. Beim Militär war es jedoch schwierig. Man wusste alles über jeden, weil Familienstand, Briefwechsel, persönliche Neigungen offengelegt und kontrolliert wurden. Juden galten als Menschen zweiter Klasse. Manchmal musste ich hart kämpfen, um den anderen zu beweisen, dass auch ich etwas wert war. Es herrschte immer latenter Antisemitismus unter Ukrainern und Russen. Desto mehr überraschte mich die Begegnung mit einem russischen Mann, der sich anders verhielt. Er war in meiner Abteilung und vom ersten Tag an stellte ich fest, dass mit diesem Mann etwas nicht stimmte. Im Unterschied zu anderen fluchte er nicht, rauchte nicht, arbeitete fleißig und schimpfte nicht über die Juden. Als ich mehr über sein Leben erfahren wollte, erzählte er mir, dass er an Gott glaube und eine Baptistengemeinde besuche. Das war der erste Jesus-gläubige Mensch, dem ich bis dahin begegnet war. Wir sprachen oft miteinander und er erzählte mir von Gott, von Jesus und der Bibel. Ich hatte großen Respekt vor ihm. Im Rückblick muss ich feststellen, dass Gott schon damals leise an die Tür meines Herzens klopfte.

Zum zweiten Mal klopfte er an, als mir auf der Straße von Charkiv ein Straßenevangelist eine Bibel anbot. Als ich das Geschenk ablehnte, antwortete der Mann Folgendes: »Auch über dich steht etwas in diesem Buch.« Er schlug Psalm 14 auf und gab mir Vers 1 zu lesen: »Nur Narren sagen sich: ›Es gibt keinen Gott!‹ Sie sind durch und durch schlecht und ihre Taten sind böse. Es gibt keinen, der Gutes tut!« Ich war schockiert: »Bin ich etwa ein Narr?«, dachte ich. Damals habe ich die Botschaft ignoriert, aber das Leben selbst zeigte mir, wie unfähig ich war, aus mir selbst heraus etwas Gutes aus meinem Leben zu machen.

Die beste Ehefrau von allen

Ich hatte schon mehrere Freundschaften mit Mädchen gehabt, als ich meine zukünftige Frau kennenlernte. Als meine Mutter mich einmal fragte, welche Ehefrau ich mir in der Zukunft wünsche, antwortete ich: »Ich werde nur die schönste Frau von allen heiraten!« Das war sehr eitel! Ich war mehrmals verliebt und gleichzeitig hatte ich keine Ahnung, was Liebe bedeutet. Meine Beziehungen mit Mädchen wurden durch Egoismus geprägt und sobald ich das bekommen hatte, was ich brauchte, dachte ich ans nächste Abenteuer. Die Welle der »Free Love«, die uns aus Amerika erreicht hatte, begeisterte mich. Rockmusik, Drogen und wechselnde Beziehungen bestimmten mein Leben, als ich Abitur machte. Doch dann drängte sich mir wie jedem jungen Menschen irgendwann die Frage auf, was ich aus meinem Leben machen will. Ich fragte mich, welchen Beruf ich erlernen soll, und war unentschlossen. Ich wusste nur, dass ich keinen Beruf erlernen wollte, der etwas mit Mathematik zu tun hatte. Ich hasste Mathematik. In dieser Zeit sah ich eine Anzeige von der »Republikanischen technologischen Fachschule für Fototechniken«. Da ich das Fotografieren mochte und glaubte, Talent zu haben, entschloss ich mich, Fotograf zu werden.

Außerdem wurde in der Aufnahmeprüfung nicht Mathematik, sondern Chemie geprüft. Von Chemie wusste ich zwar genauso wenig wie von Mathematik, aber ich hasste sie nicht, was größtenteils an meiner Chemielehrerin lag, die ich sehr sympathisch fand. So begann ich meine Ausbildung zum Fotografen.

Die Berufsschulklasse bestand hauptsächlich aus Mädchen. Intuitiv konnte ich jüdische Mädchen von nicht jüdischen unterscheiden. Nicht dass die jüdischen Mädchen einen besonderen Kleidungsstil hatten oder sich anders verhielten – sie waren genauso assimilierte sowjetische Mädchen wie die anderen. Aber die Nachnamen waren anders. Ich habe schon zuvor erwähnt, dass man in der ehemaligen Sowjetunion Juden an ihren Nachnamen erkennen konnte. Auch die Gesichtszüge der Juden unterschieden sich von denen anderer Volksgruppen. Es gab viele Juden, die ihre jüdischen Nachnamen in ukrainische oder russische Nachnamen wechselten. Das traf man oft in gemischten Familien an, in denen der Vater ein Jude und die Mutter eine Nichtjüdin war oder umgekehrt. Um sich und ihre Kinder vor Antisemitismus zu schützen, nahmen solche Familien eine ukrainische oder russische Identität an – *die Bezeichnung »Jude«, »Ukrainer« oder »Russe« war im Pass eingetragen* – und versuchten zu verheimlichen, dass sie als Juden geboren wurden. Leider wurden solche Menschen häufig zu schlimmen Antisemiten. Dadurch wollten sie (vielleicht auch sich selbst) beweisen, dass sie mit den Juden nichts gemeinsam hatten.

Wir, die keine Chance hatten, unsere Nationalität zu wählen, weil alle unsere Vorfahren jüdisch waren, verabscheuten solche Menschen. Und oft bildeten wir eigene jüdische Subkulturen, zu denen andere keinen Zugang hatten. Das war unser Schutz und hat uns vor der Assimilation bewahrt. Auch den zukünftigen Lebenspartner suchte man sich in den eigenen Kreisen.

So lernte ich Irina Kaz kennen. Die Juden, die so hießen, wussten, dass sie von den anderen sofort als Juden »disqualifiziert« wurden. Sie mussten mit Beleidigungen und Ausgrenzungen rechnen. Am Rande erwähnt, hat die Geschichte des Antisemitismus in der Ukraine tiefe Wurzeln. Als Beispiel möchte ich die Geschichte des ukrainischen Helden Bogdan Chmelnyzkyj erzählen. Diesen Namen kannte jeder Ukrainer. Auf einem der größten Plätze Kiews stand eine riesige Statue dieses Mannes, der sich für die Rechte der ukrainischen Kosaken eingesetzt hatte. Im Jahre 1648 unternahm er einen Aufstand gegen die Adelsrepublik Polen-Litauen, bei dem mehr als 50 000 Juden auf grausamste Weise ermordet wurden. Tausende jüdische Gemeinden in Polen und in der Ukraine wurden zerstört. In unseren Schulbüchern galt Bogdan Chmelnyzkyj als Nationalheld, der die Ukraine von der polnischen Knechtschaft befreit hatte und einen Bund mit Russland eingegangen war. Das glaubten auch wir Juden. Umso mehr war ich überrascht, als ich erst hier in Deutschland die Wahrheit über den Chmelnyzkyj-Aufstand erfuhr. In diesem Zusammenhang möchte ich dem Leser das Buch von Isaac Bashevis Singer, »Jakob der Knecht«[4], empfehlen. Es ist heute sehr beunruhigend zu sehen, wie berühmte Antisemiten wie Bogdan Chmelnyzkyj Popularität im ukrainischen Volk gewinnen. Der Rahmen dieses Buches erlaubt mir nicht, die

Geschichte des Antisemitismus in der Ukraine ausführlich zu beleuchten, weshalb ich zu meiner eigenen Geschichte und der Begegnung mit Irina Kaz zurückkehre.

Ich hätte damals nicht den Nachnamen Kaz tragen wollen. Erst als ich mehr über das Judentum lernte, erfuhr ich, dass der Nachname Katz ein hoch angesehener Name unter frommen Juden ist. Das hat einen bestimmten Grund: Der Nachname Kaz ist eine Abkürzung von *Kohen Zadik*, was einen Vertreter des hohepriesterlichen Geschlechts verrät. Mein Schwiegervater, der auch ein assimilierter Jude war, kannte die Bedeutung auch nicht, aber er trug seinen Nachnamen mit Stolz bis zum heutigen Tag. Seine Tochter Irina, die mit mir zusammen Fotografie studierte, war sehr hübsch und ich verliebte mich sehr in sie. Das Schicksal trug dazu bei, dass wir einander besser kennenlernten. Als Fototechniker mussten wir lernen, einen 35-mm-Film in eine Kleinbildpatrone aufzuwickeln. Damals gab es noch keine Digitalfotografie und alle fotografierten mit Analogkameras.

Eines Tages fanden Irina und ich uns in einer Dunkelkammer wieder, in der wir Filme für eine ganze Klasse aufwickeln sollten. Da die Filme sehr lichtempfindlich waren, musste man sie in vollkommener Dunkelheit fertigstellen. Dieser Prozess dauerte lange, die Dunkelheit verschluckte unsere Schüchternheit und weckte unser Interesse aneinander. Ich meine hier keine erotischen Gefühle, sondern echtes gegenseitiges Interesse, einander als Persönlichkeiten kennenzulernen. Während dieser Zeit öffneten wir uns einander und stellten mit Freude fest, dass wir die gleiche Literatur lasen und in vielen Dingen ähnliche Ansichten hatten. Es gab eine gemeinsame Basis, weil wir Juden waren, und dadurch konnte sich unsere Beziehung weiterentwickeln. Wir waren verliebt! Doch kurz darauf wurde ich zum Militär einberufen.

Beim Militär

Nach zwei Monaten Armeedienst erkannten Irina und ich, dass unsere Liebe nicht verging, sondern noch größer wurde. Da wir uns nicht sehen konnten – es gab damals noch kein Skype! –, schrieben wir einander fast jeden Tag Briefe. Allerdings landeten 90 Prozent meiner Briefe bei einer falschen Adresse vier Häuser weiter entfernt. Irina machte sich Sorgen, weshalb ich so selten schrieb. Dank eines schlampigen Postboten lagen zu dieser Zeit mehrere Stapel meiner Briefe ungeöffnet in einer Mülltonne.

Irgendwann hielt sie es nicht mehr aus und kam mich besuchen. Ihr Besuch brachte Sonnenschein in den dunklen Alltag meines Kasernenlebens. Nach drei Monaten wollte sie mich wieder besuchen, doch ihre Mutter hatte Einwände. Sie war der Meinung, dass ein gutes jüdisches Mädchen nicht irgendwohin fahren sollte, um einen Soldaten zu besuchen, das machten nur Flittchen. Doch das beeindruckte Irina nicht. Wir wollten uns sehen und konnten unsere lange Trennung nicht mehr ertragen. So machte ich ihr einen Heiratsantrag. Wir hatten aber kein Geld für Eheringe. Dieses schenkten uns Irinas Eltern. Das war mir unangenehm, aber als Soldat verdiente ich bloß 30 Rubel im Monat und konnte keine Ringe bezahlen. Da ich aber die Ringe selbst kaufen wollte, bat ich Irina, mir das Geld zu überweisen. In der Nähe von unserer Militärbase befand sich ein Juweliergeschäft. Die meisten Juden in der Sowjetunion durften in speziellen Militäreinheiten dienen, die keine Waffe benutzten. Das waren die sogenannten Baueinheiten, deren einzige »Waffe« die Schaufel war. Wir bauten unterschiedliche Gebäude für militärische Zwecke. Da ich die meiste Zeit auf einem Bau verbrachte, war meine Uniform sehr schmutzig und nach einem anstrengenden Tag der Beschäftigung mit Beton und Zement sah ich nicht sehr repräsentativ aus. Mein Aussehen erweckte kein großes Vertrauen bei der Verkäuferin, als ich den Juwelierladen betrat. Sie war nahe dran, die Polizei zu holen. Als ich ihre Verwirrung bemerkte, versuchte ich sie zu beruhigen und beschwichtigte sie, indem ich gleich sagte, dass ich Eheringe kaufen wollte. Das überzeugte sie jedoch nicht unbedingt, weil mein Äußeres alles Mögliche vermuten ließ, aber nicht, dass ich das Geld für Eheringe hatte. Als ich mit meiner mit ausgetrocknetem Zement verklebten Hand das Geld aus der Hosentasche hervorkramte, war die Verkäuferin endlich beruhigt. Ich kaufte nun die Ringe und versteckte sie in meinem Kissenbezug. Jeden Morgen nahm ich sie zur Baustelle mit, damit sie mir niemand entwenden konnte.

Hochzeit mit Hindernissen

Fünf Monate später, am 22. Dezember 1979, heirateten wir. Irina kam mit dem Zug und wir gingen gemeinsam zum Standesamt. Auf dem Weg fiel uns ein, dass wir keine Trauzeugen hatten. In der Hektik der Vorbereitungen hatten wir vergessen, dass die Begleitung durch die Trauzeugen vom Gesetz verpflichtend war. Kurzerhand bat ich einen Militärkameraden, mein Trauzeuge zu sein. Nun fehlte noch eine weibliche Trauzeugin. Ich kannte flüchtig eine Kartenverkäuferin am Bahnhof, zu der wir schnell eilten und das Glück hatten, die am Arbeitsplatz anzutreffen. Sie war sehr überrascht über unsere Bitte, konnte diese jedoch nicht abschlagen, da es als sehr unhöflich galt, einem Brautpaar abzusagen. Sie schloss ihre Kasse und ging mit uns zum Standesamt.

Das nächste Problem bestand darin, die Trauzeremonie so schnell wie möglich hinter uns zu bringen. Ich hatte nämlich keinen ordentlichen Urlaub von meinem Vorgesetzten erhalten und war ohne Erlaubnis abwesend. Jede Militärstreife konnte mich verhaften und in ein Militärgefängnis bringen. Ich blickte immer unruhig umher, um die Gefahr rechtzeitig zu erkennen.

Als wir endlich vor den Türen des Standesamts standen, waren diese verschlossen! Später erfuhren wir, dass die Beamtin verschlafen hatte. Eine halbe Stunde später erschien sie ohne jegliche Entschuldigung und sagte: »Das dauert noch, ich muss noch den roten Teppich für euch ausbreiten.« – »Keinen Teppich!«, schrie ich ganz nervös. »Machen Sie Ihre Sache, aber schnell!« Die Reaktion der Beamtin war ähnlich wie die der Frau im Juwelierladen. Wir waren wirklich ein sehr ungewöhnliches Brautpaar! Sie verheiratete uns somit sehr schnell! So abenteuerlich und gewagt das alles klingt, eins weiß ich sicher: Wir waren sehr verliebt und weder Konventionen noch Traditionen spielten für uns eine Rolle. Nicht zu vergessen: Wir waren damals erst 20 Jahre alt.

Wenn ich nach 35 Jahren Eheleben zurückblicke, kann ich nur festhalten: Es war Gott, den wir damals nicht kannten, der aber unsere Ehe durch all diese Jahre getragen hat. Wir hatten die schlechtesten Voraussetzungen, um eine solide Ehe aufzubauen: kein Geld, keine Wohnung und keine Ahnung davon, wie eine Ehe funktioniert. Es war nur die Gnade Gottes, die uns so viele Jahre zusammengehalten hat. Erst nach unserer gemeinsamen *Teschuva* (Umkehr zu Gott) haben wir begonnen, unsere Ehe nach biblischen Maßstäben auszurichten. Zuvor jedoch mussten wir kleine und große Pannen in unserer Ehe erleben. Heute dürfen wir unsere Ehe genießen und ich kann mit Sicherheit sagen: Ich habe die beste Ehefrau von allen!

AUF DER SUCHE NACH DER WAHRHEIT

Düstere Zeiten

Als ich 30 Jahre alt war, sah mein Leben düster aus. Das Familienleben war eine Katastrophe. Ich konnte nicht begreifen, dass Ehe kein Abenteuer ist, sondern mit Verpflichtungen zu tun hat. Ich ging mit meinen Freunden abends etwas trinken und amüsierte mich mit anderen Frauen. Meine Frau musste zu Hause bleiben und alles schlucken. Wir stritten oft miteinander. Ich verlor auch Geld beim Kartenspielen. Ich genoss die Gesellschaft von seltsamen, gar kriminellen Typen.

An meiner Arbeit hatte ich auch keine Freude mehr und ich wusste nicht, an wen ich mich mit meinen Problemen wenden sollte. So begann ich, mir existenzielle Fragen zu stellen: Welche Bestimmung hat der Mensch auf der Erde? Ist es nur Zufall, dass wir existieren? Welche Rolle spielt meine jüdische Herkunft? Ich suchte die Antworten in der Philosophie und in östlichen Religionen.

Zunächst fing ich mit ganz einfachen Yoga-Übungen an und besuchte eine Yogagruppe. Man brachte uns ein *Mantra*[5] bei, das wir alle in der Lotos-Position sitzend über längere Zeit wiederholen sollten. Nach einem langen Arbeitstag war ich müde und konnte mich schwer konzentrieren. Wenn ich die Augen schloss, schlief ich sofort ein und fing öfter an zu schnarchen! Dadurch störte ich die ganze

Gruppe. Deshalb bat man mich nach einer Weile, eine andere aufzusuchen. Doch ich gab meine Suche nach Wahrheit nicht auf!

Ich beschäftigte mich verstärkt mit einer Art Yoga, die Teil der russischen Naturreligion beziehungsweise ein »Gesundungs-System« war. Sie beinhaltete bestimmte Lebensregeln, durch die der Geist und der Körper angeblich gesünder werden sollen. Man musste mit dem seit mehreren Jahren verstorbenen Gründer des Systems Kontakt aufnehmen, zweimal am Tag ins kalte Wasser eintauchen und samstags fasten. Das Ganze war sehr attraktiv und viele Menschen in der Sowjetunion ließen sich dadurch verführen. Heute weiß ich, dass der Hintergrund des Systems im Okkultismus lag, aber damals war ich begeistert. Ich erinnere mich an sehr lustige Erlebnisse aus dieser Zeit. Um zweimal am Tag ins kalte Wasser einzutauchen, fuhr ich vor und nach der Arbeit mit der Metro zum Fluss Dnjepr.[6] Besonders herausfordernd war es im Winter, wenn die Wasserfläche des Flusses mit einer dicken Schicht Eis bedeckt war. Man musste die Eisfläche durchbrechen, eine große Öffnung machen und hineinspringen. Zunächst hatte ich Angst vor der Kälte. Aber dann sah ich, wie eine junge Mutter ihre Kinder im Winter mit eiskaltem Wasser aus Eimern übergoss, und entschied mich, meine Angst zu überwinden.

Es gab noch eine Regel in diesem System. Man musste alle Menschen freundlich und laut grüßen. Der Gruß auf Russisch drückt einen Gesundheitswunsch aus. Dahinter stand der Gedanke: Wenn man anderen Menschen Gesundheit wünscht, dann bleibt man selbst auch gesund.

Von der Metrostation aus musste ich noch zehn Minuten zu Fuß zum Fluss laufen. Dann tauchte ich ins eiskalte Wasser ein, zog meine Kleider über die nasse Haut wieder an – man durfte sich nicht mit einem Handtuch abtrocknen – und ging schnellen Schrittes zur Metrostation zurück. Dann wartete ich am Bahnsteig noch fünf Minuten, bis die Metro kam. Damals trug ich noch einen langen Bart. Nach dem Eintauchen ins kalte Wasser und nach dem Warten an der frischen Luft – manchmal fiel die Temperatur bis minus 23 Grad! – bedeckte eine dicke Eisschicht mein bärtiges Gesicht. Ich sah aus wie ein Schneemensch. Stellen Sie sich nun das folgende Bild vor: Es ist 6.00 Uhr morgens. Eine Metro fährt in den Bahnhof ein und wartet am Bahnsteig. Im Waggon sitzen verschlafene Menschen, die zur Frühschicht ihrer Betriebe fahren und beim Klang der Räder noch ihren Träumen nachhängen. Plötzlich tritt ein eisbedeckter Mensch durch die Tür und verkündet mit lauter Stimme: »*Zdrávstvujte*!«, den Gesundheitsgruß. Mit großem Spaß beobachtete ich die überraschten Gesichter der Fahrgäste!

Es gab viele suchende Menschen in unserer Gesellschaft. Jedoch agierten lebendige christliche Gemeinden teilweise im Untergrund und die Zeit der Großevangelisationen stand noch bevor. Es war schwierig, den im Atheismus aufgewachsenen Menschen etwas über den Schöpfer des Universums beizubringen. Doch es war relativ leicht, sie mit billigen Tricks und okkulten Dingen zu beeindrucken. Obwohl alles Göttliche im Kommunismus ausdrücklich verneint wurde, suchte der Mensch trotzdem nach geistlichen Dingen. Somit hatten okkulte und esoterische Bewegungen die Möglichkeit, sich leicht zu verbreiten.

Zwei Jahre nach meiner Umkehr zu Jesus hörte ich einen Vortrag über Okkultismus. Der Referent sprach unter anderem über das »Gesundungs-System«, das ich drei Jahre lang betrieben hatte. Plötzlich überfiel mich die Angst, dass ich noch immer, trotz meiner Umkehr zu Gott, wegen dieser Sache unter einem Fluch stehe. Ich suchte am späten Abend meinen Seelsorger auf, um mit ihm zu beten. Ich sagte mich von allem los, was ich bewusst oder unbewusst gegen Gottes Willen in meinem Leben getan hatte, und erlebte eine tiefe Befreiung. Als ich später die Bibel studierte, war ich ganz betroffen darüber, wie sehr ich in meinem bisherigen Leben im Okkultismus verstrickt war. Besonders, wenn ich las, wie das Volk Israel oft in Götzendienst verfiel. Gott hat sein Volk dazu berufen, »ein Licht für die

Völker« zu sein (Jesaja 49,6). Als Juden dürfen wir diese Berufung nicht mit den Füßen treten, indem wir Götzen anbeten. Gott hat das jüdische Volk als eine Nation der Priester für alle Völker bestimmt (2. Mose 19,6). Und wenn die Priesterschaft versagt, dann siecht die Völkergemeinschaft und geht krumme Wege. Die Bündnisse Gottes mit Israel, einschließlich des Neuen Bundes, sind die Grundlage für geistliche Gesetze, welche die Geschichte der Menschheit bestimmen. Am Volk Israel wird der geistliche Level der Menschheit gemessen.

Das Buch »Verraten«

Neben Yoga und dem »Gesundheits-System« interessierte ich mich auch für Esoterik. Als ich jedoch vieles ausprobiert hatte, musste ich feststellen, dass meine Seele immer noch keinen Frieden fand. Auch meine brennenden Fragen nach dem Sinn des Lebens wurden nicht beantwortet. Ich wollte Gott nicht mehr suchen. Aber so leben wie zuvor, wollte ich auch nicht mehr. Ich wusste, dass einige meiner Freunde einen ähnlichen Weg gegangen waren und ihr Leben in einer tiefen Depression endete. Einer von ihnen kam auf eine sehr dumme und unerklärliche Weise ums Leben. Ich wusste nicht, wie es bei mir weitergehen sollte.

Aber Gott war gnädig zu mir. Um mich zu sich zu ziehen, benutzte er das Buch »Verraten« von Stan Telchin,[7] das ich im Hause meiner Mutter fand. Das Buch handelt von einem jüdischen erfolgreichen Geschäftsmann aus den USA mit Namen Stan Telchin. Als seine Tochter zum Glauben an den Messias Jesus kam, war er sehr wütend und wollte ihr mit allen Mitteln beweisen, dass sie sich irrte. Deshalb begann er, das Neue Testament zu studieren, und begegnete dabei dem lebendigen Gott. Dieses Buch bei uns zu finden, fand ich sehr erstaunlich, da meine Mutter nicht gläubig war. Als ich sie fragte, woher sie das Buch habe, meinte sie: »Es kam gestern mit der Post und ich habe kein Lust, es zu lesen!«

Bis heute ist es mir ein Rätsel, warum das Buch ausgerechnet im Briefkasten meiner Mutter gelandet war. Sie hatte den Briefumschlag nicht weggeschmissen; darauf stand neben der Absenderadresse eine Telefonnummer. Als ich unter der angegebenen Nummer anrief und nachfragte, meinte ein freundlicher Herr, dass man das Buch an alle Juden in Kiew verschicke. Abgesehen davon, dass die jüdische Bevölkerung in Kiew damals ca. 110 000 Menschen betrug, glich diese Antwort eher einem Traum als der Realität. Ich bin davon überzeugt, dass es damals keinesfalls ein Zufall war, dass dieses Buch zu meiner Mutter kam und sie es nicht weggeschmissen hatte.

Ich las das Buch und gab es auch meiner Frau zum Lesen. Zum ersten Mal in meinem Leben las ich von einem Juden, der an Jesus glaubte. Dabei fiel mir besonders auf, dass dem Autor seine jüdische Identität wichtig war und er diese trotz seines Glaubens an Jesus nicht verleugnete!

Auch meine Frau Irina zog aus dem Buch eine besondere Erkenntnis. Hier sind ihre Erinnerungen:

Ich habe das Buch auch gelesen. Dass eine jüdische Familie ihren Messias gefunden hat, hat mich nur am Rande interessiert. Doch zum ersten Mal habe ich gehört, dass Jesus ein Jude war. Das war eine Sensation! Und alle seine Nachfolger waren auch Juden. So wie ich! Diese Nachricht eröffnete mir neue Horizonte.

Wie andere bin auch ich in einer ganz gewöhnlichen sowjetischen ungläubigen Familie aufgewachsen. Wir waren keine religiösen Juden, sondern nur der Nationalität nach. Die jüdischen Traditionen waren uns nicht bewusst, wurden aber dennoch in meiner Familie gelebt. Meine Oma hat beispielsweise samstags nicht genäht. Sie sagte immer, dass Juden am Samstag nicht nähen. Zum Passahfest hat sich die ganze Familie versammelt und Mazza (ungesäuertes Brot) stand auf dem Tisch. Aber keiner von uns wusste, was dieses Fest bedeutet. An Jom Kippur

(Tag der Versöhnung) fasteten mein Opa und später meine Tante. »Für die ganze Familie« – haben sie gesagt. Aber wozu? Wir wussten keine Antwort. Meine Großeltern sprachen jiddisch, wenn sie vor uns Kindern Geheimnisse bewahren wollten. Für uns gehörten diese Kleinigkeiten und Eigenarten zu unserer Familie. In der Schule und in unserem Stadtviertel verlief das Leben ganz anders. Wir mussten immer für unser Jüdisch-Sein kämpfen. Ich hatte keine Freunde in unserem Viertel, weil ich jüdisch war. Für mich ist es immer wichtig gewesen, mein Volk auf keinen Fall zu verraten. Auf keinen Fall meine Identität zu verlieren. Ich habe schon damals an einen Gott geglaubt, der unser Leben lenkt. Mein Problem war Jesus! Jesus war in meinen Augen ein Christ und alles Schlechte, was meinem Volk angetan worden war, stand mit ihm in direkter Verbindung. Und meine Gebete begannen meistens folgendermaßen: »Ich bete zu dir, mein jüdischer Gott. Nicht zu dem, der dort am Kreuz hängt...« Für mich war es lebenswichtig, dass ich mich mit meinem Volk identifiziere. Dann erfuhr ich von diesem jüdischen Autor, dass Jesus ein Jude war. Ich verstand, dass wenn ich ihn als meinen Erlöser anerkenne, ich mein Volk nicht verraten, sondern eine richtige Jüdin werden würde. Wie die ersten Nachfolger Jesu. Diese Erkenntnis war so interessant, dass ich genauso wie Anatoli mehr darüber erfahren wollte.

Ist das Neue Testament antisemitisch?

Normalerweise lesen orthodoxe Juden das Neue Testament nicht. Dafür gibt es viele rationale und irrationale Erklärungen. Weil Juden von Christen in den letzten 2000 Jahren sehr gepeinigt wurden, haben sie kein Interesse an diesem ihrer Ansicht nach »christlichen« Buch.

Das Neue Testament wird sowohl von orthodoxen und traditionellen als auch von manchen säkularen Juden als antisemitisch gewertet. Ich dachte genauso. Umso mehr war ich überrascht, als ich ganz vorsichtig den ersten Vers im Matthäusevangelium las: »Dies ist der Stammbaum Jeschuas des Messias, des Sohnes Davids, des Sohnes Avrahams.«[8] Jeschua, David, Abraham sind alle Juden, doch weshalb stehen ihre Namen zu Beginn dieses Buches? Als ich weiter im Neuen Testament las, hatte ich den Eindruck, dass Juden in diesem Buch nicht nur die Hauptakteure sind, sondern dass sich alles nur um sie dreht. Natürlich wird in den Evangelien auch von »schlechten« Juden berichtet, aber solche Menschen gibt es in jedem Volk. Als ich das Evangelium bis zum Ende gelesen hatte, musste ich feststellen, dass es ein durchaus jüdisches Buch war, denn es war in der jüdischen Tradition von Juden an Juden geschrieben. Von Antisemitismus fehlte dort überraschenderweise jede Spur. Nur kurzsichtige Menschen, die keine richtige jüdische Gemeinschaft erlebt haben, können das Neue Testament als antisemitisch bezeichnen. Sogar die Auseinandersetzung von Jesus mit manchen pharisäischen Gruppen ist eine typisch innerjüdische Angelegenheit. In der religiösen Literatur des Judentums (Talmud)[9] findet man Dutzende solcher, teilweise noch heftigere Auseinandersetzungen. Das habe ich leider erst viel später erkannt.

Eine messianische Gemeinde oder: Warum sind diese Menschen anders?

Das Buch von Stan Telchin beeindruckte mich so sehr, dass ich meine Suche nach dem Sinn des Lebens wieder aufnahm. Ich rief unter der dort angegebenen Telefonnummer an. So besuchten wir – meine Frau und ich – die erste jüdisch-messianische Gemeinde in Kiew, die kurz zuvor gegründet worden war. Das war die erste »religiöse« Gruppe, die wir besuchten. Alles war neu für uns. Wir hörten gute jüdische Lieder, wir lauschten der gut strukturierten und intellektuellen Predigt und beobachteten, wie diese Menschen ihre Gemeinschaft genossen. Ich war sehr von der Atmosphäre angetan. Um dass zu verstehen, muss man das soziale und politische Umfeld in der Ukraine betrachten.

In den 90er-Jahren ging der Perestroika der Atem aus. Die Wirtschaft war kaputt. Die großen Betriebe lagen geografisch sehr weit auseinander. Man stellte Automotoren in der Ukraine und die Reifen in Russland her. Als die Sowjetunion nicht mehr existierte, brach die Kommunikation zwischen den Betrieben in den unterschiedlichen Teilen Großrusslands zusammen. Weil die Betriebe nicht mehr funktionierten, hatten die Menschen keine Arbeit und auch kein Geld. Die Bauern wollten nichts mehr verkaufen, weil ihnen keiner einen angemessenen Preis zahlen konnte. Lebensmittel wurden knapp. Man musste sich um 6 Uhr morgens in der Schlange vor einem Lebensmittelgeschäft anstellen, damit man um 8 Uhr zwei Flaschen Milch für die ganze Familie kaufen konnte. Die miserable wirtschaftliche Lage rief bei den Menschen große Frustration hervor. Man sah auf den Straßen kaum ein fröhliches Gesicht. Die Menschen gingen einander böse an und die negative Stimmung wurde zur Normalität. Doch in dieser Gemeinde war alles anders. Die Menschen waren fröhlich und zufrieden. Sie machten Witze und die ganze Atmosphäre war durch einen positiven Geist geprägt. Ich war erstaunt, dass fremde Menschen einander umarmten und segneten. Ich glaube, das ist ein Merkmal echter Jesus-Nachfolger. Menschen können aus unterschiedlichen Gründen in eine Gemeinde kommen, aber wenn sie die Gemeinschaft erleben, werden sie berührt. Damals verstand ich nicht, warum sich die Menschen so verhielten. Ich dachte: Entweder spielen alle Theater oder sie sind verrückt. Doch ich sah, dass die Beziehungen echt waren.

Der Wendepunkt

Mit dem Buch »Verraten« von Stan Telchin ist auch meine erste Gebetserhörung verbunden. Als ich das Buch las, identifizierte ich mich mit dem Autor. Obwohl ich kein orthodoxer Jude wie Telchin war, kam mir sein Suchen nach der Wahrheit sehr bekannt vor. Ich träumte davon, diesem Mann einmal zu begegnen. Das war in etwa so, wie wenn jemand in Alaska ein Buch von Günter Grass liest und sich wünscht, dem Autor einmal zu begegnen: ziemlich unwahrscheinlich! Für mich, einen Juden aus Kiew, war es noch unwahrscheinlicher, einen Mann aus dem Bundesstaat Maryland in Amerika kennenzulernen. Doch das Unmögliche wurde wahr: Bei meinem zweiten Besuch in der messianischen Gemeinde sah ich einen weißhaarigen Mann auf der Bühne. Es war Stan Talchin! Ich war so berührt, dass ich nach der Veranstaltung auf ihn zuging und versuchte, ihm mit Händen und Füßen – meine Englischkenntnisse waren sehr dürftig – klarzumachen, was seine Geschichte für mich bedeutete!

So begannen wir, die Gottesdienste zu besuchen. Nach kurzer Zeit wussten wir schon viel über die Geschichte Gottes mit Israel, über unsere jüdischen Wurzeln und über Jesus. Aber alles, was wir hörten und sahen, blieb auf einer intellektuellen Ebene. Einmal predigte ein Jude aus Israel in unserer Gemeinde. Später erfuhr ich, dass es Albert Israeli war, der die Gemeinde in Kiew mitgegründet hatte. Albert sprach über die unermessliche Liebe Gottes, wie Gott sein Volk erlöst hatte, als er seinen einzigen Sohn für unsere Sünden am Kreuz sterben ließ. Die Parallelen zwischen »der Erlösung« aus Ägypten, an die wir uns gerade im Passahfest erinnerten, und die Erlösung von unseren Sünden wurden uns in seiner Predigt deutlich vor Augen geführt. Während seiner Predigt erlebte ich eine Vision. Ich sah mich vor meinem geistigen Auge. Auf meinem Rücken trug ich einen riesigen Rucksack für Bergtouren. Er war sehr schwer. Mit einem Röntgenblick konnte ich ihn durchleuchten und den Inhalt erkennen. Ich sah die Hoffnungslosigkeit meines Lebens, meine vergebliche Suche nach Wahrheit, meine Ängste, meine schlechten Taten, meine Angst Jude zu sein, meine negativen Gefühle, alles, was ich in mir verabscheute. Der Rucksack drückte mich zum Boden. Ich fürchtete, nicht mehr mit dieser Last leben zu können. Der einzige Weg, den Rucksack loszuwerden, führte zum Kreuz. In meiner Vision sah ich den Weg zum großen Kreuz, an dem ein Jude gekreuzigt wurde. Ich weiß es nicht, wie ich erkannte, dass er jüdisch war, denn er hatte keine jüdischen Merkmale. Innerlich wusste ich aber, dass er Jude ist und es nur einen Platz im ganzen Universum gibt, wo ich meine Last ablegen kann: unter seinen Füßen.

Meine Frau empfand diesen Moment jedoch ganz anders. Irina Uschomirski erzählt:

Der Prediger sprach über Gottes Liebe in Jesus. Ich bin mit viel Liebe aufgewachsen, aber auch streng erzogen worden. Aber trotz ihrer Liebe nahm mich meine Mutter nicht so an, wie ich war. Sie wollte immer einen besseren Menschen aus mir machen. Ich war verheiratet, doch mein Mann sagte mir nie, dass ich, so wie ich bin, in Ordnung bin. Ich musste immer beweisen, dass ich mit ihm »Schritt halten kann«. Und zum ersten Mal hörte ich, dass Gott mich, so wie ich bin, will. Ich bin geliebt ohne Wenn und Aber ... Vor meinem inneren Auge sah ich ein Bild. Ich war auf einem Schiff. Und ich hielt mich am Mast fest und dieser Mast war Jesus, mein Retter. Der liebt mich so, wie ich bin.

Wir saßen in den hinteren Reihen. Nach dem Gottesdienst sah ich Anatoli an. Wir verstanden uns ohne Worte. Ich sah, dass auch er bereit war, Jesus sein Leben anzuvertrauen. Aber wie machte man das praktisch? Keiner beantwortete uns diese Frage!

Männer meinen, dass sie sich bloßstellen, wenn sie »dumme« Fragen stellen. Wenn eine Frau »dumme« Fragen stellt, ist das doch nicht so schlimm. Meine Devise lautete immer: »Besser die ersten fünf Minuten dumm sein, als das ganze Leben dumm bleiben.« Deshalb ergriff ich die Initiative und ging nach vorn, um nachzufragen. Anatoli sollte hinten sitzen bleiben und auf mich warten. Ich wollte zurückkommen und wir wollten Jesus gemeinsam unser Leben anvertrauen. Zusammen – ist ein Schlüsselwort für unsere Familie. Wir lieben es, alles zusammen zu machen. Deshalb war es uns schon wichtig, uns gemeinsam Jesus zuzuwenden. Aber Gott führte uns anders. Ich ging nach vorne und fragte einen jungen Mann. Er rief sofort noch andere Leute, die um uns herumstanden, und verkündete, dass diese Frau sich bekehren wolle! Ich versuchte, ihm klarzumachen, dass ich nicht allein sei, dass mein Mann dort hinten auf mich wartete. Alles vergeblich. Ich konnte nur noch nachgeben und das Gebet der Umkehr zu Jesus mit anderen Gemeindemitgliedern sprechen. Während des Gebetes dachte ich an meinen lieben Mann und war traurig, mein Versprechen nicht erfüllen zu können.

Nun war ich in einer peinlichen Situation. Meine Frau hatte schon den Schritt getan und ich blieb auf diesem elenden Stuhl, immer noch ohne Verbindung mit Gott und noch dazu ohne meine Frau! Es war unerträglich, dass wir jetzt in verschiedenen Dimensionen lebten. Ich rannte buchstäblich zur Kanzel, wo der Prediger stand. Ich umfasste ihn, schaute ihm in die Augen und sagte: »Ich möchte auch Gemeinschaft mit Gott und Vergebung für meine Sünden haben und diesen Rucksack loswerden.« Mein Benehmen und besonders der letzte Satz irritierten ihn ziemlich. Natürlich konnte er keinen Rucksack auf meinen Schultern erkennen! Aber er verstand, um was es mir ging. Mit Albert, so hieß der Prediger, betete ich um Vergebung und vertraute Gott mein ganzes Leben an.

Nach einigen Wochen ließen Irina und ich uns im Namen Jesu taufen. In einem großen Schwimmbad in Kiew versammelte sich die erste jüdisch-messianische Gemeinde, um die Taufe (*Mikwe*) von 23 jüdischen Menschen zu feiern. Nach der Taufe ging ich in die Umkleidekabine und sah unterwegs einen sehr alten jüdischen Mann, der auch getauft worden war. Er war um die 75 Jahre alt. Der nasse Boden im Schwimmbad war rutschig und so nahm ich den alten Mann an der Hand, um ihm einen sicheren Gang zu ermöglichen. Als er mich sah, meinte er: »Mein Sohn, du bist noch sehr jung, aber glaube mir, heute habe ich den wichtigsten Schritt meines Lebens gemacht.« Ich nahm mir seine Worte sehr zu Herzen, denn sie stammten von einem alten Juden. Ich fürchtete nicht mehr, durch die Taufe mein Volk zu verraten. Ich wusste, dass Jesus und alle seine Jünger Juden waren und dass die Taufe unserer Entscheidung, Jesus nachzufolgen, einen sichtbaren Ausdruck verleiht. Schließlich ist die Taufe (auf Hebräisch *Mikwe* oder *Twila*) ursprünglich ein jüdischer Ritus: ein Reinigungsbad als Vorbereitung zum Bundesschluss (mehr dazu im Anhang)!

AUSWANDERUNG NACH DEUTSCHLAND

Es gab genügend Gründe

Im Jahr 1992 war es so, als ob mein Leben wieder ganz von vorne beginnen würde. Als Juden wollten wir nach Israel auswandern. Warum? Wir waren noch nicht so weit, dass uns zionistische Ideen berührten. Auch die biblischen Verheißungen, dass Gott sein Volk sammeln werde, kannten wir noch nicht. Doch wir hatten genug andere Gründe, um die Ukraine zu verlassen. Obwohl die Sowjetunion immer noch nach außen bürgerfreundlich wirkte und man im Ausland nicht den Eindruck hinterlassen wollte, es gäbe dort Antisemitismus, mussten wir Juden immer »auf der Hut« sein. Der folgende Witz beschreibt die damalige Einstellung der Juden zum Leben in der Sowjetunion.

Ein sowjetischer Jude wollte seine Verwandten in Israel besuchen. Vor der Rückreise vereinbarten sie, wenn er in die Sowjetunion zurückkäme, würde er die Briefe mit blauer Tinte schreiben, falls es ihm gut gehe, und mit grüner Tinte, falls das Leben unerträglich sei. Sie wählten deshalb dieses kryptische Verfahren, weil die Korrespondenz in der Sowjetunion überprüft wurde. Der erste Brief kam mit blauer Tinte geschrieben: »Das Leben bei uns ist wunderschön, man kann alles kaufen, was man will, außer grüner Tinte...«

Wie ich schon erwähnte, war die Wirtschaft am Ende. Auf diesem Hintergrund begannen die rechten Kräfte ihre antisemitische Kampagne. Man suchte nach »Schuldigen«. Man verbreitete das Gerücht, die Juden hätten diese Krise ausgelöst und flöhen jetzt selbst nach Israel. Unter diesen Bedingungen hatten die Juden keine andere Wahl, als sich eine Zuflucht zu suchen. Sie flohen, um ihren Kindern eine Zukunft zu sichern. Sie verließen ihre Heimat schweren Herzens. Sie ließen nicht nur ihre Heimat zurück, sondern auch ihre Kultur und die einsamen Gräber ihrer Verwandten. Es war ein trauriger Abschied.

Jeden Tag spürten wir, dass unsere Existenz bedroht wurde. Jede Woche versammelten sich Tausende Menschen mit ukrainischen Fahnen auf dem Hauptplatz *Maidan* – dem Platz, auf dem im Dezember 2004 die »Orange Revolution« stattfand und im Februar 2014 bei den Bürgerprotesten Euromaidan 100 Menschen getötet wurden – und riefen zur Unabhängigkeit auf.[10] Damals arbeitete ich als Fotograf und fotografierte manche dieser Demos. Dabei hatte ich ein eigenartiges Gefühl. Auf der Bühne propagierten die Redner freundschaftliche Beziehungen zum jüdischen Volk. Sie hissten manchmal auch Israelfahnen zusammen mit ukrainischen Fahnen. Aber wenn ich mich unter die Leute mischte, vernahm ich antisemitische Äußerungen. Ich hatte den Eindruck: Wenn ich mich jetzt als Jude äußern würde, hätten sie mich mit der Israelfahne geschlagen. Das hatten die Juden Hunderte von Jahren erfahren: Solange in der Öffentlichkeit niemand über die Juden spricht, können sie in Ruhe leben. Sobald man laut über die Juden zu sprechen begann, egal, ob gut oder schlecht, musste man aufpassen. Wenn wir nur hörten: »Ihr Juden seid das auserwählte Volk«, wussten wir, dass es das Zeichen dafür war, dass wir jetzt »eins auf den Deckel« bekämen. Wir können behaupten: Wir sind zum Leiden auserwählt. Wie erklären sich das die Juden selbst? In unseren Lehrbüchern steht: »Wie die Olive erst dann ihr bestes und feinstes Öl hergibt, wenn sie stark zerstoßen und zerquetscht wird, so gibt auch das Volk Israel erst sein Bestes her, wenn es schwersten Prüfungen, Belastungen und Schmerzen ausgesetzt ist.«[11]

In den letzten 2 000 Jahren wurden wir überall verfolgt, verjagt und vertrieben, so aus Franken (1298), England (1290), Spanien (1478–1492), Portugal (1493), Russland (1903) und Deutschland (1933–1945), um nur einige Länder zu nennen. Der berühmte jüdische Schriftsteller Scholem Alejchem drückte es sehr gut im Lied des Milchmanns Tewje aus: »Lieber Gott, könntest du vielleicht ein anderes Volk erwählen?«

Abgesehen von diesen bösen Tatsachen wollten wir lieber rechtzeitig die Ukraine verlassen, bevor unsere Existenz bedroht wurde. Die Lage war wirklich ernst. Selbstverständlich waren nicht alle Ukrainer Antisemiten. Einige von unseren ukrainischen Freunden boten uns an, bei ihnen zu übernachten, falls es zu Pogromen gegen die Juden kommen sollte. Solche Gerüchte kursierten täglich.

Ein weiterer Grund zur Auswanderung war die Reaktorkatastrophe in Tschernobyl und deren Folgen. Sechs Jahre danach wurden sie deutlich. Es gab bisher unbekannte Krankheiten, die besonders für Kinder gefährlich waren. Wir wollten unser Leben und das unserer Tochter retten. Das Problem war, dass uns die richtige Motivation für Israel fehlte. Die politische Lage in Israel war nicht gut. Unsere Verwandten, die schon seit einem Jahr dort lebten, schrieben uns, dass der Zeitpunkt für eine Einwanderung jetzt schlecht sei, weil sie öfter in den Schutzbunker mussten. Es war die Zeit, als Saddam Hussein Scud-Raketen auf Israel feuerte. Man erwartete einen Krieg in Israel. Wir waren innerlich sehr zerrissen. Einerseits wollten wir unbedingt mit unseren Verwandten in einem Land leben. Andererseits wollten wir uns nicht von einer Gefahr in die nächste begeben. Was sollten wir bloß tun?

Warum wandern Juden gerade nach Deutschland aus?

In dieser turbulenten Zeit erfuhren wir, dass Deutschland seine Türen für die Juden geöffnet hatte, und brachten unsere Papiere ins deutsche Konsulat. Meine Schwiegermutter, die uns sehr zur Ausreise motivierte, verbrachte Tage und Nächte in einer langen Schlange, um die Papiere einzureichen. Jetzt mussten wir nur auf die Einreisegenehmigung warten. Die sowjetisch-jüdische Einwanderung nach Deutschland hat folgenden geschichtlichen Hintergrund:

Im Jahr 1989 fiel die Berliner Mauer. Die wirtschaftliche Lage Deutschlands war instabil, weil die Wiedervereinigung viel kostete. Die Menschen im Osten und Westen warteten auf radikale Veränderungen. Die jüdische Gemeinde in Deutschland war klein und schwach. Ca. 30 000 Mitglieder kamen ursprünglich aus Polen und Rumänien. Der Vorsitzende des Zentralrats der Juden, Heinz Galinski, war zu dieser Zeit schon sehr krank. Aber der Gedanke, deutsche Gemeinden zu stärken, reizte ihn sehr. Er genoss großes Ansehen in Regierungskreisen. Die Türen standen ihm offen. Er schlug dem Kanzler ein Projekt vor, das sowjetischen Juden helfen sollte, vor möglichen Pogromen zu fliehen. Gleichzeitig sollten sie dadurch die jüdischen Gemeinden in Deutschland stärken. Helmut Kohl zeigte vollstes Verständnis für diese Idee. Dabei ließ er sich meiner Meinung nach nicht von Emotionen leiten. Und das Schicksal der Juden in der Sowjetunion interessierte ihn auch nicht besonders. Der Kanzler sah sein Land als politische, wirtschaftliche und kulturelle Macht, die Europa vom Atlantik bis zum Ural vereinigte. Jüdische Emigranten mit ihrem großen intellektuellen Potenzial würden »neues frisches Blut« nach Deutschland bringen. So begann die offizielle Geschichte jüdischer Emigration nach Deutschland am 9. November 1991.

Ich frage mich, warum gerade in dieser historischen Zeit Juden aus der ehemaligen Sowjetunion unter relativ leichten Bedingungen nach Deutschland einreisen durften. Darauf gibt es mehrere Antworten. Die Kommunisten proklamierten die Gleichheit aller Nationen. Deshalb wollten sie alles Religiöse ausradieren. Wir sollten alle gleich und alle gleich gottlos sein. Tausende Jahre zuvor hatte Gott Abraham versprochen, dass seine Nachkommen ein großes Volk bilden und die anderen Völker zum Glauben an den lebendigen Gott führen würden. Juden hatten ihre universelle Religion, die auch Jahrhunderte später in der Diaspora praktiziert werden konnte. Wenn der Staat blühte, blühte auch das jüdische Leben in diesem Staat. Um sich in die Gesellschaft zu integrieren, mussten viele Juden zu einer anderen Religion konvertieren. Sie heirateten nicht jüdische Ehepartner und vergaßen sehr oft ihre Berufung als Volk Gottes. Aber Verachtung und Verfolgungen brachten sie immer wieder an den Punkt, wo sie zu ihren jüdischen Wurzeln zurückkehrten.

Im 20. Jahrhundert gab es ein einziges Land, die ehemalige Sowjetunion, wo Juden lebten, ohne ihre eigene Kultur zu kennen. Sie kannten nicht einmal ihren Gott und ihre Berufung als Volk. Als das große Sowjetreich auseinanderfiel, konnten Juden in die Länder ausreisen, in denen Religionsfreiheit herrschte. Zumindest auf dem Papier. Deutschland war eines davon.

Juden hatten unterschiedliche Gründe, nach Deutschland zu emigrieren. Einer der Hauptgründe hängt auch mit meiner Berufung zusammen, wovon ich später schreiben werde. Wir baten Gott, uns den richtigen Weg zu zeigen. Recht bald erlebten wir die erste Gebetserhörung und nicht lange danach erhielten wir die Erlaubnis, nach Deutschland einzureisen.

Um gültige Visa und alle anderen nötigen Papiere für die Ausreise zu erhalten, mussten wir unsere gesamten Ersparnisse zusammenlegen. Zusätzlich mussten wir das Geld für die Fahrkarten nach Deutschland aufbringen. Die Eltern meiner Frau unterstützten uns sehr, aber es reichte nicht für alle, weil wir zusammen mit ihnen und der Oma meiner Frau sechs Personen waren. Deshalb waren wir gezwungen, auf dem Flohmarkt unser Hab und Gut zu verkaufen. Wofür konnte man noch das nötige Geld bekommen? Bestimmt nicht für die alten Vorhänge! Da wir beide Fotografen waren, hatten wir etliche Fotoapparate. Auch besaßen wir zwei gute Fahrräder. Doch was würden wir in Deutschland zunächst benötigen: Fahrräder oder Fotoapparate? Wir entschieden uns für die Fahrräder und verkauften schweren Herzens unsere Fotoapparate. Wir hatten keine Ahnung, ob wir in Deutschland jemals unseren Beruf würden ausüben können. Die Fahrräder aber könnten sehr nützlich sein, wenn wir dort weit weg von der Stadt wohnen würden. Denn man hatte uns erzählt, dass der öffentliche Verkehr in Deutschland sehr teuer ist.

Wir wussten nicht, was auf uns zukommen würde, und wir hatten keine Informationen darüber, wie es den Juden in Deutschland ging. Wir wollten nur raus. Am Tag der Abreise betete meine Frau: »Herr, wir wissen nicht, was uns in diesem fremden Land erwartet. Wir bitten dich, dass du uns den Weg ebnest!« Danach schenkte Gott meiner Frau eine Vision, in der er ihr versicherte, dass er uns in Deutschland begleiten werde und wir ihm völlig vertrauen sollen.

Meine Frau, Irina Uschomirski, erzählt:

Wir fuhren mit unserer Tochter, meinen Eltern und meiner Oma nach Deutschland. Unsere Freunde halfen uns, unsere 36 großen Koffer in ein Auto zu stopfen und uns zum Bahnhof zu begleiten. Wir fuhren mit dem Zug nach Berlin und von dort an den Ort, der in unseren Papieren stand. Wir reisten ins Ungewisse. Unser Schicksal lag nicht mehr in unseren eigenen Händen. Alle Vorbereitungen liefen so schnell, dass wir keine Zeit mehr hatten, die deutsche Sprache zu lernen. Anatoli hatte ein Buch »Deutsch für Ausländer«, das Grundkenntnisse vermittelte, und meine Mutter versuchte, ihr Deutsch aus der Schule aufzufrischen.

Ich war vor Angst und Aufregung wie betäubt. Als alle Sachen schon im Auto waren, lief ich noch mal in die Wohnung zurück, um für ein paar Minuten allein zu sein und nachzuprüfen, ob wir nichts vergessen hatten. Als ich allein war, ging ich auf die Knie. Ich betete inbrünstig zu

Gott, dass er uns bewahrt und uns den richtigen Weg zeigt. Als ich schon
aufstehen wollte, sah ich vor meinen inneren Augen einen See und zwei
Schwäne. Absolut idyllisch. Und ich verstand, dass Gott mich tröstete
und mir Halt gab. Er sagte zu mir: »Hab keine Angst. Alles wird gut.
Höre nur auf mich.«

In den nächsten abenteuerlichen Tagen begleitete uns folgender
Bibelvers: »Dein Wort ist eine Leuchte für meinen Fuß und ein Licht
auf meinem Weg« (Psalm 119,105).

Mit dem Zug nach Westen

Wir fuhren mit dem Zug gen Westen. Die letzte Station vor der Grenze
war Tschop, eine kleine Stadt im äußersten Westen der Ukraine. Sie
liegt am Dreiländereck von Ungarn, der Slowakei und der Ukraine.
Hier befand sich der Zoll. Angeblich waren die Zollbeamten dort sehr
korrupt und raubten die Menschen aus, die ihre sowjetische Heimat
für immer verließen. Wir hatten nicht viele wertvolle Sachen dabei,
aber trotzdem fürchteten wir uns vor deren Verlust. Außerdem verlangten die Zollbeamten normalerweise ein Schmiergeld von den
Juden, weil sie überzeugt waren, dass diese sehr reich seien. Doch
wir hatten kaum Geld dabei und beteten, dass uns nichts Schlimmes
zustieße. Glücklicherweise konnten wir den Grenzübergang ohne große Probleme passieren.

Am Berliner Hauptbahnhof mussten wir in einen Zug nach Stuttgart umsteigen. Da wir alle kaum Deutsch sprachen, war es ziemlich
kompliziert, den richtigen Bahnsteig zu finden. Meine Schwiegermutter, die 40 Jahre zuvor in der Schule Deutsch gelernt hatte und sich
an einige Dutzend Wörter erinnerte, klärte bei einem Bahnbeamten,
wohin wir gehen mussten. Und das mit 36 großen Taschen und Koffern. Als wir mit kolossaler Mühe unser Gepäck und uns selbst in den

Zug bugsiert hatten, blieben nur noch sieben Minuten bis zur Abfahrt. Ich stand im Flur des Waggons und hörte einen feinen Mann zu seinem Nachbarn auf Englisch sagen: »Jetzt können wir uns entspannen, in fünf Stunden werden wir in Prag sein!« Englisch konnte ich einigermaßen. Und das Wort Prag war nicht mit Stuttgart zu verwechseln. »Wait a minute, but we do not want to Prague, we want to Stuttgart«, sagte ich sehr beunruhigt zu dem Mann! »Ihr Zug wartet auf dem Bahnsteig gegenüber«, antwortete er. Da wir auf Englisch kommunizierten, konnte meine Familie nicht viel verstehen, aber sie merkten, dass etwas schieflief! Ich schrie: »Wir sitzen im falschen Zug! Wir müssen sofort unsere Koffer und Taschen in den anderen Zug bringen.« Die gesamte Familie war geschockt. Und dann eilten wir mit unseren 36 großen Taschen und Koffern in den Zug auf der anderen Seite des Bahnsteigs. Wir konnten nicht lange nachdenken, weil beide Züge in fünf Minuten abfahren würden. Da die Oma meiner Frau sehr alt und gebrechlich war, konnte sie nur aus dem Waggon aussteigen und hinkte langsam in den anderen Waggon gegenüber. Wir fünf, einschließlich unserer neunjährigen Tochter, rannten wie verrückt von einem Waggon zum anderen und versuchten alles hinüberzubringen. Am sperrigsten waren die beiden Fahrräder, obwohl wir sie auseinandermontiert hatten. Mit Fotoapparaten hätte ich es bestimmt viel leichter gehabt! Doch die Reisenden in den beiden Zügen hatten die Lage erkannt. Sie blieben aber nicht einfach stehen, um diese dramatische Szene zu beobachten, sondern bildeten sofort eine Kette über den Bahnsteig, um uns zu helfen. Einer reichte dem anderen ein Gepäckstück weiter. Mein Schwiegervater stand auf den Stufen im richtigen Zug und warf die Taschen in den Waggon. Als ich mit dem letzten Koffer in den Waggon gesprungen war, pfiff die Lokomotive laut und der Zug nach Stuttgart fuhr ab. Wir waren sehr berührt davon, dass uns fremde Menschen so viel geholfen hatten. Dann las ich später meine russische Bibel und die Worte des Propheten Jesaja sprachen zu mir: »Fürchte dich nicht, denn ich bin bei dir. Sieh dich nicht ängstlich nach Hilfe um, denn ich

bin dein Gott: Meine Entscheidung für dich steht fest, ich helfe dir«
(Jesaja 41,10a). Gott hat bestimmt die Menschen bewegt, uns Hilfe zu
leisten. So wusste ich, dass Gott für uns sorgen würde, und war von
Zuversicht erfüllt.

DAS NEUE LEBEN IN DEUTSCHLAND

Im Übergangswohnheim

So kamen wir nach Deutschland. Natürlich waren wir sehr gespannt auf das, was auf uns zukommen würde. Obwohl wir kaum die Sprache konnten, versuchten wir mit Deutschen zu kommunizieren. Mit Gesten konnten wir uns verständigen und freuten uns über die Geduld der Deutschen. Freundlich beantworteten sie uns mit einfachen Worten unsere Fragen. Manche von ihnen hatten große Geduld mit uns. Als ich einen älteren Mann auf der Straße nach einem Lebensmittelgeschäft fragte, erklärte er mir lange Zeit sehr freundlich, wie man es findet. Allerdings konnte ich ihn kaum verstehen. Später wurde mir bewusst, dass dies an seinem schwäbischen Akzent lag.

Als wir zum ersten Mal in einen Supermarkt kamen, fühlten wir uns wie auf dem Mond. 20 Sorten Käse! In Kiew kannten wir nur zwei oder drei Sorten. Wir konnten die vielen Produkte nicht identifizieren, weil wir die Bezeichnungen auf den Etiketten nicht lesen konnten. Deshalb blieben wir längere Zeit vor jedem Regal stehen. Nach drei bis vier Stunden waren wir verschwitzt und unsere Beine waren müde. Aber der Einkaufskorb war voll!

Eineinhalb Jahre wohnten wir in einem Übergangswohnheim mit vielen jüdischen Familien zusammen. Vom ersten Tag an begannen wir, den jüdischen Mitmenschen von Gott und seinem Messias Jesus zu erzählen. Das Wort »Zeugnis« kannten wir nicht, aber wir wünschten uns so sehr, dass unsere Volksgenossen von Jesus erfuhren. Wir klopften an die Türen und fragten die Wohnheimbewohner, ob sie Jesus kennen. Die meisten konnten nicht viel damit anfangen und verlangten nach einer Erklärung. Eine sehr gute Gelegenheit, ihnen unsere Lebensgeschichte weiterzuerzählen. Wir lernten damals die ersten Russlanddeutschen kennen. Einer von ihnen war Waldemar Zorn, ein Mitarbeiter des Missionswerkes »Licht im Osten«.

Die Begegnung mit Waldemar war ein weiteres Puzzleteil, das Gott ins Gesamtbild meines Lebens eingefügt hat. Kurz vor der Auswanderung hatte ich eine Baptistengemeinde in Kiew besucht. Eigentlich hätte ich an diesem Tag Koffer packen sollen, aber ich hatte den starken Impuls, in ein Gebetshaus zu gehen. Nach dem Gottesdienst sprach mich der Pastor der Gemeinde an. Ich sagte ihm, dass ich ein Jude sei, der an Jesus glaube, und dass ich in drei Tagen mit meiner Familie nach Deutschland reisen werde. Darauf gab mir der Mann eine Visitenkarte vom Missionsbund »Licht im Osten« in Korntal und nannte den Namen Waldemar Zorn mit dem Hinweis: »Vielleicht kann dir dieser Mann behilflich sein.«

Nach unserer ersten Woche in Stuttgart fand ich seine Visitenkarte in meiner Tasche. Ich sagte zu meiner Frau: »Vielleicht können wir diesen Mann aufsuchen und ihn kennenlernen.« Meine Frau antwortete: »Wir haben keine Ahnung, wo dieses Korntal liegt. Wir haben kein Geld, um eine weite teure Reise zu unternehmen, nur um jemanden kennenzulernen!« Wie sehr waren wir überrascht, als wir auf einer Deutschlandkarte Korntal in unmittelbarer Nähe entdeckten. So fuhren wir in der folgenden Woche mit der S-Bahn nach Korntal, lernten dort Waldemar Zorn kennen und erkannten wieder, dass Gott uns führt und leitet. Waldemar Zorn besuchte uns regelmäßig und initiierte mit uns einen jüdisch-messianischen Hauskreis. Er wurde zu meinem ersten geistlichen Lehrer. Durch ihn lernte ich die Bibel zu verstehen. Er führte mich in den Heilsplan Gottes mit den Menschen ein. Später nahm Waldemar mit uns einen Bibelkurs durch. Ich lernte von ihm, dass das Kennzeichen eines Nachfolgers von Jesus Hingabe ist. Er war mir ein gutes Beispiel, wie man in der Nachfolge Jesu lebt. Er hat mir auch beigebracht, dass man für seinen Glauben geradestehen muss, auch wenn es etwas kostet. Als ich Jahre später das Buch »Nachfolge« von Dietrich Bonhoeffer las, dachte ich an Waldemar.

Der Herr schenkte große Offenheit bei den Menschen im Wohnheim. Im Laufe eines Jahres kamen einige zum Glauben an Jesus. Welch ein Wunder!

»Sagen Sie niemandem, dass Sie Jude sind!«

Wir wussten, dass Deutschland kein »gelobtes Land« für Juden ist. Man wird die Nazizeit nie aus dem menschlichen Gedächtnis löschen können. Auf der anderen Seite vertrauten wir darauf, dass nach zwei Generationen hier ganz andere Menschen lebten und der Antisemitismus keinen Raum mehr im modernen Deutschland hatte. Doch bald wurden wir eines Besseren belehrt.

Wir lebten ja in einem Übergangswohnheim. Das Wohnheim bestand aus sechs Baracken aus ehemaligen amerikanischen Militärkasernen. Vor uns hatten dort Asylanten gelebt. Ein Stacheldraht über dem Betonzaun war noch geblieben. Als wir mit einigen jüdischen Familien zuerst das Wohnheim betraten, reagierten die älteren Juden besonders ängstlich und misstrauisch. Sie meinten, den gleichen Stacheldraht zu sehen wie vor 50 Jahren bei den Nazis. Aber das war jetzt unser Lebensraum und wir mussten uns darauf einstellen, dass wir hier noch eine Weile bleiben mussten. Unsere Familie lebte in einer Baracke mit zehn weiteren jüdischen Familien. Man vermied den Kontakt der Juden mit Flüchtlingen aus anderen Ländern, um antisemitische Handlungen zu verhindern.

Wir hatten eine Gemeinschaftsküche und vier Toiletten. Die Menschen waren alle sehr freundlich und halfen einander. Zum Glück war es sehr sauber, denn jeden Tag war eine andere Familie für das Putzen der Gemeinschaftsräume verantwortlich. Die Frauen schnitten einander die Haare und es entstanden gute Freundschaften zwischen den Barackenbewohnern.

Meine Frau und ich nutzten die Gelegenheit und sprachen mit vielen Menschen über den Glauben. Wir luden sie zum Tee ein und erzählten ihnen, wie Gott unser Leben verändert hatte. Wenn dann der eine oder andere sagte: »Ich möchte auch glauben«, dann erklärten wir ihm, wie ein Mensch sein Leben Gott anvertraut. Wir machten deutlich, dass Jesus für uns ans Kreuz ging, um uns mit dem Vater zu versöhnen. Dann beteten wir zusammen mit den Menschen, dass Gott auch in ihrem Leben die Leitung übernehmen möge.

Das Leben im Wohnheim war nicht schlecht, aber beengt, sodass wir irgendwann begannen, eine richtige Mietwohnung zu suchen. Ich las regelmäßig die Stuttgarter Zeitung und markierte die Wohnungsangebote, die zu uns zu passen schienen. Da ich damals nur einen geringen deutschen Wortschatz hatte, schrieb ich fünf Sätze auf einen Zettel, mit denen ich mich um eine Wohnung bewerben wollte. Sie lauteten: »Guten Tag, ich heiße Anatoli Uschomirski. Ich bin ein Jude aus der Ukraine und wohne jetzt in Deutschland. Ich interessiere mich für Ihr Wohnungsangebot«. Mit der Zeit lernte ich diese Sätze auswendig.

Zunächst bekam ich nur Absagen. Einmal nahm eine Frau den Hörer ab. Nach meiner Vorstellung schwieg sie eine Weile und antwortete dann höflich, aber bestimmt: »Erzählen Sie niemandem in Deutschland, dass Sie Jude sind!« Ich war sehr überrascht und auf ein solches Gespräch nicht vorbereitet. Aber ich wollte unbedingt wissen, was hinter dieser Warnung steckte, und fragte: »Warum?« Dann erzählte mir die Frau eine Geschichte über ihren kürzlich verstorbenen Mann, der sein ganzes Leben in seinem Betrieb darunter gelitten hatte, dass er Jude war. Er hatte sich öfter antisemitische Äußerungen anhören müssen und war in seinem Dienst sehr benachteiligt worden. Die Frau erzählte alles mit Leidenschaft und großer Bitterkeit. Als ob sie es bereute, einen Juden geheiratet zu haben. Ich konnte kein Wort dazwischenwerfen, weil sie zu schnell redete. Ich warf nur eine Zehn-Pfennig-Münze nach der anderen in den schmalen Spalt des Telefonautomaten und dachte: »Für eine solch unangenehme Geschichte muss ich auch noch teuer bezahlen!« Zum Schluss wiederholte sie noch einmal: »Sagen Sie niemandem in Deutschland, dass Sie Jude sind! Sonst bekommen Sie keine gescheite Wohnung!« Ohne sich zu verabschieden, legte sie den Hörer auf. Ich stand da und wusste nicht, wie ich meiner Frau das alles erzählen sollte, ohne ihr Angst einzujagen. Ich verstand nicht, dass die Frau einerseits unter dem Antisemitismus litt, jedoch andererseits den Juden nicht helfen wollte. Später wurde mir klar: Die Menschen, die selbst keine Juden sind, aber durch Lebensumstände mit Juden verbunden sind, müssen eine Entscheidung treffen – wie sie einmal eine moabitische Frau traf: »Dein Volk ist mein Volk...« (Rut 1,16). Ohne sich innerlich festzulegen, werden solche Menschen immer in ihren Beziehungen zu ihren jüdischen Freunden, Bekannten, Ehepartnern gespalten bleiben.

Ich bin dem Rat dieser Frau nicht gefolgt. Das Verleugnen meiner Identität wäre die Verleugnung meines Seins. Ich rufe nicht laut auf der Straße, dass ich Jude bin, aber meine Freunde und meine Nachbarn wissen es. An meiner Haustür hängt eine *Mesusa*[12]. Jeder darf wissen, wer in dieser Wohnung wohnt.

Zum ersten Mal in die Synagoge

Am ersten Samstag unseres Lebens im Wohnheim wollten wir in die Synagoge nach Stuttgart gehen. Warum? Je mehr wir die Bibel lasen, desto mehr verstanden wir, dass dieses Buch in erster Linie für uns Juden geschrieben ist. Das bedeutet, dass wir unsere jüdische Identität pflegen sollen. In der messianischen Gemeinde in Kiew war das kein Problem. Hier in Deutschland gab es keine messianischen Gemeinden. Die Gemeinschaft mit christlichen Geschwistern erfüllte unsere geistlichen Bedürfnisse, aber unsere jüdische Herkunft verlangte nach mehr. So fuhren meine Frau, unsere Tochter, meine Schwiegereltern, die Oma und ich an einem Schabbat nach Stuttgart in die Synagoge zum Gottesdienst. Wir hatten damals keine Ahnung, dass die Beziehungen zwischen Juden und Christen schwer belastet sind, und das betrifft ganz besonders die messianischen Juden. Denn orthodoxe Juden denken, dass messianische Juden ihre Identität über Bord geworfen haben. Die Leute im Wohnheim, die auch die Synagoge besuchten, wussten sehr gut Bescheid über uns und hatten den Verantwortlichen der Synagoge schon von uns berichtet. Als unsere Familie festlich gekleidet in die Synagoge kam, kamen uns der Landesrabbiner und eine russischsprachige Dame, die ihn unterstützte, entgegen. Beide betonten sehr deutlich, dass wir hier nichts zu suchen hätten. Als Argument brachten sie unseren Glauben an Jesus vor, der ihrer Meinung nach unsere jüdische Identität völlig durchkreuzte. Sie waren sehr unfreundlich. So blieb uns nichts anderes übrig, als frustriert die Synagoge zu verlassen. Wir waren sehr schockiert. Das war ein Schlag ins Gesicht! Seit unserer Umkehr zu Gott war uns unsere jüdische Identität sehr wichtig geworden. Zum ersten Mal im Leben erkannten wir Vorteile darin, jüdisch zu sein. Aber was war jetzt damit? Sollten wir unsere Identität aufgeben und einfach wie die anderen Christen werden? Sollten wir gegen unser Volk sein, weil uns unser eigenes Volk ablehnt? Auch unsere ungläubigen Schwiegereltern mussten wegen uns leiden. Sie teilten unseren Glauben nicht, aber sie lehnten ihn auch nicht ab. Aber sie wollten eher mit ihren Kindern abgelehnt, als ohne sie in die Synagoge aufgenommen werden. Hat dieser hässliche Vorfall eine Rolle für ihre persönliche Suche nach Gott gespielt? Ich weiß es nicht. Meine Schwiegereltern trafen ihre Entscheidung für Jesus ein Jahr später bei ProChrist 1993.

Jahre später fiel mir auf, dass der Apostel Paulus auch von vielen aus seinem Volk abgelehnt wurde. Auch er musste durch diese Versuchung gehen, sich vom eigenen Volk abzuwenden. Er stand sie durch und blieb seinem Volk treu. So half mir Gott auch damals, meine Frustration zu überwinden und zu meinem Volk zu stehen. Erst zehn Jahre später besuchte ich wieder die Stuttgarter Synagoge. Nun waren neue Menschen und ein neuer Rabbiner dort. Manche kannten mich als Leiter einer messianischen Gemeinde, aber keiner sagte etwas Negatives. Trotzdem war es ein komisches Gefühl, mich an dem Ort zu befinden, wo ich einst abgelehnt worden war. Ich legte meinen Gebetsmantel an, öffnete den *Siddur*[13] und betete: »Gott möge denen vergeben, die mir und meiner Familie gegenüber ungerecht gehandelt haben.« Dann erfüllte sich das biblische Wort: »Denn Gottes Schalom, der über alles Verstehen hinausgeht, wird eure Herzen und eure Gedanken bewahren in der Vereinigung mit dem Messias Jesus!«[14] Tiefer Frieden erfüllte mein Herz.

Die Bibel vom Sperrmüll

Mich packte etwas ganz Neues. Ich wollte mit fremden Menschen über Jesus reden. Einmal bat mich ein Bekannter, mit ihm zusammen den Sperrmüll durchzusehen, um ein Sofa für ihn zu finden. Doch wir fanden keins. Allerdings fand ich ein Neues Testament auf Deutsch: ein ziemlich kleines grünes Buch von den Gideons, einer internationalen Vereinigung, die kostenlos Bibeln verteilt. Dieser Fund war sehr wertvoll für mich, weil ich damals recht fleißig Deutsch lernte. Meine Lernmethode war jedoch eigenartig: Wir mussten jeden Tag 20 Minuten in der U-Bahn zum Sprachkurs fahren. Sobald ich in der Bahn saß, holte ich das Büchlein aus der Tasche und begann darin zu lesen, bis ich auf ein mir unbekanntes Wort stieß. Es dauerte nicht lange, bis ich mich an einen Fahrgast wandte und nach dessen Bedeutung fragte. Die Fahrgäste waren etwas überrascht, aber erklärten mir alles sehr gerne. Immer wieder fragten sie zurück, wer ich sei und warum ich das Neue Testament lese. Schon verrückt: Ein Russe liest die Bibel auf Deutsch. Als ich ihnen in meinem gebrochenen Deutsch mitteilte, dass ich Jude sei und an Jesus glaube, waren sie doch sehr erstaunt! Daraus ergaben sich weitere Gespräche. Ohne daraus eine gezielte evangelistische Strategie entwickelt zu haben, bezeugte ich damals vielen Deutschen den jüdischen Messias Jesus und machte mir keine Gedanken darüber, dass ich zu Deutschen sprach.

Doch meine Frau wollte lieber nicht auffallen. Sie fragte mich immer wieder: »Warum kannst du nicht an Jesus glauben und normal leben, ohne dass du mit jedem gleich darüber reden willst?« Ich konnte meiner lieben Frau nicht erklären, was mich drängte, weil ich damals die Wirkung des Heiligen Geistes nicht von meiner eigenen Naivität unterscheiden konnte. Aber Gott arbeitete auch an meiner Frau. So lasse ich sie selbst davon erzählen:

Berufung oder Hirngespinste?

Wenn wir Zeugnis geben möchten, suchen wir in unserem Gedächtnis nach den eindrücklichsten Momenten, die wir mit Gott erlebt haben. Mir ist bewusst, dass unsere Hinwendung zu Jesus das wichtigste Ereignis in unserem Leben war. Danach wollte ich mich nur der Verbreitung des Evangeliums widmen. Der Herr hat keine Eile, er weist uns geduldig den Weg, den er für uns vorgesehen hat. Mein tiefster Wunsch war es, im

Frieden mit Gott zu leben wie alle anderen. Ich wollte auch noch keinen verantwortungsvollen Dienst übernehmen, denn ich hielt mich noch für sehr jung und unerfahren im Glauben.

1992 lebten wir noch im Wohnheim und waren erst wenige Wochen gläubig. Obwohl wir sonntags immer in den Gottesdienst gingen, besuchten uns oft Geschwister aus anderen Gemeinden, so auch die Missionarsfamilie Henk und Irene Wolthaus. Sie wussten, dass wir messianische Juden waren, die gerade zum Glauben an Jesus gekommen waren. Doch wir konnten damals kaum Deutsch und vieles nur verstehen, wenn absolut deutlich gesprochen wurde.

Habt ihr schon mal gehört, wie Holländer Deutsch sprechen? Henk ist Holländer. Man könnte ihn als eine visionäre Persönlichkeit beschreiben, denn er hatte immer Zukunftspläne. Er sprach von einer messianischen Bewegung in Deutschland (die es damals überhaupt noch nicht gab) und wie man die Evangelisation unter Juden vorantreiben könnte.

Nach einem gemeinsamen Abendessen meinte Henk: »Wir müssen uns nun verabschieden, aber bevor wir gehen, sollten wir dafür beten, dass Anatoli ein Leiter der messianischen Bewegung wird. Gott soll ihm die Möglichkeit schenken, eine Gemeinde zu gründen und diese auch zu leiten.«

Alles, was er sagte, entsprach nicht meinen Wünschen und Plänen. Ich wollte im Stillen leben, mit Anatoli für mich sein. Der Dienst in der Öffentlichkeit erschien mir ziemlich unattraktiv. Doch mein mangelnder deutscher Wortschatz hielt mich davon ab, darüber zu diskutieren.

Ich beschloss, kurz zu beten, denn diese Hirngespinste konnten meiner Meinung nach sowieso nicht in Erfüllung gehen. Als unser Besuch weg war, freute ich mich darüber, dass Gott nicht alle Gebete mit »Ja« beantwortete. Es gab keinen Grund, sich Sorgen zu machen, dass diese Bitte in Erfüllung gehen könnte.

Im Jahre 1994 begann Anatoli seinen Dienst beim Evangeliumsdienst für Israel (EDI). Ich war sehr skeptisch. Ich hatte Angst, meinen Mann zu verlieren, Angst, dass er keine Zeit mehr für die Familie fände und seine ganze Liebe nun fremden Menschen zukommen ließe. Diese Zeit war voller Tränen und langer Gespräche mit Anatoli. Aber ich hatte damals mitgebetet, obwohl ich nicht von dem Anliegen überzeugt war. Doch in den nächsten Jahren veränderte Gott radikal unser Leben und unseren Dienst. In ganz Deutschland öffnete er uns Türen zu Juden aller Altersgruppen. Veranstaltungen wie messianische Konferenzen von Juden aus ganz Deutschland und Jugendfreizeiten, von denen man früher nie zu träumen gewagt hätte, gaben vielen die Möglichkeit, Gott kennenzulernen. Heute kann ich sagen, dass Henks Gebet zu einem prophetischen Wort für uns wurde.

Ich möchte euch alle ermutigen. Zu einem gewissen Zeitpunkt dringt Gott in unser Leben ein und will es verändern. Es geschieht meistens nicht so, wie wir es uns vorstellen. Ich verstand damals den Plan Gottes für unsere Familie nicht und hatte meine eigenen Wünsche und Erwartungen. Gott dagegen wusste viel besser, wie er mich und meinen Mann segnen konnte.

Heute betrachte ich diese Situation mit viel Humor. Ich erfahre Gott im Alltag viel intensiver als damals. Ich bin dankbar für meine Familie und dafür, dass ich diesen Dienst mit meinem Mann ausüben kann.

Henk und Irene haben uns lange Zeit auf unserem Glaubensweg begleitet. Sie waren die Menschen, die Anatoli zu seinen zwei größten Projekten inspiriert haben: messianische Jugendfreizeiten und nationale messianische Konferenzen in Deutschland. Heute leben sie in Vancouver, Kanada, und sind dort unermüdliche Zeugen für Jesus.

»Wann gehen Sie nach Israel?«

Immer wieder fragen mich Christen: »Wann wandern Sie denn nach Israel aus?« Früher, als ich davon sehr bedrängt wurde, reagierte ich mit einer Gegenfrage: »Sind wir hier in Deutschland unerwünscht?«

Manchmal reagiere ich sehr emotional und antworte, dass ich keinem von ihnen wünsche, einmal im Leben seine Wurzeln ausreißen und seine Heimat verlassen zu müssen. Und sie verlangten von uns, dass wir das zum zweiten Mal tun! Heute versuche ich, nicht überzureagieren und kompetent und sachlich zu antworten. Normalerweise verstehen das die Leute. Manchmal bekomme ich ein Feedback, das meine Erwartungen übersteigt. So schrieb mir ein junger Mann, nachdem er meinen Vortrag in Memmingen gehört hatte und wir uns etwas näher kennengelernt hatten:

Durch euren Besuch habe ich eine neue Perspektive bekommen, für Memmingen zu beten. Ich habe es auf dem Herzen, dass in unserer Stadt wieder jüdisches Leben entsteht. Bisher dachte ich, es wäre wichtig, dass Juden nach Israel auswandern, aber mir ist klar geworden, dass es vorrangig ist, dass Juden den Messias kennenlernen. Für uns Deutsche ist es wichtig, dass wir den Messias kennenlernen und uns mit den Juden und unserer Vergangenheit versöhnen und Vergebung erleben. Ich erkenne darin Jesu Liebe, dass er sich sogar über Deutschland erbarmt und uns nicht ablehnt. Seine Gnade reicht so weit. Das ist ein wunderbares Zeugnis für die ganze Welt. Ich denke, dass diese Versöhnung vor allem in der Begegnung zwischen Deutschen und messianischen Juden stattfinden kann. So wie ich es mit dir auch erlebt habe, wofür ich sehr dankbar bin. Die Rückkehr nach Israel wird zu seiner Zeit geschehen. Aber vorher brauchen wir euch noch eine Weile in Deutschland, damit unsere Herzen heilen können. Jesus liebt Deutschland und ich danke euch, dass ihr es auch tut! Danke für euren kostbaren Dienst.

Heute verstehe ich die Worte »*… damit unsere Herzen heilen können*« sehr gut. Aber vor 20 Jahren hatte ich kein Verständnis dafür. Ich fragte mich immer, warum ich als Jude nicht in Israel, sondern in Deutschland lebe. Juden gehören doch nach Israel. Diese Frage ließ mir keine Ruhe, besonders wenn ich eindringlich gefragt wurde: »Sind Sie ein Jude? Wann gehen Sie endlich nach Israel?« Viele von ihnen untermauerten ihre Fragen mit biblischen Verheißungen. Dabei fühlte ich mich sehr unwohl, besonders, wenn der eine oder andere sagte: »Ich verstehe euch Juden nicht, haben Sie nicht von den Fischern und Jägern gelesen?« Nicht leicht zu verstehen. Es handelte sich um eine Anspielung auf Jeremia 16,16. In christlichen Kreisen, die sich sehr für die Endzeit interessieren, gibt es ein tieferes, aber auch ungesundes Verständnis von dieser Bibelstelle. Gott verspricht, das Volk für seine Sünden zu strafen, und benutzt dafür bestimmte Menschen bzw. Nationen, die er »Fischer und Jäger« nennt. Allerdings geht es bei dieser Prophetie nicht um die Rückführung, sondern vielmehr um die Austreibung der Juden aus dem Heiligen Land. Mehr darüber können Sie im Anhang lesen.

MEIN NEUER AUFTRAG
IN DEUTSCHLAND

Gott hatte mich beauftragt, den Juden das Evangelium zu bezeugen, aber das hätte ich genauso gut in Israel tun können. Mir fehlte die Bestätigung, dass ich diesen Auftrag in Deutschland erfüllen sollte. Die Deutschen waren immer noch die, die meinem Volk unsagbares Leid angetan hatten. Warum sollte ich meinen Dienst unbedingt in diesem Land ausüben? Doch Gott ließ mich nicht lange warten und zeigte mir, was er damit bezweckte.

Eine entscheidende Begegnung

Eines Tages machten meine Familie und ich einen Ausflug in den Schwarzwald. Als wir nach der Wanderung zum Auto zurückkehrten, erblickte ich eine alte Dame, die sehr genau meinen Autoaufkleber betrachtete. Darauf war eine Kombination aus Davidstern, siebenarmigem Leuchter und einem Fisch zu sehen – das vermutliche Zeichen der ersten Judenchristen. Die Frau fragte sehr höflich, was das zu bedeuten hätte. Ich erklärte ihr, dass wir Juden seien und an Jesus glaubten. Sie hörte mir sehr aufmerksam zu und ich bemerkte, wie sich beim Wort »Juden« ihr Gesichtsausdruck veränderte. Dann begann sie zu weinen und erzählte mir die traurige Geschichte von ihrem Vater, der zur Nazizeit eine jüdische Jesus-gläubige Familie versteckt und gerettet hatte und selbst dadurch ums Leben gekommen war. Ständig wiederholte die Dame folgende Sätze: »Juden wieder in Deutschland! Juden, die an Jesus glauben – das gibt's doch nicht!«

Der Heilige Geist flüsterte mir zu: »Diese Frau leidet genauso wie du und findet jetzt in dir, in deiner Familie und in Juden, die wieder in Deutschland leben, Versöhnung mit ihrem großen Verlust.« Diese Frau war eine Deutsche! Sie hätte genauso viele Gründe gehabt, uns Juden zu hassen, wie ich für meinen Hass gegenüber Deutschen. Aber ihre Worte verrieten mir, dass nicht die Traurigkeit über den Tod ihres Vaters überwog, sondern das Staunen über Gottes Wirken und die Ahnung, dass das Opfer des Vaters nicht umsonst war.

Und in diesem Moment spürte ich, wie Gott den ganzen Hass und die Ablehnung aus meinem Herzen wegnahm. Es entstand jedoch kein Vakuum in meiner Seele, sondern Gott tankte mein Herz mit der Fülle einer mir bis dahin unbekannten Liebe auf.

Diese Begegnung hatte nicht nur eine heilende Wirkung für meine Seele, sondern war auch die klare Berufung für mich, die versöhnende Kraft des Evangeliums in Wort und Tat zu bezeugen – »… den Juden zuerst«[15], aber ebenso den Deutschen!

Eine neue Berufung – ein neuer Dienst

In dieser Zeit waren wir Mitglieder der Evangelisch-Freikirchlichen Gemeinde in Stuttgart-Feuerbach, in der auch Waldemar Zorn als Ältester diente. In dieser Gemeinde verinnerlichte ich die Grundlagen des Glaubens und gewann viele gute Freunde. Meine Glaubensgeschwister halfen uns dabei, uns in die deutsche Gesellschaft zu integrieren. Alles war gut, aber nach drei Jahren fühlte ich mich leer. Nicht, dass ich keine Aufgaben hatte, aber ich spürte, dass Gott etwas Neues in meinem Leben beginnen wollte. Was sollte es sein? Meine Frau und ich beteten darüber.

Einmal lud mich Waldemar zum Jahresfest des Missionswerkes »Evangeliumsdienst für Israel« ein. Dort hörte ich, dass dieses Werk jemanden suchte, der unter dem jüdischen Volk arbeitet. Die Bedingungen waren: ausreichende Russischkenntnisse, Deutschkenntnisse, Glaube an Jesus und jüdische Herkunft. Der letzte Punkt war eher ein Wunsch als eine Bedingung, aber erstaunlicherweise passte das alles wie ein perfekt geschneidertes Kleid auf mich. Russisch war meine Muttersprache. Deutsch konnte ich inzwischen einigermaßen gut. Nachdem ich mit Waldemar gesprochen und gebetet hatte, ging ich zu einem Vorstellungstermin. Erstaunlich schnell war die Sache entschieden. Ich gab meinen Job als Fotolaborant auf und wurde Evangelist, ohne richtig zu verstehen, was das bedeutet. Das war für mich Pionierarbeit. Ich ging in die Wohnheime, stellte meine alten Kontakte mit jüdischen Menschen wieder her und verkündete ihnen das Evangelium. Manche wurden neugierig, manche blieben gleichgültig und wieder andere waren ablehnend. Ich erlebte viele Enttäuschungen, aber gerade in dieser Zeit beschäftigte ich mich mit der Geschichte Josefs. Ich identifizierte mich mit diesem jüdischen Mann und entdeckte sein Geheimnis und was ihm half, in allen Nöten und Problemen durchzuhalten: »Der Herr war mit Josef«[16], heißt es mehrmals in seiner Geschichte. Als ich betete, spürte ich in meinem Herzen: Der Herr ist genauso mit mir – besonders in schwierigen Situationen.

Josef – ein Vorbild

Der Herr zeigte mir beim Bibelstudium noch eine ganz interessante Parallele zwischen dem Leben des biblischen Josefs und den messianischen Juden in Deutschland. Josef kommt als Sklave nach Ägypten, das nicht sehr freundlich zu den Hebräern ist. Er erlebt in Ägypten Höhen und tiefste Tiefen. Aber es gibt in diesem Land Menschen, die freundlich zu den Hebräern sind, weil sie wissen, dass Gott dieses Volk segnet. Unter ihnen ist der Pharao – der König von Ägypten. Mit seiner Hilfe wird Josef zum mächtigsten Mann in Ägypten und kann dadurch seinen Vater und seine ganze Sippe vor der Hungersnot retten. Wer hätte damals gedacht, dass Gott durch einen hebräischen Sklaven beide Völker segnen und von der Hungersnot retten wollte! Gott hatte einen Plan mit Josef!

Im Jahre 1988 lebten in Deutschland ca. 30 000 Juden. 1989 fiel die Berliner Mauer. Im selben Jahr öffnete die deutsche Regierung die Türen für russische Juden. Niemand hätte je zu träumen gewagt, dass Juden wieder in das Land zurückkommen würden, in dem ihnen so viel Leid und Unrecht angetan worden war. Aber Gott ließ auch diese geistliche Mauer fallen. Und sie kamen zu Tausenden. Mit Eltern und Kindern. Heute leben in der Bundesrepublik mehr als 200 000 Juden. Deutschland ist das Land Nr. 1 in Europa, in dem die jüdische Bevölkerung so rasch gewachsen ist. Unter diesen Juden gibt es solche, die Jesus als ihren Messias anerkannt haben. Und sie haben angefangen, Jesus zu bezeugen.

Aber als Ausländer und Flüchtlinge konnten diese Menschen von Anfang an nicht viel bewegen. Sie brauchten in diesem Land unbedingt solche, die für sie beteten und sie praktisch unterstützten. Doch Gott bewegte die Herzen vieler Menschen, die freundlich gegenüber den Juden waren, weil sie wussten, dass Gott dieses Volk segnet. Gott hatte einen Plan mit Josef und schickte ihm Menschen, die ihn unterstützten. Gott hat auch einen Plan mit den Juden in Deutschland.

Wenn Sie mich heute fragen, warum Gott zugelassen hat, dass viele Tausend Juden wieder in Deutschland leben, dann würde ich mindestens zwei Dinge nennen. Zum einen: Juden brauchen das Evangelium. Das Volk Israel hat die besondere Berufung von Gott, ein Licht für alle Nationen zu sein. Ohne an ihren Messias zu glauben, können die Juden diese Berufung nicht leben. Gott will, dass sie ihren Messias kennenlernen und in ihre Berufung hineinkommen. Und ich bin überzeugt, dass dadurch auch Deutschland gesegnet wird.

Genauso wichtig ist die Versöhnung zwischen Juden und Deutschen. Das ist ein ganz heikles Thema, aber ich werde es immer wieder aufgreifen, weil es Teil meiner jetzigen Berufung ist. Einige Kirchenpolitiker versuchen, in Dialog mit dem offiziellen Judentum in Deutschland zu treten. Dialog ist an sich nicht schlecht. Aber Gott bietet uns viel mehr. Nach der Schrift (Epheser 2,14-16) will Gott Frieden (*Schalom*) zwischen unseren beiden Völkern schaffen.

Wenn wir die Evangelisation unter Juden unterstützen, dann fördern wir die Versöhnung zwischen unseren Völkern. Heute kann man schon einen Vorgeschmack dieses Friedens erleben. Zu messianischen Gottesdiensten kommen immer auch deutsche Geschwister, die die lebendige Gemeinschaft, wie sie in Epheser 2 beschrieben wird, als Realität erleben wollen. Manche von ihnen sind schon Mitglieder von messianischen Gemeinden geworden.

ALS MITARBEITER BEIM »EVANGELIUMSDIENST FÜR ISRAEL«

Meine geistlichen Eltern

Hartmut und Annerose Renz prägten in den letzten 20 Jahren mein Leben und meinen Dienst ganz wesentlich. Als ich zum Vorstellungsgespräch zum ersten Mal ins EDI-Büro kam, lernte ich Hartmut als einen warmherzigen Menschen und leidenschaftlichen Nachfolger von Jesus kennen. Das Peinliche war, dass ich diesen netten Mann sehr schlecht verstehen konnte. Sein schwäbischer Akzent war für mich eine schöne, aber fremde Melodie. Wie sollte ich mit meinem Missionsleiter kommunizieren und seine Anweisungen verstehen? Doch Gott schenkte mir auch dieses Mal eine Idee. Ich entdeckte in unserem Büro eine Menge Audiokassetten mit Predigten und Vorträgen. Darunter waren einige von Hartmut, die ich mitnahm. Da ich jetzt mit dem Auto zur Arbeit fuhr, nutzte ich jede Gelegenheit, eine Kassette einzulegen, um zu hören, zu hören und zu hören. Ich lernte Hartmuts Vorträge fast auswendig. Der Effekt war verblüffend: Mit der Zeit konnte ich ihn sogar verstehen. Auch viele andere Menschen. Welch ein großer Gewinn!

Hartmut und Annerose hatten immer ein offenes Ohr für mich und meine Frau. Auch privat wurden wir Freunde. Ob es ein Autokauf, die Wohnungsrenovierung oder die Organisation einer Geburtstagsparty war, bei ihnen suchten wir zuerst Rat. Hartmut ist ein Friedensstifter und bei ihm lernte ich, dass Frieden wirklich ein Segen ist. Ich durfte 16 Jahre lang Hartmuts Mitarbeiter sein und ich habe ihn und seine Frau Annerose in vielen Situationen erlebt. Einen besseren Chef hätte ich mir nicht vorstellen können.

Marga und unsere neue Wohnung

Marga war fast 20 Jahre lang treue Mitarbeiterin beim Evangeliumsdienst für Israel und ich durfte als Kollege mit ihr zwei Jahre zusammenarbeiten. Marga konnte sehr schlecht sehen und musste daher zwei Jahre vor Rentenbeginn mit der Arbeit aufhören. Aber mit Marga ist ein wichtiger Abschnitt meines Lebens und vor allem eine der bedeutendsten Gebetserhörungen verbunden. Welche war das?

Unsere Bitten an Gott werden nicht immer und nicht immer schnell beantwortet. Im Sommer 1996 arbeitete ich schon über eineinhalb Jahre beim EDI. Unsere Familie wohnte damals in einer Wohnung in Stuttgart-Sillenbuch und ich musste täglich nach Leinfelden-Echterdingen ins Büro fahren. Das Problem war nicht nur die Fahrerei, sondern auch unsere teure Wohnung. Sie gehörte einem Politiker aus Bayern, den wir nie gesehen hatten. Er erledigte alle seine Eigentumsangelegenheiten über einen Makler. Als Politiker hat er bestimmt nicht wenig verdient, dafür aber immer wieder unsere Miete erhöht. Meine Frau arbeitete damals in einem Fotolabor und fast ihr gesamtes Gehalt ging für unsere Miete drauf. Es war sehr schwer für Ausländer, eine günstige Wohnung zu finden, und wir wussten auch nicht, wie wir unsere finanzielle Situation hätten verbessern können. Meine Frau sagte mir einmal: Warum können wir unseren himmlischen Vater nicht um eine andere Wohnung bitten? Das taten wir eines Abends.

Als EDI-Mitarbeiter pflegten wir eine tägliche Gebetsgemeinschaft. Wir beteten für unseren Dienst und dann nannte jeder noch Anliegen aus seinem Privatleben. Marga betete vor mir und bat, dass Gott für gute neue Mieter für ihre Wohnung in Echterdingen sorgen möge. Ihr Gebet überraschte mich so, dass ich total vergaß, wofür ich beten wollte. Ich wusste gar nicht, dass Marga eine Wohnung zu vermieten hatte. Ich war nie Wohnungseigentümer und hatte keine Ahnung, wie schwierig es ist, gute Mieter zu finden. Nach dem Gebet fragte ich sofort: »Marga, dürfen wir deine Mieter werden?« Marga war auch überrascht, weil sie nicht gewusst hatte, dass wir eine andere Wohnung suchten. Sie sagte gleich zu. Ich rief fröhlich: »Das ist die schnellste Gebetserhörung meines Lebens. Irina und ich haben gestern Abend um eine andere Wohnung gebetet!« Marga antwortete: »Meinst du nicht, dass mein Gebet noch schneller beantwortet worden ist?« Das mussten wir gleich beim Mittagessen feiern.

Die nächste Überraschung erlebte ich, als ich abends meiner Frau die gute Nachricht erzählte. Sie wollte nicht nach Echterdingen ziehen! Aber warum? Irina und ich waren typische Großstadtkinder. Kiew zählte damals zu den großen Metropolen und hatte fast drei Millionen Einwohner. Als wir nach Stuttgart umgezogen sind, war es ein regelrechter Kulturschock, in der Provinz leben zu müssen. Doch nach zwei Jahren hatten wir uns akklimatisiert. Doch die Perspektive, in einer Stadt mit etwa 39 000 Einwohnern zu leben, war für meine Frau alles andere als attraktiv. »Was werde ich als Absenderadresse auf meine Briefe schreiben? Echterdingen kennt niemand von unseren Freunden! Das ist höchstwahrscheinlich ein … Kaff!« Ich war sehr enttäuscht und wir stritten uns heftig. Doch ich wollte keinen Druck ausüben und bat am nächsten Tag Marga um Entschuldigung und zog meine Anfrage zurück. In dieser Woche sprachen wir in der Familie nicht mehr über die Wohnung, um dieses kontroverse Thema zu vermeiden. Doch Gott redete mit meiner Frau! Er zeigte ihr auf wunderbare Weise, dass wir in Margas Wohnung ziehen sollten. Ich war sprachlos, als mir Irina nach drei Tagen beim Frühstück mitteilte: »Ich glaube, ich habe Margas Angebot aus Eitelkeit abgelehnt. Diese Wohnung hat Gott für uns vorbereitet. Würdest du bitte Marga erneut fragen, ob die Wohnung noch frei ist?« In diesem Moment wusste ich nicht, welches Gefühl bei mir überwog: die Dankbarkeit, dass Gott meiner Frau etwas beigebracht hatte, was ich nicht durchsetzen konnte, oder die Peinlichkeit, dass ich Marga nun zum dritten Mal meine Bitte vortragen musste.

Im Oktober 1996 zogen wir in Margas Wohnung und bis heute leben wir dort. Und wenn Gott will, würden wir hier auch für immer bleiben. Marga beendete im selben Jahr ihre offizielle Tätigkeit beim EDI. Marga ist eine sehr gläubige Frau, die das jüdische Volk liebt. Ihre Liebe wollte sie ganz praktisch ausdrücken. Deshalb vermietete sie uns die Wohnung sehr günstig. Manchmal habe ich den Eindruck, dass sie mehr Ausgaben als Einnahmen für unsere Wohnung hat. Aber sie will mit mir nicht darüber sprechen. Sie meint, dadurch unterstütze sie unseren Dienst und zeige ihre Liebe zum Volk Israel. Wir beten auch oft für Marga. Unser Verhältnis kann ich nicht als reines Mietverhältnis bezeichnen, denn uns verbinden eine tiefe Freundschaft und Verbundenheit in Jesus.

»Haben Sie einen Auftrag vom Oberkirchenrat?«

Ich habe am Anfang meines Dienstes als Evangelist viele strategische Fehler gemacht. Einmal kam ich in ein kleines Dorf auf der Schwäbischen Alb. Dort wohnten in einem Übergangswohnheim russische Juden. Ich wollte sie besuchen und ihnen von Jesus erzählen. Doch nach zwei Jahren Leben in Deutschland hatte ich ein sehr wichtiges deutsches Wort gelernt: »Ordnung«. Weil ich dachte, ich müsse meinen Besuch »ordentlich« gestalten, bat ich zuerst den örtlichen Pfarrer um einen Termin. Das war meine erste Begegnung mit einem Pfarrer. Im Umgang mit meinen christlichen Freunden lernte ich, dass wir alle Geschwister im Glauben sind und die Begrüßung »Bruder« würde sicher auch für einen Pfarrer gelten. Als ich ins Pfarrbüro kam, begann ich meine Ansprache so: »Lieber Bruder«, doch ich merkte, dass das dem Pfarrer keine Freude machte. »Ich möchte meine Volksgenossen in ihrem Dorf besuchen. Sicher brauche ich keine extra Erlaubnis dafür, aber ich hätte eine Bitte: Würden Sie mich im Gebet begleiten und für diese Aufgabe segnen?« Damals wusste ich nicht, dass die Evangelische Kirche in Deutschland (EKD) die Pfarrer aufgefordert hatte, jüdische Menschen nicht zu evangelisieren. Der Pfarrer antwortete mir in aller Klarheit, dass ich Juden nicht missionieren sollte. Ich war sehr irritiert. Mein »ordentlicher« Plan war nicht aufgegangen. Schließlich fragte er mich: »Haben Sie einen Auftrag vom Oberkirchenrat?« Jetzt saß ich in der Falle. Ich war noch sehr jung im Glauben und kannte meine Bibel nicht so gut. Außerdem las ich diese auf Russisch, um mit den russischen Juden über den Glauben zu kommunizieren. Deutsche Bibelübersetzungen waren mir noch sehr fremd und ich dachte tatsächlich, dass der Begriff Oberkirchenrat in der Bibel stünde. Verzweifelt sagte ich: »Aber, Herr Pfarrer, haben wir nicht einen gemeinsamen Auftrag von Jesus: »… Darum geht zu allen Völkern und macht sie zu Jüngern« (Matthäus 28,19). – »Na, ja«, meinte der Pfarrer. »Diesen Vers kenne ich seit meiner Konfirmation. Aber Sie müssen auch das Schreiben der EKD berücksichtigen.« Mir kam damals die Argumentation des Pfarrers recht seltsam vor. Ich konnte nicht begreifen, wie ein Schreiben der EKD den Auftrag von Jesus außer Kraft setzen konnte.

Heute weiß ich schon, dass Kirchenpolitik nicht immer mit der Bibel übereinstimmt. Und ich grabe nicht mehr verzweifelt in meinem Gedächtnis nach dem Wort »Oberkirchenrat«! Apropos: Oberkirchenrat. Kürzlich habe ich einen schönen Witz gehört:

An einem Montagmorgen entdeckt man vor dem Haupteingang des Oberkirchenrates in Stuttgart ein Findelkind. Ein Rätselraten beginnt, woher denn dieses Kind kommen könnte. Schließlich stellt man fest, dass es nicht vom Oberkirchenrat sein könne, und zwar gleich aus drei Gründen: Im neun Monaten habe der Oberkirchenrat noch nie etwas fertiggebracht. Noch nie habe der Oberkirchenrat etwas mit Lust und Liebe gemacht. Und noch nie habe er etwas hingekriegt, was Hand und Fuß hat.

Noch ein Puzzlestück

Einmal fand ich in unserem Büro eine Menge Audiokassetten mit den Aufnahmen unserer Israelkonferenzen. Wie groß war mein Erstaunen, als ich auf einer Kassette den Namen Stan Telchin entdeckte. Das war der Autor des Buches, das mich drei Jahre zuvor in die messianische Gemeinde in Kiew geführt hatte. Mit klopfendem Herzen hörte ich, wie Stan Telchin im Jahre 1993 auf einer Israelkonferenz in Leinfelden sagte: »Vor einem Jahr wurde mein Buch »Verraten« tausendfach in russischer Sprache gedruckt und an die vielen Juden in der Ukraine verschickt.« Ich konnte es kaum fassen: Als ich noch keine Ahnung vom Gott meiner Väter hatte, hatte er dafür gesorgt, dass ich dieses Buch bekam und seine Liebe und Vergebung persönlich erfuhr! Es war kein Zufall, dass meine Mutter damals 1992 das Buch per Post erhalten hatte. Diesem Gott kann ich wirklich vertrauen.

Gemeindegründung

1996 beteten wir in einem Hauskreis in Esslingen, dass Gott uns eine praktische Aufgabe schenken möge. Einige Tage später besuchten wir ein Übergangswohnheim für jüdische Flüchtlinge in dieser schönen schwäbischen Stadt, um ihnen von Jesus zu erzählen. Diese Menschen waren sehr offen und hatten unheimlich viele Fragen. Viele von ihnen wirkten einsam und verloren. Deshalb wollten wir regelmäßige Treffen anbieten und fingen an, Schabbat-Gottesdienste zu feiern. Warum nicht am Sonntag?

Schon damals am Anfang meines Dienstes im Reich Gottes spürte ich, dass Gott mich auf einen besonderen Weg führen würde, auf dem meine jüdische Herkunft eine wichtige Rolle spielt. Im Rückblick bin ich Gott so dankbar, dass er mich damals in eine messianische Gemeinde in Kiew geführt hatte. Das war wohl der einzige Weg, uns in unserem Inneren anzusprechen. In einer nicht jüdischen christlichen Umgebung wäre das nicht möglich gewesen. Juden sind die modernen christlichen Anbetungsformen sehr fremd. Doch warum feiern wir unsere Gottesdienste am Schabbat?

Die Zehn Gebote fordern uns auf, den Schabbat zu heiligen (2. Mose 20,8-11) und der Schabbat ist der heilige Tag aller Juden. Auch sind die Räume christlicher Gemeinden oft am Sonntag belegt. So finden wir am Samstag viel leichter einen Raum für unsere Versammlungen.

Als ich die ersten Menschen zum Glauben an Jesus führte, wollte ich sie taufen. Mein Missionsleiter fragte mich: »Wohin wirst du sie taufen?« – Er meinte die Glaubensgemeinschaft, zu der diese Menschen nach ihrer Taufe gehören sollten. Das war der erste Impuls zu einer Gemeindegründung! Im Juni 1997 gründeten wir mit 16 Mitgliedern eine der ersten messianischen Gemeinden in Deutschland: »Schma Israel« – »Höre Israel«. Ich wurde als Leiter gewählt und später zum Pastor ordiniert. Damals fühlte ich mich dieser Aufgabe nicht gewachsen. Ich hatte kein Theologiestudium und war mir auch nicht sicher, ob ich die Gabe der Leitung hatte. Im Laufe der Zeit bestätigte Gott mir mehrmals meinen Auftrag, Juden das Evangelium zu verkünden und Deutschen zu helfen, sich mit ihrer Geschichte und ihrer eigenen Schuld zu versöhnen. Dabei denke ich an eine besondere Begegnung.

Die Begegnung mit einem ehemaligen Nazi

Nach einem Gottesdienst sprach mich ein älterer Herr an. Schon als ich ihn von Weitem sah, dachte ich: Das ist ein schwer belasteter Mensch. Er bewegte sich so, als ob er schon jahrelang eine schwere Last auf seinen Schultern tragen würde. Er reichte mir seine Hand, seufzte und flüsterte: »Ich war ein Nazi und habe viele schlimme Dinge getan. Vor einigen Jahren habe ich Jesus in mein Herz eingeladen und um Vergebung gebetet. Dann hat Gott mir die Augen für sein Volk geöffnet. Danke für Ihre Predigt. Doch ich bin mir nicht sicher, ob Gott mir meine Sünden gegenüber seinem Volk vergeben will.« Ich musste unwillkürlich an all meine Verwandten denken, die von den Nazis ermordet worden waren. Die ganzen Erinnerungen überfluteten mich. Ganz taub wurden meine Hände. Nein, ich kann doch diesem Menschen nicht meine Hand geben! Das wäre Verrat an meinen ermordeten Verwandten und Millionen von unschuldigen jüdischen Opfern. Nein, Gott, das kannst du von mir doch nicht erwarten. Das wäre eine Zumutung!

Jahre später las ich das Buch »Zuflucht« von Corrie ten Boom. Sie hatte etwas Ähnliches erlebt, als sie dem Peiniger ihrer Schwester begegnete. Gott mutet uns manchmal gerade solche Dinge zu, die uns durch Schmerz führen, um uns zu heilen und auf größere Aufgaben vorzubereiten. Wenn ich die geistliche Barriere in solchen Situationen nicht überwinde, werde ich in Zukunft immer wieder versagen.

Ich erblickte in den Augen meines Gegenübers den tiefen Schmerz über die Schuld der Vergangenheit, aber ich war unfähig, aus eigener Kraft irgendetwas zu sagen oder zu tun. Also schrie ich innerlich zum Herrn. Und der rührte mein Herz an, sodass ich diesem zerbrochenen Mann meine Hand geben konnte. So trafen sich unsere zitternden Hände. Dann sprach ich ihm die Worte des Apostels Johannes zu: »Doch wenn wir ihm unsere Sünden bekennen, ist er treu und gerecht, dass er uns vergibt und uns von allem Bösen reinigt« (1. Johannes 1,9).

Sie hätten diesen Mann nachher sehen sollen. Seine Haltung und sein Gang waren völlig verändert! Er hatte seine schweren Lasten bei Gott abgegeben und ihm war sogar von einem Juden vergeben worden. Mit Gottes Kraft können wir vergeben, auch wenn wir nicht vergessen.

Dabei musste ich an die vielen denken, die ebenfalls eine Schuld aus der Vergangenheit mit sich herumschleppen. Sie können ihre Last nur loswerden, wenn sie sich zu ihrer Schuld bekennen und im Namen Jesu Vergebung erfahren. Gott kann und will allen, die unter ihrer schlimmen Nazivergangenheit leiden, vergeben, wenn sie ihre Sünde bekennen. Er kann und will sie heilen und ihnen ein neues Herz schenken, ein Herz, das die Juden nicht mehr hasst, sondern segnet.[17] Noch haben die Täter von damals Zeit, ihren Kindern und Enkelkindern mitzuteilen, wie Gott zu seinem Volk steht und sie damit vor dem Unglück zu bewahren, das sie selbst einmal über sich gebracht haben.

Es ist kein Geheimnis, dass Deutsche in der zweiten und dritten Generation nach dem Holocaust unter der Schuld ihrer Väter und Großväter leiden. Und das ist nicht nur ein psychologisches, sondern vor allem ein geistliches Phänomen. Der Holocaust ist ein Verbrechen gegen Gott.

Es gibt in christlichen Kreisen eine Tendenz, diesen Menschen eine okkulte Belastung anzuhängen. Man spricht von Generationenfluch und beruft sich dabei auf die Bibel. Man lehrt, dass solche Menschen besondere Befreiungsgebete und Rituale brauchen, damit dieser Generationenfluch gebrochen wird. Im Neuen Testament gibt es aber kein Programm aus fünf, sieben oder zehn Schritten, um geistliche Freiheit zu erlangen. Jesus selbst sagt: »Ihr werdet die Wahrheit erkennen, und die Wahrheit wird euch frei machen. Nur dann, wenn der Sohn euch frei macht, seid ihr wirklich frei« (Johannes 8,32.36). Jesus befreit uns von allen Flüchen, die auf uns liegen. Im Anhang habe ich meine Gedanken dazu weiter ausgeführt.

»Ist es ein Fluch, Deutscher zu sein?«

Ob ich es will oder nicht, momentan lebe ich in einem Land, das einmal die Grenze der Geduld und der Barmherzigkeit Gottes überschritten und sich ganz deutlich für den Fluch entschieden hat. Als Gott seinen Bund mit Abraham schloss, sagte er: »Wer dich segnet, den werde ich auch segnen. Wer dich verflucht, den werde ich auch verfluchen« (1. Mose 12,3). Der Bund Gottes mit Abraham ist auf die Ewigkeit ausgerichtet und wirkt bis in die heutige Zeit.

Als Kain seinen Bruder Abel tötete, sagte Gott: »Was hast du getan? Hörst du nicht: Das Blut deines Bruders schreit zu mir?« (1. Mose 4,10). Das Blut von unschuldigen getöteten Menschen hat eine Stimme. Es verunreinigt das Land und schreit zu Gott. Es gibt kaum ein Land in der Welt, wo sich dieses geistliche Prinzip so stark ausgewirkt hat wie in Deutschland. Nur das Blut Jesu kann dieses Land erlösen. »Doch wenn wir wie Christus im Licht Gottes leben, dann haben wir Gemeinschaft miteinander, und das Blut von Jesus, seinem Sohn, reinigt uns von jeder Schuld« (1. Johannes 1,7).

In den letzten zwanzig Jahren habe ich in Deutschland ein geistliches Phänomen beobachtet: die brüderliche Einheit zwischen messianischen Juden und wiedergeborenen Christen. Diese übernatürliche Gemeinschaft, für die Jesus vor zweitausend Jahren betete[18] und von der Paulus träumte[19], bringt Heilung für Deutschland. Staunend erkenne ich, wie Gott mich in meine Berufung geführt hat. Er hat mir Begegnungen, Bücher und Eindrücke geschenkt und damit ein Ziel verfolgt. Von Anfang an waren Deutsche in unserer Gemeinde, die sich gerne messianischen Juden angeschlossen haben. Einer von ihnen, ein Mann Mitte 30, sagte mir einmal ganz privat: »Ich bin sehr viel um die Welt gereist. Ich habe verschiedene Völkergemeinschaften erlebt und mehrere Glaubensgemeinschaften. Ich war lange Zeit bei den Amish und ebenso lange bei den Presbyterianern in den USA. Egal wo und in welchem Land mit welchen Menschen ich zusammen war, ich fühlte immer wieder den Fluch, ein Deutscher zu sein!« – Nach einer Pause sagte er: »Und nur hier, unter Juden, die an Jesus glauben und nach seinen Geboten leben, habe ich dieses verdammte Gefühl nicht mehr.« Ich registrierte damals seine Worte nur, ohne ihnen eine tiefere Bedeutung zu geben.

Ein anderes Mal feierte unsere Gemeinde zum ersten Mal einen gemeinsamen Gottesdienst mit einer freikirchlichen Gemeinde. Andreas Malessa hielt die Predigt. Er sagte: »Ich bitte euch, liebe Geschwister, auf Folgendes zu achten: Zum ersten Mal in der Nachkriegsgeschichte Deutschlands sitzen hier die Kinder von Opfern und die Kinder von Tätern zusammen und feiern einen gemeinsamen Gottesdienst. Sie haben einen gemeinsamen Glauben, sie beten den Gott Israels an im Namen ihres gemeinsamen Messias!« Als ich diese Worte hörte, dachte ich plötzlich: Ist es Zufall, dass Gott es zugelassen hat, dass so viele Juden aus der ehemaligen Sowjetunion nicht nach Israel, sondern nach Deutschland gekommen sind?

Heute leben wieder mehr als 200 000 Juden in Deutschland. Das ist Gottes Gelegenheit für beide, Deutsche und Juden, nach den bösen Jahren des Unheils einander zum Segen zu werden. Gewiss ist unsere Beziehung durch die Vergangenheit schwer belastet und was damals geschah, darf nie verharmlost oder beschönigt werden. Aber in Jesus können wir die Mauer der Schuld, die zwischen uns steht, überwinden. Dadurch können wir der Welt ein Beispiel für die versöhnende Kraft seiner Liebe geben, damit sie an uns sieht und erkennt, was Lisa Loden in einem Lied so ausdrückte: »Er ist unser Friede, wir sind eins! Er hat aus beiden eins gemacht. Abgebrochen ist der Zaun. Er ist unser Friede, wir sind eins!«

Evangelische Kirche und messianische Juden

Mitte der 90er-Jahre begannen messianische Juden in Deutschland aktiv zu evangelisieren und ihre Gemeinden aufzubauen. Die Evangelische Kirche in Deutschland (EKD) war dadurch gezwungen, sich mit diesem Phänomen auseinanderzusetzen. Man konnte uns nicht mehr ignorieren. Die meisten Kirchen neigten dazu, uns als Sekte zu bezeichnen. Von Anfang an konnte ich nicht begreifen, warum wir als Juden ein Problem für die Kirchen darstellen. Schon die Apostel konnten schwer akzeptieren, dass auch Nichtjuden zum Volk Gottes gehören. Das Apostelkonzil beschloss, dass Heiden gerettet werden können, ohne Juden werden zu müssen (Apostelgeschichte 15). Aber noch lange Zeit gab es Auseinandersetzungen und Polemik in dieser schwierigen Frage. Jetzt im 21. Jahrhundert haben wir das umgekehrte Problem! Die christliche Kirche möchte nicht akzeptieren, dass auch Juden Jesus brauchen, ja, dass sie sogar die ersten Empfänger seiner Botschaft waren und immer noch sind (Römer 1,16). Ganz fassungslos war ich, als ich den Brief eines evangelischen Pfarrers aus Kirspe erhielt:

Sehr geehrter Herr Uschomirski,
die große Synode unserer Evangelischen Landeskirche von Westfalen beschäftigt sich in diesem Jahr vom 1.11.–5. 11. 99 mit dem Thema »Christen und Juden«. Einige heiden-christliche Theologieprofessoren möchten dort gerne beschließen lassen, dass Judentum und Christentum nichts miteinander zu tun haben. Sie sagen, dass die Juden ohne Jesus gerettet sind und dass Jesus nur für die Heiden gekommen ist. Sie sagen, dass die messianischen Juden nur die Produkte von Pietisten sind und am besten verschwinden sollten. Bitte, beten Sie und die messianischen Gemeinden dafür, dass unsere große Synode einen solchen Irrweg nicht beschließt!

Ich habe die Bitte dieses Pfarrers ernst genommen und im Kreis meiner Geschwister für die EKD gebetet. Aber diese Gebete scheinen nicht erhört zu werden. Nicht nur die Landeskirche von Westfalen, sondern auch andere Landeskirchen in Deutschland haben Probleme damit, messianische Juden als ihre Glaubensgeschwister anzuerkennen. Das musste ich leider wieder feststellen, als eine Kirchengemeinderätin mich anfragte, an einer Veranstaltung zum Gedenken an den 9. November 1938, der Reichspogromnacht, teilzunehmen.

»Da gedenkt man der Toten und will die Lebenden nicht haben«

Sie wollte, dass ich dort ein Grußwort sage und eine kurze Predigt halte. Ich sagte zu. Allerdings boykottierte ihr Pfarrer unerwartet meine Teilnahme, denn er wollte nicht, dass seine Kirchengemeinde etwas über messianische Juden erfährt. In seinen Augen passte das nicht zur Gedenkveranstaltung. Doch in meinen Augen war das eine total falsche Entscheidung! Bei den meisten Gedenkveranstaltungen solcher Art spricht man über die Schuld der Deutschen und liest die Namen der getöteten Juden. Was auch richtig ist! Aber man kann nicht immer nur in den Rückspiegel schauen! Ich wünsche mir Dynamik in den jüdisch-christlichen Beziehungen. Um sich nach vorne zu bewegen, muss man auch einen Blick nach vorne richten. Es leben wieder Juden in Deutschland und unter diesen Juden gibt es solche, die an Jesus, den Messias, glauben. Wäre das nicht eine Chance zu einer soliden gemeinsamen Beziehungsbasis, damit die Katastrophe sich nie wiederholen wird? Die Kirche darf doch nicht die Gelegenheit verpassen, sich für ihr totales Versagen gegenüber ihren jüdischen Geschwistern zur Zeit des Nationalsozialismus zu rehabilitieren!

Die Kirchengemeinderätin war auch sprachlos, als sie mir die Absage erteilen musste. Sie schrieb: »Da gedenkt man der Toten und will die Lebenden nicht haben.« Leider hat uns der Kirchentag in Stuttgart 2015 diesbezüglich nicht weitergebracht.

Meine Berufung zum Leiter

Ich war mir meiner Berufung zum Leiter nicht immer sicher. Mir hat schon immer der Mut gefehlt, mich in Diskussionen durchzusetzen. Außerdem bin ich kein großer Visionär und lebe tagein, tagaus, ohne mir Gedanken über die Zukunft zu machen.

Einmal besuchte ich einen Kongress von Willow Creek für geistliche Leiter. Bill Hybels sprach über die Merkmale und Charakterzüge, die einen Leiter ausmachen. Wir mussten einen kurzen Test machen. Plötzlich spürte ich, wie Gott zu meinem Herzen sprach: »Du bist kein geborener Leiter, aber ich werde einen aus dir machen. Achte besonders darauf, welche Eigenschaften deines Charakters du jetzt angekreuzt hast.« Ich sah in meine Unterlagen und wusste, in welche Richtung ich mich weiterentwickeln sollte: Geistliche Leiterschaft. Ich las Bücher über Leiterschaft, sprach mit verschiedenen Leitern und betete um die Führung des Heiligen Geistes. Mit der Zeit merkte ich, wie Gott meine Stärken und Schwächen dazu gebrauchte, um mir zu helfen, als Leiter zu wachsen. Das war für mich eine neue Lektion: Die geistliche Gabe, die Gott schenkt, muss zuerst erkannt und dann entwickelt werden. Eine Berufung kann auch zeitlich begrenzt werden. Während ich dieses Buch schreibe, bin ich mir bewusst, dass Gott mir gerade eine neue Berufung für die nächsten zehn Jahre geschenkt hat: das Volk Gottes in Deutschland auf seine jüdischen Wurzeln hinzuweisen. Deshalb werde ich auch nicht mehr Pastor einer messianischen Gemeinde sein. Zunächst konnte ich das nicht akzeptieren. Wenn Gott mir etwas Neues schenkt, warum kann ich es nicht parallel zu meiner pastoralen Berufung ausführen? Ich betete darüber und studierte intensiv die Geschichte Abrahams.

Um etwas ganz Neues aus seinem Leben zu machen, musste Abraham von allen seinen wirtschaftlichen, sozialen, politischen und gefühlsmäßigen Bindungen Abschied nehmen. Gott kann nicht etwas völlig Neues mit einem Menschen beginnen, wenn dieser sich an etwas Altes klammert. Deswegen forderte Gott Abraham auf, nur diesen von ihm gezeigten Weg zu gehen: »Dann befahl der Herr Abram: ›Verlass deine Heimat, deine Verwandten und die Familie deines Vaters und geh in das Land, das ich dir zeigen werde! Von dir wird ein großes Volk abstammen. Ich will dich segnen und du sollst in der ganzen Welt bekannt sein. Ich will dich zum Segen für andere machen‹« (1. Mose 12,1-2).

Hier geht es um ein dreifaches »Dein«: »deine Heimat«, »deine Verwandten« und »die Familie deines Vaters«. Bei der letzten Aufforderung geht es um das stärkste Band naturgegebener Zusammengehörigkeit. Es gibt kaum etwas Bedeutsameres im Leben eines Menschen als seine Heimat, seine Blutsverwandtschaft und seine Freunde. Und es gibt kaum etwas Gewichtigeres als die Forderung, das alles zu verlassen. Um ein höheres Ziel zu erreichen, musste Abraham gehorsam sein und sein bisheriges Leben aufgeben. So ging es auch mir, als ich verstanden hatte: Ich muss nicht mehr Pastor sein. Aber davon werde ich später erzählen. Zuvor sollte ich andere Erfahrungen machen und zwar: junge Menschen zum Glauben zu führen.

EINE NEUE PERSPEKTIVE: MESSIANISCHE JUGENDFREIZEITEN

Ich habe keine Erfahrung mit Jugendlichen!

Am meisten stärkten Gebetserhörungen meinen Glauben. Einmal betete ich zu Gott mit den Worten des Jabez: »Segne mich doch und erweitere mein Gebiet! Sei bei mir in allem, was ich tue, und bewahre mich vor allem Kummer und Schmerz! Und Gott erfüllte ihm seine Bitte« (1. Chronik 4,10 NLB). Dabei dachte ich an das Wachstum meiner Gemeinde. Gott hat dieses Gebet auf seltsame Weise beantwortet. Einige Wochen später wurde ich gefragt, ob ich bei einer messianischen Jugendfreizeit mitarbeiten würde. Ohne lange zu überlegen, sagte ich zu. Später aber fragte ich mich selbst: Wozu das Ganze? Wie kann ich jungen Menschen etwas beibringen, wenn ich keine Erfahrung mit Jugendlichen habe? Außerdem verstehe ich ihre Umgangssprache kaum und habe Angst, mich zu blamieren.

Am selben Abend kam meine damals 16-jährige Tochter auf mich zu, um eine wichtige Frage mit mir zu besprechen. Als ich sie ihr erklärt hatte, stellte ich fest, wie gut es mir gelungen war. Früher hätte ich das nicht gekonnt, aber jetzt war ich sehr sensibel allem gegenüber, was Jugendliche und ihre Fragen anging. So kam ich zu dieser Freizeit. Es war eine segensreiche Zeit in meinem Leben, weil ich sehr schnell gute Beziehungen mit den Jugendlichen knüpfen konnte. Ich durfte ihnen den Glauben und Jesus nahebringen. Nach dieser Freizeit fiel mir wieder mein Gebet ein. Gott hatte es auf seine Weise beantwortet und als ich nach einem Jahr die Leitung über diese Freizeiten übernahm, wurde mir mein Auftrag mehrmals bestätigt. Viele Jahre habe ich diesen Dienst mit meiner Frau und meiner Tochter mit unbeschreiblicher Freude gemacht. Es gibt für mich kaum etwas Schöneres, als zu sehen, wie Jugendliche aus kaputten Familien die Liebe Jesu empfangen, wie sie ihre jüdische Identität entdecken und ihre Herzen für Jesus öffnen und echt werden.

Besonders schmerzt es mich, wenn ich Jugendliche sehe, die ohne Vater aufgewachsen sind. Ich fragte Gott im Gebet und mich selbst, warum ich so mit ihnen mitfühlen konnte. Weil ich selbst ohne Vater aufgewachsen bin! Mein Vater starb, als ich elf Jahre alt war. Ich wurde von zwei Frauen – meiner Mutter und meiner Oma – aufgezogen. Da sie beide sehr gutmütig und aufopfernd waren, bin ich selbst sehr warmherzig und einfühlsam geworden. Aber ich habe keine Lektionen von einer »harten Liebe« erhalten, die eigentlich nur ein Vater geben kann. Gott machte mich darauf aufmerksam, dass ich Konflikte vermeide und dadurch nicht wachsen kann. Ich bin mir jetzt dieser Sache bewusst und merke, dass ich in allen Situationen nur Harmonie suche und manchmal selbst darunter leide. Ich bete, dass der Herr mir die nötige Korrektur gibt und Heilung schenkt, damit ich jungen Menschen mit ähnlichen Problemen weiterhelfen kann.

Messianische Jugendfreizeiten wurden zu einem Schwerpunkt in meinem Dienst. Sie trugen den Namen: »*Beth Simcha*« – Haus der Freude. Dabei wollten wir den Jugendlichen vermitteln, was echte Freude in Jesus bedeutet. Jedes Jahr erlebten wir mit jüdischen Jugendlichen eine ganz besondere Zeit. Meine Frau und ich haben über 15 Jahre lang junge Menschen begleitet. Im Folgenden habe ich die eindrücklichsten Momente dieser Freizeiten zusammengefasst.

Eindrückliche Erfahrungen mit Jugendlichen

Beth Simcha live

Nach einer Freizeit schrieb mir meine Tochter einen Brief: »... *Gott hat mir wieder einmal gezeigt, warum ich ihn so sehr bewundere. Ich habe immer noch das verweinte Gesicht eines Mädchens vor Augen, voller verlaufener Tusche und voller Hoffnung. Zuvor war dieses Gesicht für mich wie eine Maske, eine sehr hübsche Maske, aber keine, durch die ich hindurchsehen konnte. Und als das Mädchen so verweint vor mir saß, sah ich, wie die Maske im wahrsten Sinne des Wortes schmolz! Ich empfand eine solche Freude, als ich dieses schmutzige und doch glückliche Gesicht sah, ich konnte dahinterblicken, sehen, wie Jesus Menschen glücklich macht. Und genau das fasziniert mich an meinem Gott: Er lässt Masken fallen und man muss sich nicht besser geben, als man ist.*«
Ich war sehr stolz auf meine Tochter, die unseren Vater im Himmel so gut verstehen kann.

Den Auftrag Gottes erfüllen

Meine Tochter berichtet: »*Wenn ich an unsere Jugendfreizeit zurückdenke, muss ich wirklich schmunzeln. Als Tochter des Freizeitleiters hatte ich alle Vorbereitungen hautnah miterlebt und erwartete daher keine besonderen Überraschungen. Doch ich hatte den, um den sich auf dieser Freizeit alles drehen sollte, außer Acht gelassen – unseren himmlischen Vater. Er zeigte mir jeden Tag, was wirklich Sache war, und er arbeitete mit jedem Einzelnen von uns.*
›Bereite jetzt die Morgenandacht vor‹, mahnte eine leise Stimme in meinem Innern. ›Aber ich will doch Volleyball spielen und mir eine schöne Zeit machen‹, war meine törichte Antwort. ›Willst du dich mir

widersetzen?‹ – ›Nein, Herr, ich geh ja schon.‹ So ging es jeden Tag. Und
das Erstaunliche an dem Ganzen war, dass ich trotzdem genügend Zeit
für Volleyball fand und glücklich und zufrieden war.

Auch Mose, über den wir in unseren Bibelarbeiten nachdachten,
bekam von Gott einen Auftrag und er führte ihn mit seiner Hilfe auch
erfolgreich aus. Zuerst hatte er große Zweifel: ›Warum gerade ich? Ich
bin viel zu schwach, Gott, warum erwählst du nicht jemand anderen, der
stärker ist und mehr Selbstvertrauen hat als ich?‹ Oder: ›Was ist, wenn
die Israeliten nicht auf mich hören und mich nicht verstehen?‹ Und dann
tat er doch, was Gott ihm gesagt hatte!

Vielen von uns erging es ähnlich. Wir wussten schon länger, was Gott
von uns erwartete, doch es in die Tat umzusetzen, war eine ganz andere
Frage. Bei dieser Freizeit entschieden wir uns neu dafür, dass wir den
Auftrag Gottes in unserem Leben erfüllen wollen. Und dafür brauchen
wir sehr viel Unterstützung durch Gebet! Betet auch für jeden von uns,
der noch zweifelt, ob er es schafft, Gottes Aufträge zu erfüllen. Betet
dafür, dass wir dem Beispiel Moses folgen und unser Leben ganz unserem
Herrn Jesus übergeben, er wird es gut machen!«

Die Bekehrung auf der Toilette

Die meisten Jugendlichen auf unseren Freizeiten waren Kinder
von russischen Juden, die wie wir nach Deutschland eingewandert
sind. Die Eltern waren sehr froh, dass sich jemand um ihre Kinder
kümmerte und sie nicht während der Sommerferien auf der Straße
herumlungerten.

Marina (16) kam zum ersten Mal auf eine unserer Freizeiten. Sie
hatte bisher noch keinen Kontakt zu Gläubigen und war deshalb von
Anfang an sehr zurückhaltend. Bei der Vorstellungsrunde erzählte sie,
dass sie seit fünf Jahren Karate ausübe. Wir haben regelmäßig für Marina gebetet, damit sie sich zum lebendigen Glauben findet. Wenn wir in

Kleingruppen zum Studium der Bibel zusammensaßen oder wenn wir einen Ausflug miteinander machten, war Marina eine Außenseiterin.

Am vierten Abend traf ein Mädchen aus unserer Gruppe Marina weinend in der Toilette und fragte, was ihr fehle. »Ich fühle mich so fremd unter euch. Ihr seid anders und ich möchte so sein wie ihr, aber ich kann es nicht!«, klagte Marina. »Dann wende dich doch an Jesus. Er nimmt dir deine Sorgen weg. Lass uns zusammen beten.« Marina fasste sich tatsächlich ein Herz. Die beiden Mädchen beteten zusammen und gingen dann miteinander in den Raum, in dem sich die übrige Mannschaft gerade versammelt hatte. Dort, in der Gemeinschaft der Gruppe, betete Marina nochmals und übergab ihr Leben Jesus! Die jungen Leute und auch ich selbst hatten Tränen in den Augen, nicht nur, weil wir diese wunderbare Veränderung sahen, sondern vor allem, weil wir die Gegenwart Gottes unmittelbar erlebten. Eine übernatürliche Kraft, die steinerne Herzen berühren kann.

»Extreme« Leute

Eine jugendliche Teilnehmerin schrieb: »*Als ich mit meinen Freunden in Bietigheim-Bissingen ankam, war ich wirklich geschockt. So viele ›extreme‹ Leute hatte ich noch nie auf einem Haufen gesehen. Ich kannte schon einige von ihnen, aber ich hätte nicht gedacht, dass sie so derb drauf sind. ›Gott, Glauben, Erfüllt-Sein vom Heiligen Geist‹, ich hätte nie gedacht, dass diese Dinge zum Lebensziel eines Jugendlichen werden könnten. Nach drei Tagen war ich so fertig, dass ich nur noch heim wollte und beschloss, Gott auf die Probe zu stellen. Er sollte mir irgendwie beweisen, dass es ihn wirklich gibt, wie, das überließ ich ihm. Am nächsten Tag wachte ich überzeugt von seiner Gegenwart und ohne jegliche Zweifel auf und das war mir Beweis genug. Jetzt wünsche ich mir nichts sehnlicher, als dass ich den Kontakt zu Gott, den ich jetzt habe, nie wieder verliere!*«
Irina

Wie toll und schön ist es, wenn Geschwister einträchtig zusammenleben

»›Hine ma tov uma naim, schevet achim gam jachad – Schau mal, wie toll und schön es ist, wenn Geschwister einträchtig zusammenleben‹, schrieb einmal König David.[20] Der Alte hatte wirklich Ahnung! Der hat bestimmt auch so was erlebt, wie wir während der Woche in Bietigheim-Bissingen. Was lief dort ab? Vieles. Das Wichtigste aber war, dass wir dort wie eine Familie waren. Eine Familie, die von der Liebe zusammengehalten wurde, von der Liebe zueinander, von der Liebe zu Gott und von der Liebe Gottes zu uns. Auf diesem Grundstein haben wir unser ›Haus‹ gebaut.

Die messianische Jugend ist eine seltene Erscheinung (mindestens zurzeit noch) und kommt in Deutschland nur ziemlich vereinzelt vor. Als Folge davon vermissen die Leute einander und sehnen sich danach, sich öfter zu sehen, um gemeinsam im Geist und in der Liebe zu Gott, dem Schöpfer des Universums und der Quelle des Lebens, zu wachsen.«

Niko

»Auf einem anderen Planeten«

»Hallo! Mein Name ist Nadja und ich war auf der Freizeit des EDI. Die war, wie erwartet, wieder super. Auf diese Tage mit meinen Geschwistern im Herrn freue ich mich das ganze Jahr. Die Atmosphäre auf der Freizeit weckt in mir immer das Gefühl, als ob ich mich auf einem anderen Planeten befände. Man kann die Liebe zu Gott und untereinander richtig spüren. Natürlich gab's Leute, mit denen ich mich besser verstand als mit anderen. Aber ich habe keinerlei Neid, keine Intrigen oder sonstige Streitigkeiten erlebt, und genau das macht mir Mut, wenn ich sehe, dass so eine Gemeinschaft möglich ist. Ich bin Gott deshalb immer wieder dankbar für diese Tage. Auf dieser Freizeit erlebte ich nicht nur die

Gemeinschaft mit anderen Christen, sondern auch Gemeinschaft mit Gott. Während unserer Bibelstunden, aber auch in zahlreichen Diskussionsrunden oder bei den Abendandachten konnten wir Gottes Wort studieren und vielen Fragen, die im Lauf dieser Tage oder schon vorher aufgetaucht waren, nachgehen. Wenn man dann in den Alltag zurückkehrt, fühlt man sich zwar schwach und unsicher, aber der Gedanke, dass Gott und die Freizeitteilnehmer immer für mich da sind, für mich beten und an mich denken, ist dann sehr ermutigend.«

Christina

»Dynamit« Gottes

»Unser Motto war: ›Frische Fische fischen‹. Wie kann ich meinen Freunden von der Kraft Gottes erzählen, die stärker ist als Dynamit? Wie kann ich zu einem erfolgreichen Menschenfischer werden? Verbringe ich mein Leben damit, Sünder zu verurteilen, oder bete ich stattdessen für sie? All diese Fragen mussten wir, die Gruppenleiter, uns Monate zuvor beantworten, als wir unsere Bibelstunden vorbereiteten.

Mir persönlich schien es, als sei ich perfekt vorbereitet, um alle entstehenden Fragen zu beantworten, bis Gott mir doch zeigte, dass man sich bei seinem Werk auf alles einstellen sollte. Als die Freizeit schon zu Ende ging, kamen zwei Teilnehmerinnen auf mich zu und stellten mir eine Frage, an der ich oft selbst zu nagen hatte: ›Wie können wir Gott nicht nur mit dem Kopf, sondern auch mit unserem Herzen verstehen?‹

Ich habe in meinem Leben oft feststellen müssen, dass es Zeiten gibt, an denen ich Gott nur durch die mir beigebrachten Gebote erkenne. Auch solche Zeiten sind wichtig, um im Glauben zu wachsen. Doch dann schenkt Gott uns Augenblicke, an denen man am liebsten die ganze Welt umarmen würde, weil man sich geliebt und beschützt fühlt und weil man weiß, dass Gott ganz nah ist. Das sind die besonderen Erlebnisse, die man nie vergisst.

Wir erlebten Gott während der ganzen Freizeit, vor allem aber im Gebet. Und mir ist in dieser Zeit klar geworden, wie wichtig es ist, füreinander zu beten!

Betet füreinander, denn dadurch werdet auch ihr das ›Dynamit‹ Gottes in eurem Leben wirken sehen!«

Alexandra

Praktischer Ausdruck der Liebe

»Letztes Jahr predigte Anatoli in unserer Gemeinde. Dabei erwähnte er Ruth und Naomi als Beispiel für die Gemeinschaft von Juden und Christen. Das bewegte mein Herz so sehr, dass ich mich entschloss, meiner Liebe zum jüdischen Volk praktischen Ausdruck zu verleihen. Heike, die mit ihrem Mann den Küchendienst für eine messianische Jugendfreizeit zugesagt hatte, fragte mich, ob ich mir vorstellen könne, in der Küche mitzuhelfen. Ich besprach dies mit meiner Familie und diese war damit einverstanden, dass ich eine Woche lang allein wegfahre. Ich habe es nicht bereut, hier zu sein, denn es machte mir großen Spaß, mit Heike und Harald zusammenzuarbeiten und die Jugendlichen zu versorgen. Schon am ersten Abend, an dem wir uns kennenlernten, entstand eine fröhliche Gemeinschaft. Die Freude sowie die gegenseitige Liebe und Rücksichtnahme haben mich sehr angesprochen.

Ich beschäftige mich schon lange mit dem Thema Liebe. Was ich in diesen Tagen in Bietigheim-Bissingen erlebte, hat mich jedoch ganz neu angesprochen. Gott hat mir neu gezeigt, was es bedeutet, seinen Nächsten zu lieben wie sich selbst. Zu sehen, wie die Jugendlichen das von uns zubereitete Essen fröhlich verzehrten, war Lohn genug für unsere Arbeit. Ich wollte Gott in diesen Tagen ganz praktisch dienen und ich muss sagen, er hat mich dafür reich beschenkt. Ich habe auf dieser Freizeit erfahren, dass Geben wirklich seliger ist als Nehmen.«

Carmen

(Carmen ist jetzt beim Herrn. Sie starb ganz plötzlich aufgrund einer Krebskrankheit.)

Gottes Liebe für einen jungen Katholiken

Nach dem Abschlussgottesdienst kam ein Junge auf mich zu: »Ich bin in einer katholischen Familie aufgewachsen. Dieser Frömmigkeitsstil und die katholische Liturgie sind mir bekannt, aber ich habe es noch nie erlebt, dass junge Leute so offen auf mich zugehen und mit einem solchen Eifer Gott loben! Das ist total ansteckend!« Ich betete mit ihm. Plötzlich wurde mir klar, dass wir als messianische Juden bei dieser Freizeit auch unwillkürlich unsere eigentliche Berufung erfüllten, ein Licht für die Völker zu sein. Gott brachte diesen jungen Katholiken zu unserer Freizeit, weil er ihm seine Liebe zeigen wollte.

Der Geist Gottes wirkt

An einem anderen Abend hatten wir eine Zeit des gemeinsamen Gebets und der Anbetung. Sie war sehr gesegnet. Im Anschluss daran gingen die Gruppenleiter in ihre Gruppen und segneten ihre jeweiligen Gruppenmitglieder. Dann geschah etwas, was völlig ungeplant war: Jugendliche in den verschiedenen Kleingruppen begannen spontan zu beten. Einige priesen Gott, andere taten Buße. Viele hatten Tränen in den Augen oder weinten und ich betete innerlich, dass diese Berührung durch Gottes Geist nicht nur ihre Gefühle anspricht, sondern ihre ganze Person durchdringt. Ein unvergesslicher Abend, an dem wir die Gegenwart Gottes besonders stark empfanden.

Mit Jesus Berge überwinden

Lüba war ein sehr ruhiges Mädchen. Sie nahm zum ersten Mal an einer messianischen Freizeit teil. Alles war für sie ungewöhnlich: der Lobpreis, die Diskussion in kleinen Gruppen und die Abendveranstaltungen. Sie spielte weder Volleyball noch Tischtennis und war auch sonst nicht sportlich.

Am ersten Morgen kam sie auf meine Frau Irina und mich zu: »Ich möchte nach Hause. Ich fühle mich hier nicht wohl.« Wir versuchten, mit ihr zu reden und sie zu beruhigen, denn sie hatte ihren Koffer schon gepackt. Schließlich gelang es uns, sie zu überzeugen, wenigstens noch diesen Tag und die nächste Nacht hierzubleiben. Wenn sie danach immer noch nach Hause wolle, dürfe sie fahren. Inzwischen telefonierte Irina zweimal mit ihren Eltern, um deren Unterstützung zu gewinnen, und alle Mitarbeiter beteten intensiv, dass es Lüba gelingen möge, ihre Ängste zu überwinden.

Am Nachmittag machten wir einen Ausflug zum Felsenmeer, einer in Mitteleuropa geologisch einmaligen Felsenformation mit sogar noch von den Römern bearbeiteten Granitsteinen. Während der höher gelegene Teil des Felsenmeeres durch die zum Teil bearbeiteten Steine seinen besonderen Reiz hat, laden die kleineren Geröllsteine in der zum Tal hinunterführenden Mulde zum Herumklettern ein.

Unsere Jugendlichen stürzten sich begeistert in diese Herausforderung. Nur Lüba konnte sich nicht entschließen, dieses Wagnis einzugehen. Ich nahm sie deshalb bei der Hand: »Wir gehen zusammen.« Aus lauter Angst wagte sie nicht zu widersprechen. Langsam stiegen wir Stein um Stein abwärts. Ich hielt sie an der Hand fest, und sie folgte mir zaghaft Schritt für Schritt. Mit der Zeit wurde ihr Schritt sicherer. Als wir die Hälfte der Strecke hinter uns hatten, konnte sie schon ohne mich über die Steine springen.

Unten angekommen, strahlte sie vor Freude und Begeisterung. »Du hast jetzt etwas sehr Wichtiges gelernt«, sagte ich, »unser Leben ist voller Schwierigkeiten und Herausforderungen. Und manchmal scheint es unmöglich, sie zu überwinden. Aber wenn wir dem Herrn unser Leben anvertrauen, nimmt er uns bei der Hand. Mit ihm können wir nicht nur über Steine gehen, sondern selbst Berge überwinden.«

Als ich am letzten Abend sah, wie Lüba fröhlich und unbeschwert mit einem anderen Mädchen plauderte, sagte ich im Scherz zu ihr: »Hey, du bist ja immer noch da, was für ein Wunder!« Sie lächelte: »Ich bin sehr dankbar, dass ich geblieben bin. Ich habe auf der Freizeit viel gelernt.«

»Ich habe heute Abend Gott erlebt«

Dennis ist ein netter und sehr nüchterner Junge. Man kann ihm nicht so leicht etwas vormachen. An unserem Vorstellungsabend erklärte er klipp und klar: »Ich bin nicht religiös.« Trotzdem nahm er an unseren Bibelarbeiten teil. Er diskutierte eifrig mit und scheute sich dabei nicht, seine Meinung offen zu vertreten.

Unser fünfter Abend war ganz dem Lobpreis gewidmet. Im vergangenen Jahr hatten sich an unserem Lobpreisabend einige Jugendliche für Jesus entschieden. Ich hatte dieses Mal eigentlich nicht vor, ausdrücklich zur Entscheidung aufzurufen. Ich wollte nicht, dass die jungen Leute sich hinterher manipuliert fühlten, und ich hatte Angst, dass sie enttäuscht werden.

Doch nachdem wir begonnen hatten zu singen und zu beten, hatte ich den Eindruck, Gott wolle mir sagen: »Hab kein Angst, missverstanden zu werden. Die Jugendlichen sollen ja mir und nicht dir vertrauen! Ich werde sie nicht enttäuschen. Meine Gnade ist jeden Tag neu, und ich warte jeden Tag darauf, dass Menschen mir ihr Leben anvertrauen. Gib den Jugendlichen eine Chance!«

Ich gehorchte. Viele Jugendliche kamen nach vorne, wie wenn sie nur auf die Einladung dazu gewartet hätten. Als ich sah, dass auch Dennis dem Aufruf folgte, jubelte ich innerlich und strahlte vor Freude. Doch kaum, nachdem er das Übergabegebet gesprochen hatte, war er plötzlich verschwunden. Als ich ihn später in seinem Zimmer entdeckte, lag er sehr nachdenklich auf seinem Bett und sagte: »Ich habe heute Abend Gott in einer Weise erlebt wie nie zuvor. Ich brauche jetzt Zeit, um das alles zu verdauen.«

»Ist es wirklich wahr, dass Jesus mich davon befreien kann?«

Anastasia ist ein fröhliches 15-jähriges Mädchen. Sie war sehr offen, sang die Lobpreislieder mit Begeisterung mit und hörte beim Bibelstudium sehr aufmerksam zu. Aber als ich sie persönlich ansprach, spürte ich eine innerliche Rebellion. Später stellte sich heraus, dass sie unter Depressionen leidet und Ängste hat. Sie erzählte es mir ungern, aber sie erlaubte mir, für sie zu beten. Ich bin so dankbar, dass ich bei der Freizeit ein treues Gebetsteam hatte. Es bestand aus meiner Frau, vier Mitarbeitern und unserem Küchenteam. Dieses Team betete mit mir zusammen Tag für Tag für Anastasia.

Am sechsten Tag feierten wir einen Lobpreisabend. In der Bibelarbeit am Abend zuvor hatten wir von den Problemen und Sünden gesprochen, mit denen jeder von uns zu kämpfen hat, von der Ablehnung, die manche schon erfahren haben, und von den seelischen Verletzungen, an denen viele leiden. Ich hatte dazu eine Kiste mit verschiedenen Steinen mitgebracht und die Jugendlichen aufgefordert, sich einen davon zu nehmen als Symbol für das, was sie gerade bedrückt. Diesen sollten sie dann in den nächsten 24 Stunden ständig bei sich tragen. Als die Jugendlichen nacheinander einen Stein aus der Kiste nahmen, war ich schmerzlich berührt, als ich sah, welch großen Stein Anastasia für sich auswählte. Ich selbst nahm mir auch einen und ich muss zugeben, dass er mich überall störte, beim Essen, beim Tennisspielen und sogar im Bett.

Am Lobpreisabend sprach ich darüber, was am Kreuz geschehen war, wie Jesus uns durch seinen Tod und seine Auferstehung von Angst und Sünde befreit und welchen Tausch er uns anbietet. Er ist bereit, unseren Hass in Liebe zu verwandeln und unsere Verletzungen zu heilen. Anschließend lud ich die Jugendlichen ein, ihre Steine gegen einen Schlüsselanhänger einzutauschen. Mit Tränen in den Augen sah ich, wie mehrere Jugendliche nach vorne kamen, um ihre Beziehung zum Herrn zu erneuern und ihre Steine zu tauschen. Ich kannte die Probleme der meisten. Einer suchte vergeblich Anerkennung bei seinen ungläubigen Freunden. Der andere litt unter dem Verlust seines Vaters. Wieder andere hatten bittere Erfahrungen wegen ihrer jüdischen Herkunft gemacht. Unter ihnen war auch Anastasia. Als sie ihren schweren Stein hinlegte, schaute sie mir in die Augen, als ob sie fragen wollte: »Ist es wirklich wahr, dass Jesus mich davon befreien kann?« Ich bete intensiv dafür, dass sie es wirklich erfährt.

»Ehre deine Eltern«

Am Anfang jedoch schien alles sehr kompliziert. Manche Jugendliche waren schwierig und nicht motiviert. Sie wollten die Lobpreislieder nicht mitsingen und blieben beim Bibelstudium unbeteiligt. Unser Mitarbeiterteam – Irina, Ernest, Dima und Dennis – betete regelmäßig für einen Durchbruch. Er kam am vierten Tag, als ich das Thema »Ehre deine Eltern« behandelte. Nach dem Bibelstudium kamen mehrere der »schwierigen« Jugendlichen auf mich zu und baten um Gebet für sich und ihr Verhältnis zu ihren Eltern.

Am Schluss kam einer und bekannte, dass er Probleme mit Drogen habe. Außerdem habe er seine Eltern belogen. Er wollte das in Ordnung bringen. Wir beteten zusammen und noch am selben Tag telefonierte er mit seiner Mutter, bekannte ihr seine Schuld und bat um Vergebung. Das Eis war gebrochen. Dies bestätigte sich im Laufe der Freizeit mehrmals.

Die messianischen Freizeiten »Beth Simcha« werden seit 2012 von den jungen Mitarbeitern des EDI, Sergej und Swetlana und Alexandra und Dennis, durchgeführt. Wir hatten sie angeleitet und sie machen das sehr gut. Irina und ich sind im Hintergrund dabei und helfen dort, wo wir können.

GOTT SPRICHT
IN MEIN LEBEN HINEIN

Eine schwere Erfahrung

Manche Ereignisse haben meine Beziehung zu Gott zutiefst auf die Probe gestellt. Ich denke an den 26. April 2003. Ich leitete die »Nationale Konferenz für messianische Juden in Deutschland«. Es kamen mehr Teilnehmer, als wir erwartet hatten. Trotz vieler organisatorischer Probleme segnete Gott diese Konferenz reichlich. Nach einem langen erfüllten Tag ging ich in mein Zimmer und wollte früh ins Bett gehen. Dann hörte ich ein leises Klopfen an der Tür. Es waren zwei 16-jährige Mädchen, die das Gespräch mit mir suchten. Eine von ihnen war bei unserer Sommerfreizeit zum Glauben gekommen und wollte jetzt, dass ich ihrer Freundin unbedingt das Evangelium erkläre. Es war schon kurz nach Mitternacht, als wir das Gespräch beendeten. Die Freundin war sehr offen und von Gott vorbereitet. Wir beteten anschließend zusammen und sie bat Jesus, in ihr Herz zu kommen. Ich war sehr müde und sehr glücklich, als ich endlich ins Bett ging. Welch ein Geschenk, am Ende eines gesegneten Tages ein Mädchen zum Glauben zu führen. Bevor ich einschlief, ließ ich die Ereignisse des Tages noch einmal Revue passieren: die Taufe, der Anbetungsabend, die guten Gespräche. Mein Herz war voller Dankbarkeit, als ich einschlief.

Ein Anruf weckte mich gegen zwei Uhr in der Nacht. Die Stimme meiner Frau klang sehr aufgeregt und mitfühlend. »Deine Mutter ist gestorben«, sagte sie, »du musst sofort deinen Bruder in Kiew anrufen.« Ein Schwert drang durch meine Seele. Ich hatte einen Kloß im Hals. Als er sich löste, begann ich zu weinen. Ich liebte meine Mutter sehr. Sie war 76 und hatte einige altersbedingte Beschwerden, war aber nicht ernsthaft krank gewesen. Ich war überhaupt nicht auf ihren Tod vorbereitet. Ich fühlte mich total einsam und ich begann zu beten. Es war ein Klagegebet. Ich fragte Gott, warum ich nach einem so glücklichen Tag diese schreckliche Botschaft hören musste. Ich suchte nach einer Zigarette, um mich etwas zu beruhigen. Da ich aber seit 14 Jahren nicht mehr rauchte und das christliche Freizeitheim außerdem eine rauchfreie Zone war, konnte ich keine finden. In mir stieg Rebellion gegen Gott auf. Ich konnte es nicht begreifen, dass Gott mit seinem Kind so umgehen kann. Diese Nacht war die längste und schrecklichste Nacht in den 15 Jahren meines Lebens in Deutschland. Als ich um sechs Uhr morgens ganz zerschlagen einschlief, fühlte ich einen unglaublichen Frieden, der über mich kam. Ich kann diese Erfahrung nicht beschreiben, aber als ich um 7.30 Uhr aufwachte, waren die Bitterkeit und die Enttäuschung verschwunden. Eine tiefe Trauer, aber auch Frieden erfüllten mein Herz. Ich begann Gott zu danken, dass er mir eine so liebevolle Mutter gegeben und dass ich sie so lange hatte. Ich dankte ihm, dass sie nicht leiden musste und dass sie ganz schnell gestorben war. Ich dankte ihm, dass ich ihr ein Jahr vor ihrem Tod hatte von Jesus erzählen dürfen. In mir begann ein Heilungsprozess, der noch nicht abgeschlossen ist. Viele Jahre nach ihrem Tod spüre ich noch immer eine Leere in mir, wenn ich an meine Mutter denke. Und trotzdem weiß ich, dass Gott mir in dieser Nacht ganz nahekam, als ich vor ihm klagte. Später konnte ich meine Gedanken in mein Tagebuch schreiben und meinen Kummer vor Gott bringen. Das hat mir sehr geholfen, meinen Schmerz zu verarbeiten. Bei einem Besuch in Kiew, zehn Jahre nach ihrem Tod, besuchte ich das Grab meiner Mutter und betete. Ich dankte Gott im Gebet noch einmal, dass er mir eine solche zärtliche Mutter geschenkt hatte, die sich sehr um mich gesorgt hatte.

Ich dankte ihm, dass sie viele glückliche Momente, darunter zweimal die Mutterschaft, erleben durfte. Dann schenkte mir Gott die Gewissheit, dass meine Mutter im Frieden ruht.

Was bedeutet es, ein Jude zu sein, der an Jesus glaubt?

Bei meinen Aufgaben als Pastor und Gemeindeleiter habe ich viele Höhen und Tiefen erlebt. Es war und ist für mich eine gute Lebensschule, mit Menschen zu arbeiten, die mich gut kennen. Vieles in meinem Charakter brauchte Korrektur. Gleichzeitig hat Gott manche Wunden aus meinem früheren Leben geheilt.

Gott hat mich auf meine jüdische Identität aufmerksam gemacht. Mein Weg zu meinem jüdischen Erbe war nicht der übliche. Normalerweise wachsen Juden in ihrer Religion und Kultur auf und verinnerlichen mit der Zeit das Jüdische. Bei mir war es nicht so. Ich bin in einer säkularen jüdischen Familie aufgewachsen und erst seit meiner Bekehrung fühlte ich mich mehr und mehr jüdisch. Aber als messianischer Jude konnte ich nicht bei einem Rabbiner oder in einer jüdischen Schule das Judentum besser kennenlernen. Nur durch Jesus konnte ich mein jüdisches Erbe antreten. Je mehr ich ihn kennenlerne, desto mehr werde ich mir meiner jüdischer Herkunft und meines jüdischen Glaubens bewusst. Ich habe Gott gefragt: Was bedeutet es, ein Jude zu sein, der an Jesus glaubt? Wie soll mein Lebensstil sein? Wie kann ich gegenüber meinem Volk glaubwürdig auftreten? Was soll ich lernen? Wie gehe ich mit meinen christlichen Geschwistern um, die meine jüdische Identität nicht akzeptieren wollen? Wie reagiere ich auf antisemitische Äußerungen in den Kirchen und Gemeinden, in denen ich diene? Durch intensives Bibelstudium, Gebet und viele Gespräche mit verschiedenen Leitern formte Gott mich zu einer Persönlichkeit, die zu Antworten auf diese Fragen gelangt ist und diese richtig einordnen kann. Durch diesen Prozess war ich fähig, das Gelernte meiner Gemeinde weiterzugeben. Ich bin mir über vieles klar geworden, bleibe aber offen gegenüber Korrekturen und Veränderungen.

Ein neuer Impuls von Gott: Theologie studieren!

Im Jahr 2007 bekam ich einen neuen Impuls von Gott. Ich hatte den Eindruck, ich solle Theologie studieren. Es war immer ein unerfüllter Wunsch von mir, studieren zu dürfen, und jetzt war es dran. Aber wo sollte ich anfangen?

Auf nach Korntal!

Selbstverständlich wollte ich in einer jüdisch-messianischen Einrichtung Theologie studieren. Aber wo findet man eine solche? Ich wusste, dass es in den USA solche Institutionen gibt. Aber das war für mich keine realistische Option. Ich begann zu recherchieren und legte mich nach kurzer Zeit auf die Akademie für Weltmission in Korntal fest. Aber zu studieren war noch immer nicht mehr als mein persönlicher Wunsch. Daher sagte ich zu Gott im Gebet: »Du weißt alles, was sich jetzt in meinem Kopf abspielt. Ich möchte sehr gern studieren. Aber ist es vernünftig, mit 49 Jahren ein Studium zu beginnen? Meine Gemeinde braucht mich, ich bin im Dienst beim EDI, habe viele Termine und Veranstaltungen, benötige die Zustimmung meiner Frau zum Studium, da sind die Studiengebühren und, und … Wenn du mir für alle diese Wenn und Aber eine Lösung anbietest, dann beginne ich einen neuen Abschnitt in meinem Leben.« Das war für mich wie das »Auslegen eines

Fells« bei Gideon (Richter 6-8). Aber Gott war wieder sehr barmherzig und gnädig zu mir. Auf alle meine Wenn und Aber bekam ich eine positive Antwort. Meine Gemeindemitglieder förderten mein Vorhaben und sicherten mir ihre Unterstützung zu. Als meine Frau mich zum Studium ermutigte und der Trägerkreis des EDI mir 50 Prozent meiner Arbeitszeit für das Studium bewilligte, war es für mich mehr als genug Bestätigung. Mit großer Freude studierte ich und wuchs in meiner Beziehung zu Gott. Während meines Studiums erlebte ich mehrmals eine wunderbare Gebetsgemeinschaft mit meinen Kommilitonen. Es ist etwas ganz Besonderes, wenn man mit Menschen betet, die aus allen Kontinenten der Welt kommen und eine langjährige Erfahrung in der Mission mitbringen. Ich habe gelernt, Gott zu vertrauen, und ich möchte es gerne noch mehr lernen. Dabei lernte ich nicht nur »Theologie pur«. Die Begegnungen mit anderen Studenten, die ausgezeichneten Andachten und die Begleitung der Dozenten haben meinen Dienst sehr befruchtet. Ich bin froh, dass ich mein Studium gut mit dem Dienst verbinden konnte. So entstanden immer wieder neue Themen für Vorträge und Predigten in der Gemeinde.

Hellenistisches oder hebräisches Denken?

Aber nicht alles bei meinem Studium lief glatt. Ich war mit einigen Dingen, die wir lernen mussten, nicht einverstanden. Obwohl ich christliche Theologie studierte, habe ich langsam angefangen, die Bibel aus jüdischer Sicht zu begreifen. In den letzten 2 000 Jahren haben sich die jüdische und die christliche Theologie auseinanderentwickelt. Die biblischen Texte entstanden nicht im luftleeren Raum. Joseph Shulam schreibt: »Sie existieren immer innerhalb von Rahmenbedingungen, der Zeit und der historischen Ereignisse, die zu ihrer Niederschrift führten. Der Trend zu Beginn des zwanzigsten Jahrhunderts lief darauf hinaus, der Auslegung der Bibel eine existenzielle Tendenz zu geben. Diese Entwicklung führte das Wort Gottes aus seinem historischen und kulturellen Zusammenhang heraus und gab ihm eine philosophische Bedeutung.«[21] Es existieren unterschiedliche exegetische und hermeneutische Werkzeuge, obwohl Christen und Juden mit vielen gleichen Quellen arbeiten. Diese Unterschiede in der Auslegung der biblischen Texte hängen mit den unterschiedlichen Denkweisen zusammen. Die neutestamentlichen Texte wurden in einem hebräisch-jüdischen Kontext geschrieben. Die Denkweise aller Autoren der Bibel ist hebräisch. Die christliche Auslegung basiert auf einem eher hellenistisch-griechischen Denken. Dafür gibt es einen historischen Grund. Im 3. Jahrhundert hat sich die christliche Kirche bewusst von ihren hebräischen Wurzeln getrennt. Das verstreute Volk der Juden mit ihrem »Alten Testament« war in den Augen der Christen gottverlassen und keiner interessierte sich für die jüdische Weltanschauung und die jüdische Bibelauslegung. Außerdem war die jüdische mündliche Tradition, die später in der Mischna fixiert wurde, den Christen nicht so einfach zugänglich. Es entstand ein gewisses Vakuum, was die Bibelauslegung betraf. Der Rahmen dieses Buches erlaubt es mir nicht, dieses komplizierte Thema ausführlicher zu beleuchten. Das beschreibt Winfried Amelung in seinem Buch: »Denken macht Spaß – Glauben erst recht«.[22] Ich werde nur kurz die Unterschiede skizzieren, zunächst geht es um die Erkenntnis.

Im hellenistisch-griechischen Denken geht es vor allem um Selbsterkenntnis. Hebräisches Denken zielt ausschließlich auf Gotteserkenntnis. Die Beziehung zu Gott ist wichtig. Das Denken, Verstehen und die rationale Erkenntnis der Welt sind die wichtigsten Tugenden im hellenistisch-griechischen Kontext. Im hebräischen Kontext steht der praktische Lebensvollzug in der Furcht Gottes (das Halten seiner Gebote) im Vordergrund.

Man studiert auch unterschiedlich. Im hellenistisch-griechischen Kontext bedeutet Studieren akademische Wissensvermittlung. Im Hebräischen bedeutet Studieren: Der Rabbi (Lehrer) teilt sein Leben mit den Schülern – so, wie Jesus seine Jünger gelehrt hat.

Im hellenistisch-griechischen Kontext ist das wahr, was man sieht. Im hebräischen Denken sind die sichtbaren Dinge nur ein Zeichen für die Eigenschaften ihres Bildners. Wahrheit heißt, das Unwesentliche und Äußerliche vom Wesentlichen zu unterscheiden.

Diese Unterschiede werden noch größer, wenn man bedenkt, dass griechisches Denken alternativ ist, während das hebräisch-biblische Denken komplementär ist. Im Ersteren herrscht ein Dualismus, der nur Alternativen kennt: Entweder-oder, Materie-Geist, Wahrheit-Irrtum, Gott-Satan, Sieger-Besiegter, gut-böse. Im hebräisch-biblischen Denken gibt es kein Entweder-oder, sondern nur ein komplementäres Sowohl-als-auch. Eine Wahrheit hat immer mindestens zwei Seiten, das heißt, es gibt einfach unterschiedliche Erkenntnisse. Rechtfertigung und Heiligung, Buchstabe und Geist gehören zusammen. Ein Beispiel hilft, die Unterschiede zu verstehen.

Die hebräische Bibel lehrt: Gott hat den Menschen nach seinem Ebenbild geschaffen. Selbst eine solche klare Aussage wird von Juden und Nichtjuden unterschiedlich interpretiert. Was meinen wir als in einem westlich-kulturellen Kontext lebende und von einem hellenistisch-theologischen Kontext geprägte Christen, wenn wir sagen: Ich bin ein Ebenbild Gottes?

Normalerweise denken Menschen: Ich bin es! Es geht um einen Standpunkt. Im Hebräischen aber haben wir mindestens 70 Betrachtungsweisen einer solchen Aussage. Warum 70? Die Zahl 70 ist sehr wichtig in der Bibel. Zum Beispiel heißt es in 2. Mose 20 (hier wird erzählt, wie Gott dem Volk am Berg Sinai die Zehn Gebote gibt), dass das ganze Volk die Stimme Gottes wahrnahm. In Wirklichkeit steht dort: »Das ganze Volk sah die Stimmen Gottes.« Ein hebräischer Kommentar[23] sagt dazu sinngemäß: Die Stimme Gottes ging aus und teilte sich in 70 Stimmen und 70 Sprachen, damit sie alle Völker hören können. Unsere Weisen sagen: »*Schiw'im panim latora*« – die Thora hat 70 Gesichter.

Also zurück zur Aussage: Ich bin ein Ebenbild Gottes. Als hellenistisch geprägte Menschen denken wir: Es geht um unser »Sein«, also:

»Ich bin das.« Im hebräischen Denken bedeutet diese Aussage etwas ganz anderes. Wenn der Mensch als Ebenbild Gottes geschaffen wurde, dann ist er ein Wesen, das fähig ist, Gott gegenüberzustehen, sodass Gott mit ihm kommunizieren kann. Dabei ist Folgendes zu beachten: Im hebräischen Denken geht es sehr selten um ein »Sein«, sondern fast immer um ein »Werden«. Was heißt es also für einen Juden, dass er nach dem Ebenbild Gottes geschaffen ist? – Es bedeutet, dass Gott mit ihm sprechen kann und dass auch er mit Gott sprechen kann. Es handelt sich um ein Geschehen.

Die jüdische Auslegung der Bibel

Eine der jüdischen Auslegungsmethoden heißt »*Drasch*«. Diese bevorzugt eine interpretative, homiletische Bedeutung des Textes. Man geht assoziativ-logisch an diesen heran. Ein Beispiel: Als Jesus in Bethlehem geboren wurde und Herodes davon erfuhr, wollte er verhindern, dass irgendein anderer König Israel regiert. Deshalb befahl er, dass alle Kinder bis zum Alter von zwei Jahren in Bethlehem getötet werden sollten. Ein Engel begegnete Josef im Traum und warnte ihn vor der kommenden Gefahr. So nahmen Josef und Maria ihren Sohn Jesus und flohen nach Ägypten. Ein paar Jahre später teilte ihnen ein Engel mit, dass Herodes gestorben sei und sie nach Israel zurückkehren sollen. Matthäus sagt, dass damit der Text von Hosea erfüllt würde: »Aus Ägypten habe ich meinen Sohn gerufen.«[24] Viele Übersetzer haben lange über dieses Problem gerätselt, weil der Text in Hosea 11 absolut nichts mit Jesus zu tun hat. Tatsächlich steht der Text in Hosea sogar in einem sehr negativen Zusammenhang. Jesus wurde aus Ägypten gerufen und die Kinder Israels, auf die dort als »Söhne Gottes« Bezug genommen wird, wurden auch aus Ägypten herausgerufen. Der Evangelist Matthäus formulierte hier einen »*Midrasch*«[25] durch assoziative Logik, einem typischen Werkzeug bei dieser Auslegungsmethode.

Wenn christliche Gelehrte die Bibel lesen, dann fragen sie sich, wie sie diesen Text verstehen sollen. Der jüdische Ansatz ist anders. Der Jude fragt zuerst: »Was verstehe ich hier nicht?« Der Jude lernt vor allem nicht aus dem Text, sondern tritt in einen Dialog mit diesem. Er sucht immer eine Antwort darauf, was im Text unklar ist.

Es ist erstaunlich, aber ein Jude und ein Christ können ein und denselben Bibeltext total unterschiedlich verstehen. Das gilt nicht nur für das Alte, sondern vor allem für das Neue Testament. So habe ich manche dogmatischen Inhalte, die für meine christlichen Geschwister selbstverständlich sind, ganz anders verstanden. Oder Bibelstellen, die für meine christlichen Freunde nur informativ sind, haben für mich eine viel tiefere Bedeutung. Zum Beispiel lesen wir im Geschlechtsregister von Jesus in Matthäus 1,1: »Dies ist ein Verzeichnis der Vorfahren von Jesus Christus, einem Nachkommen des Königs David und Abrahams.« (NLB) Was bedeutet für Christen dieser Satz am Anfang des Evangeliums? Nicht viel. Für Juden hingegen ist er eine Entdeckung! Wenn wir »Sohn Davids« lesen, dann denken wir vor allem an den Bund Gottes mit David. Gott hat dem Nachkommen Davids eine ewige Herrschaft verheißen! – Bei Lukas geht das Geschlechtsregister sogar zurück auf Adam, weil Lukas für die Heiden schreibt. – Wenn wir »Sohn Abrahams« lesen, ist das für uns eine Identitätsfrage. Das heißt, er ist ein Jude, dabei denken wir auch an die Verheißung Gottes an Abraham: »In dir sollen gesegnet werden alle Geschlechter auf Erden«,[26] – also ist er der Messias nicht nur für die Juden, sondern auch für die anderen Völker!

Auch die Begriffe »Sohn Gottes« und »Menschensohn« habe ich im Lichte der jüdischen Auslegung anders als meine christlichen Freunde verstanden. Unter »Sohn Gottes« verstehen die Juden einen gerechten Menschen. Jesus war ein Gerechter. Der Sohn Gottes ist im jüdischen Verständnis einer, der sich völlig dem Willen Gottes, des Vaters, unterstellt. In der hebräischen Bibel ist das eine Bezeichnung für das Volk Israel (Hosea 11,1). Jesus verkörpert in sich diesen Titel als der beste Sohn Israels.

Zum Ausdruck »Menschensohn« möchte ich den von mir sehr geachteten Christen Ulrich Parzany zitieren: »Das vielleicht zentralste Wort von Jesus, in dem er seine eigene Mission beschreibt, ist Markus 10,45: ›Selbst der Menschensohn ist nicht gekommen, um sich dienen zu lassen, sondern um anderen zu dienen und sein Leben als Lösegeld für viele Menschen hinzugeben.‹ Der Menschensohn ist nach Daniel 7 der Richter dieser Welt. Das wissen viele Christen in Deutschland nicht. Leider kennen viele Christen hier das Alte Testament nicht. 80 Mal in den Evangelien nennt Jesus sich selbst ›Menschensohn‹. Und die meisten Christen verstehen das als ›Menschenkind‹, eine altertümliche Ausdrucksweise für Mensch. Die Hoheit Jesu wird dadurch sehr gering geachtet. Dabei ist Menschensohn der höchste Würdetitel, der für Jesus überhaupt in der Bibel gebraucht wird. In Daniel 7,13 in der Vision vom Weltgericht lesen wir: ›Dann sah ich in meinen nächtlichen Visionen jemanden, der kam mit den Wolken des Himmels und sah aus wie eines Menschen Sohn. Er gelangte zu dem alten Mann und wurde vor ihn geführt.‹ Dem gibt Gott die ewige Weltherrschaft und damit das Weltgericht. Jeder Jude versteht das. Wenn man die Evangelien liest, dann spürt man, dass es immer Aufruhr gibt, wenn Jesus sich so nennt. Sie sagen, das sei Gotteslästerung. Deshalb wird Jesus zum Schluss vor dem Hohenpriester zum Tode verurteilt. Er sagt: ›Ihr werdet den Menschensohn sitzen sehen zur Rechten der Kraft Gottes.‹«[27]

Probleme mit dem Apostolischen Glaubensbekenntnis

Ein anderes Mal wollte ich das Apostolische Glaubensbekenntnis nicht auswendig lernen. Als ich nach dem Grund gefragt wurde, meinte ich: »Dieses Bekenntnis kann ich als Jude nicht nachvollziehen, für mich ist das ein unvollständiges Bild von meinem Messias.« Ich habe mich später gefragt, was mir im Apostolischen Glaubensbekenntnis fehlt.

Auf der einen Seite verstehe ich meine christlichen Geschwister gut, die mit diesem auch »Apostolikum« genannten Bekenntnis aufgewachsen sind. Es ist ein integraler Teil ihrer Tradition geworden und ich möchte ihre religiösen Gefühle auf keinen Fall verletzen. Auf der anderen Seite bitte ich meine christlichen Freunde, mich als Jude zu verstehen, der nicht in der christlichen Tradition aufgewachsen ist und das Neue Testament anders lesen darf. Als messianischer Jude, der im 21. Jahrhundert lebt, empfinde ich das Bekenntnis an vielen Stellen als defizitär.

Auf der einen Seite muss ich immer den römischen Mörder Pontius Pilatus bedenken und mich zu einer für mich unbegreiflichen Institution namens »heilige christliche Kirche« bekennen. Ich kann mir vorstellen, dass darunter der Leib Jesu zu verstehen ist. Aber in meinem Bekanntenkreis denken die Menschen zuerst an die römisch-katholische Kirche, wenn sie diese Worte lesen. Ist das nicht die Kirche, die jahrhundertelang einen antijüdischen Geist gepflegt hatte? Ist das nicht die Kirche, die von den Juden verlangt hatte, ihre jüdische Identität abzulegen, wenn sie an Jesus den Messias glauben wollten? Das griechische Wort *ekklesia* bedeutete ursprünglich die Versammlung der stimmberechtigten Bürger einer Stadt. In manchen deutschen Ausgaben des Neuen Testaments wurde *ekklesia* allerdings mit »Kirche« übersetzt. Das entspricht weder der kulturellen Situation der neutestamentlichen Umwelt noch der Situation der modernen messianischen Bewegung und ebenso wenig den kirchenfernen modernen Menschen, die zwar an Gott glauben, aber die Kirche als Institution nicht wirklich verstehen.

Auf der anderen Seite wird in diesem Bekenntnis mit keinem Wort die jüdische Herkunft Jesu erwähnt, da steht kein Wort über das Volk Israel, das eine herausragende Rolle in der Geschichte Gottes mit den Menschen spielt! Ich weiß, für die Menschen, die das Bekenntnis formuliert haben, war das damals aktuell, was sie schrieben, aber für mich, einen Juden, der an seinen jüdischen Messias glaubt, war und ist das Bekenntnis so nicht akzeptabel. Selbstverständlich gibt es in diesem Bekenntnis vieles, was auch heute für nicht jüdische Christen wichtig ist – Gott, der Schöpfer, die Einzigartigkeit Christi, die Dreieinigkeit –, aber ich denke, jedes Bekenntnis muss dem historischsozialen Kontext entsprechen, in dem die Menschen *aktuell* leben.

Ich könnte mir vorstellen, die Defizite im Apostolikum durch folgende Begriffe zu ergänzen:

»Ich glaube an Jesus, den Messias, der am achten Tag beschnitten wurde, vom Volk Israel, vom Stamm Juda, ein Hebräer von Hebräern ...«

»Ich glaube an die Lehre Jesu und möchte seinen Geboten folgen ...« (Mt. 7,24)

»Ich glaube an die Wiederherstellung des Reiches Israels ...« (Apg. 1,7)

»Ich glaube an die untrennbare Gemeinschaft zwischen Juden und Nichtjuden im Messias Jesus.« (Eph. 2)

Das sind nur einzelne Anregungen für die Theologen, die eine Notwendigkeit sehen, das Apostolische Glaubensbekenntnis an den Kontext der jüdischen Mitglieder der weltweiten Gemeinde Jesu anzupassen. In diesem Zusammenhang zitiere ich Dr. Christoph Stenschke, evangelischer Theologe und Dozent für Neues Testament an der Biblisch-Theologischen Akademie in Bergneustadt, der in einem Artikel ausführlich begründet, warum im Apostolikum »Ergänzungen dringend erforderlich« sind. In der Zusammenfassung heißt es:

»*Nach einführenden Überlegungen zu Bedeutung, Gebrauch und Entstehung des Apostolischen Glaubensbekenntnisses zeigt dieser Artikel zwei gravierende Mängel im Apostolikum auf und bietet konkrete Vorschläge zu dessen Ergänzung. Zum einen springt das Bekenntnis direkt von Gott, dem Schöpfer, zur Geburt Jesu Christi, ohne Gottes Offenbarungshandeln an und in Israel zu erwähnen. Damit stellt sich die Frage, wie konstitutiv dieses Handeln für das christliche Gottesverständnis und den christlichen Glauben ist und ob es nicht Teil eines christlichen Glau-*

bensbekenntnisses sein müsste. Zum anderen werden im Apostolikum die jüdische Herkunft Jesu und sein Wirken, überhaupt und speziell sein Wirken in Israel, verschwiegen. Nach neutestamentlichem Zeugnis sind beide Aspekte wesentlicher Bestandteil des Evangeliums. Auch angesichts der verheerenden Wirkungsgeschichte des ersten Artikels ohne Israel und eines seiner jüdischen Identität beraubten Sohnes Gottes und Evangeliums sind Ergänzungen dringend erforderlich.«[28]

Heute weiß ich, dass das christliche Theologiestudium nicht für Juden konzipiert worden ist. War das immer so? Haben sich die Christen irgendwann einmal für die jüdischen Wurzeln ihres Glaubens interessiert? Um diese Frage zu beantworten, wäre ein Blick in die Kirchengeschichte und vor allem in die Missionsgeschichte des 19. Jahrhunderts hilfreich.

Heute, wenn ich diese Zeilen schreibe, gibt es ein bemerkenswertes Interesse an diesem Thema unter Christen unterschiedlicher Denominationen. Viele von ihnen haben begriffen, dass die Wurzel des biblischen Judentums die Gemeinde trägt und nicht umgekehrt (vgl. Römer 11,18). Mehr dazu kann man im Anhang lesen.

EINE NEUE BERUFUNG
WIRD SICHTBAR

Gerade habe ich das bis jetzt Geschriebene noch einmal gelesen. Dabei wundere ich mich, wie man ein ganzes Leben auf Papier erfassen kann! Ist das nicht ein Geheimnis, warum man aus so vielen Ereignissen nur Bestimmtes auswählt, das, was anscheinend momentan wichtig ist? Was heißt wichtig? Manchmal wird gerade das Sekundäre bedeutsam. Und die anderen Begebenheiten, die nicht weniger bedeutend sind, treten in den Hintergrund. Eine der wichtigsten Facetten meines Lebens beschreibe ich in diesem Kapitel. Ich bin mir bewusst, dass es sich um meine subjektive Wahrnehmung handelt, doch ich glaube, dass Gott in mein Leben hineingesprochen hat.

Sie betete: »Gott hat Israel zu mir nach Hause gebracht!«

Ich befinde mich in einem großen Konferenzraum mit noch einigen Hundert Christen zusammen auf einer Israel-Gebetskonferenz in Altensteig. Wir hören einen Vortrag und dann werden wir aufgefordert, in Kleingruppen für die Anliegen zu beten. In meiner Gruppe sind noch zwei Männer und eine alte Frau. Sie sieht sehr gebrechlich aus und spricht kaum. Wir beginnen zu beten. Meine Nachbarn schließen ihre Augen, wie es bei Christen üblich ist. Juden schließen ihre Augen nicht beim Gebet, weil sie beim Beten hauptsächlich in ihr Gebetbuch schauen müssen. Ich sitze mit offenen Augen da und warte. In meiner Kultur gilt es als unhöflich, als Erster in Anwesenheit von älteren Menschen zu reden. Das Schweigen wird ein wenig unangenehm, doch plötzlich betet die Frau: »Lieber Vater im Himmel! Seit meiner Kindheit wollte ich so sehr das Land Israel sehen und dahin reisen, das Land, wo mein Heiland geboren, gestorben und auferstanden ist. Aber aus gesundheitlichen und finanziellen Gründen habe ich mir den Wunsch bisher nicht erfüllen können. Ich war so betrübt darüber, aber du bist so gnädig, du hast Israel zu mir nach Hause gebracht!« Ich bekomme eine Gänsehaut und schließe meine Augen, um meine Gefühle zu verbergen. Ich bin sprachlos und begreife, dass durch dieses Gebet der Heilige Geist mich direkt anspricht. Ausgerechnet ich, Anatoli Uschomirski, ein Jude, der bis zu seinem 33. Lebensjahr keine Ahnung von seinem Gott hatte, soll ein Symbol der Gnade Gottes für diese alte Dame werden? Ich soll für sie Israel repräsentieren? Bin ich dieser Aufgabe gewachsen? Bis jetzt habe ich noch nie erlebt, dass Menschen Gott für mich, als Juden, gedankt haben! Ist es reiner Zufall oder ist es ein Hinweis darauf, dass etwas Neues in meinem Leben beginnen soll? In der kommenden Nacht bitte ich Gott, mir das in der nächsten Zeit zu zeigen ...

»Diese sechs Stühle hängen an meinem Hals!«

Zwei Monate nach dem Ereignis im Altensteig halte ich einen Vortrag in Leonberg. Danach sammelt sich eine Gruppe von Besuchern, die gerne mit mir sprechen möchten, und es bildet sich eine Schlange. Sie stellen Fragen und erzählen etwas von sich. Einer nach dem anderen kommt, aber die Schlange wird nicht kürzer. Ich versuche, jedem aufmerksam zuzuhören, aber immer wieder werde ich durch einen älteren Mann abgelenkt, der sehr nervös neben der Schlange hin und her läuft. Er ist sehr ungeduldig und wartet, bis die Schlange sich auflöst. Endlich ist er dran. Er ist der Letzte, aber statt sein Anliegen gleich zu äußern, bittet er um ein Gespräch in einem Nebenraum. Müde, aber neugierig gehe ich mit ihm in ein Gesprächszimmer. Wir sitzen uns gegenüber und dann erzählt er mir seine Geschichte.

Er wurde in einer deutschen Kleinstadt geboren, fünf Jahre vor dem Beginn des Zweiten Weltkriegs. In seiner Straße lebten auch einige Juden. Mit einigen jüdischen Kindern war er befreundet. Er merkte, dass sie später irgendwie verschwunden waren, aber im Gegensatz zu dem sich ausbreitenden Krieg beschäftigte ihn das nicht sehr. Eines Tages sagte sein älterer Bruder zu ihm: »Lass uns zusammen in das jüdische Haus gegenüber gehen. Das Haus steht sowieso leer und wir könnten dort etwas finden.« Ohne lange zu überlegen, folgte er seinem Bruder und sie holten aus dem verlassenen jüdischen Haus sechs gute Stühle aus Nussbaum. Was sie mit den Stühlen machten, ob sie sie irgendwo verkauften oder selbst benutzten, erzählte er nicht. Er spuckte die Geschichte sehr schnell, stockend aus sich heraus und schwieg eine Weile. Dann kam sein eigentliches Anliegen. »Diese sechs Stühle hängen an meinem Hals!«, sagte er, »sie ziehen mich wie ein Gewicht nach unten! Ich habe viel unternommen, um das scheußliche Gefühl wegzubekommen. Ich habe Seelsorge in Anspruch genommen und ließ viele Geistliche über mir beten. Ich unterstützte Dutzende Projekte in Israel und habe einen Haufen Geld dafür gespendet. Es bringt alles nichts. Ich kann nicht mehr normal schlafen.« Er schwieg wieder und stöhnte.

Ich schaute ihn an und sah vor mir einen neunjährigen Jungen, der schwere Stühle aus Nussbaum zu sich nach Hause schleppte. Er hat niemanden umgebracht, niemanden beleidigt. Er hat weder direkt noch indirekt das jüdische Volk angegriffen. Trotzdem konnte er nicht mehr schlafen. Sein Gewissen klagte ihn an. Ich dachte an den Vers: »Denn so spricht der Herr Zebaoth (…): Wer euch antastet, der tastet meinen Augapfel an!« (Sacharja 2,12; L). Ich saß mit dem Mann zusammen und mir wurde unwohl. Ich konnte ihn weder trösten noch tadeln. Ich wollte keine Moralpredigt halten. Ich wusste überhaupt nicht, was er von mir erwartete. Und in diesem Augenblick sagte er: »Kannst du mich losbinden?« – »Was? Losbinden? Was bedeutet das? Was soll ich tun? Ich kann zuhören, vergeben, verstehen, beten, segnen … Aber losbinden? Ich weiß es nicht, ich habe das nicht gelernt!«, dachte ich. Einem leisen Flüstern des Heiligen Geistes folgend, legte ich meine Hand auf die Schulter dieses Mannes und betete für ihn. Ich hörte meine eigenen Worte nicht, ich formulierte keine grammatisch richtigen Sätze, nur eins war von Bedeutung: Meine Fürbitte und meine Hand auf seiner Schulter.

In dieser Nacht schlief ich schlecht und dachte nach. Ich erinnerte mich an meine Verwandten, die in Babyn Jar umgekommen waren. Hatten sie auch Stühle in ihrer Wohnung? Bestimmt. Wie viele? Vielleicht auch sechs? Wer hat sie mitgenommen? Sechs Stühle. Wie groß war die jüdische Familie, die dort gelebt hatte? Wie viele Kinder hatten sie? Konnte jemand von ihnen fliehen? Habe ich sie verraten, als ich für diesen Mann betete?

Müde und unausgeschlafen kam ich am Morgen zum Frühstück. Der Mann von gestern wartete auf mich vor dem Speiseraum. Seine Augen leuchteten und er sah fröhlich aus. »Ich konnte heute Nacht zum ersten Mal seit vielen Jahren gut schlafen! Gott hat mir vergeben. Danke Bruder!« Ich beneidete ihn. Ich war müde, ausgepowert, ich wollte nichts mehr von den anderen Leuten hören, ich wollte niemandem vergeben. Ich wollte meine Ruhe. Wir verabschiedeten uns und ich verließ das Haus mit dem Gefühl, dass hier etwas sehr Wichtiges in meinem Leben geschehen war.

Erst eine Woche später kam ich zur Ruhe. Ich begriff langsam, dass Gott mich wieder zur Wiederherstellung eines anderen Menschen gebraucht hat. Und wieder tauchte bei mir die Frage auf: Warum ich?

Ich habe darum doch nicht gebeten! Ich habe mir diese Aufgabe nicht ausgesucht! Auf der anderen Seite suchte dieser fast 80-jährige Mann über Jahrzehnte seinen Frieden, den er in jungen Jahren verloren hatte. Und er hat ihn gefunden! Aber dafür brauchte er einen jüdischen Ansprechpartner. Ist es jetzt meine Aufgabe, solche Menschen zu begleiten? O Gott! Nein! Das braucht so viel Kraft! Warum ich? Ausgerechnet ich, der den eigenen Schmerz über die ermordeten Verwandten nicht bewältigen kann! Wie wird der Schmerz der anderen Menschen meinem Schmerz begegnen? Wird mein Kummer noch größer oder wird mein Herz geheilt? Auf welche Begegnungen bereitet Gott mich nun vor?

»Judenschwein« und »Nazischwein«

Mittlerweile bin ich es gewöhnt, dass mich Menschen in den Gemeinden auf das Thema »Holocaust« ansprechen. Ich bereite mich im Gebet darauf vor. Immer wieder sind es einzelne Personen, die warten, bis niemand in der Nähe ist, und dann kommen sie auf mich zu und sprechen ihre Anliegen aus.

So war es auch dieses Mal, als ich nach der Predigt im Foyer einer freikirchlichen Gemeinde stand. Die junge Frau, Mitte 20, wartete, bis alle, die mit mir sprechen wollten, weg waren, und kam rasch auf mich zu und begann zu erzählen. Anja war vor zwei Jahren in Israel gewesen, um in einem Pflegeheim für die Holocaust-Überlebenden zu arbeiten. Damit wollte sie ihrer Liebe zum jüdischen Volk Ausdruck geben. Sie sprach Englisch mit den Bewohnern, bis sie eines Tages eine Frau pflegte, die sehr schlecht Englisch konnte. Aber sie konnte Hebräisch und Jiddisch. Ohne nachzudenken, sprach Anja sie auf Deutsch an. Denn alte Menschen, die Jiddisch sprechen, verstehen auch gut Deutsch.

Jiddisch entstand im Mittelalter unter den Juden in Mitteleuropa. Hebräisch war die Sprache der Thora und der Propheten. Das ist die klassische Sprache, etwa dreitausend Jahre alt.[29] Jiddisch war eine Umgangssprache und war zu der Zeit etwa 700 Jahre alt. Sie wurde im zwölften Jahrhundert im Rheintal geboren. Jiddisch ist gewissermaßen das uneheliche Kind der deutschen Sprache und des hebräischen Alphabets. Deutsche Juden sprachen Mittelhochdeutsch miteinander. Aber wenn sie schrieben, verwendeten sie hebräische Buchstaben. Im Laufe der vielen Jahrhunderte wurde auch manches deutsche Wort verändert und das Deutsche mit hebräischen Begriffen angereichert. Als die jüdischen Gemeinden langsam nach Osten auswanderten, nahmen sie auch die Sprache mit. Sie siedelten nach Polen, Litauen und in die Ukraine um und reicherten dementsprechend ihre eigene Sprache wieder mit Begriffen aus der jeweiligen Landessprache an. So entstand Jiddisch. Im achtzehnten Jahrhundert verstanden die meisten Juden in Europa diese Sprache. Man kann bis heute viele Spuren des Jiddischen im modernen Deutsch finden. An Silvester wünschen wir uns »einen guten Rutsch«. Was bedeutet das? Im Herbst feiern wir Juden das jüdische Neujahr. Das heißt auf Hebräisch: »*Rosch HaSchana*«. Wörtlich übersetzt: »Kopf des Jahres!« Man wünscht sich »Guten *Rosch*«. »*Rosch*« ist das hebräische Wort für Kopf. Das bedeutet auch: Mögest du Kopf und nicht Schwanz sein. Mögest du oben und nicht unten sein. Noch ein Beispiel ist »Hals- und Beinbruch«: Dieser Ausdruck kommt von »*Hazloche und Broche*«. »*Hazloche*« bedeutet Erfolg und »*Broche*« Segen! Wir kennen Baruch (der Gesegnete), den Schreiber des Propheten Jeremia. Mit anderen Worten: Mit »Hals- und Beinbruch« wünschte man dem anderen eigentlich »Erfolg und Segen«! Warum versteht man heutzutage diese Begriffe ganz falsch? Weil Juden seit Jahrzehnten in der deutschen Kultur fehlen.

Als die alte jüdische Frau Deutsch hörte, fing sie an zu schreien: »Ich bin kein Judenschwein! Ich bin kein Judenschwein!« Alte Erinnerungen kamen hoch. Angst und Wut überwältigten sie gleichzeitig und man brauchte sehr viel Zeit, Geduld und Liebe, um sie zu beruhigen! Anja war schockiert! Wie tief musste diese Frau verletzt sein, dass sie 70 Jahre nach Kriegsende einen Angstanfall bekam, sobald sie Deutsch hörte! Ich sah, wie Tränen an Anjas Wangen herunterliefen. Ich nahm sie in die Arme und ihre Tränen befeuchteten mein Hemd. Sie schluchzte: »Wie viel Schreckliches hatte man dieser Frau angetan, dass sie mit einem solchen Trauma leben musste.« Die Begegnung mit dieser jüdischen Frau führte Anja in eine stellvertretende Buße, aber ihre Gefühle wollten nicht von diesem Vorfall lassen. Ich betete mit Anja. Mit Gottes Hilfe konnte ich die Worte finden, die sie beruhigten und ihr Trost und Zuversicht schenkten.

Monika erzählt von ihren Großeltern

Einen Monat später sprach mich auf einer christlichen Konferenz in Frankfurt eine junge Frau an. Sie war im gleichen Alter wie Anja und sah ihr auch ähnlich. Aber ihre Erfahrung war ganz anderer Art. Monika sagte mir mit Begeisterung, dass in ihrer Familie immer die Liebe zum jüdischen Volk gepflegt worden sei. Als ich sie fragte, womit das zusammenhinge, antwortete sie: »Mit meinem Urgroßvater!« Sie erzählte:

»Nun ja, du hast nach meinem Urgroßvater gefragt. Ich weiß auch nur, was meine Großmutter mir erzählt hat: Sie waren eine große Familie mit neun Kindern. Alle waren Katholiken. Mein Urgroßvater lebte in Schlesien und half Menschen jüdischen Glaubens und auch Kommunisten, vor den Faschisten zu fliehen. Er versteckte sie im Keller seines Hauses und brachte sie nachts zur Grenze. Irgendjemand aus dem Ort verriet ihn und er wurde ins KZ Auschwitz deportiert. Meine Oma, ihre Mutter und ihre Geschwister waren in einem (Familien-)Lager daneben untergebracht. Meine Oma meinte, dies sei zur Beobachtung gewesen,

da seine Frau und Kinder als verdächtig galten. Ich weiß nicht, wie lange sie dort blieben. Oma konnte ihren Vater sehen, den sie sehr, sehr liebte, durfte sich aber nicht bemerkbar machen. Sie sagte auch, dass sie durch den Zaun Kinder sah (sie war ja selbst erst zehn Jahre alt).

Irgendwann wurde die Familie nach Hause entlassen, der Vater blieb im Lager zurück. Er wurde von Auschwitz nach Dachau deportiert, wo er ›starb‹. Nach einigen Jahren erhielt die Familie die Sterbeurkunde mit der Nachricht, dass der Vater an ›Wassersucht‹ gestorben sei. Meine Großmutter litt nach Kriegsende unter der Beschimpfung ›Nazischwein‹, da sie ja Deutsche war. Sie musste in der Schule in der Ecke stehen und wurde bespuckt. Sie hörte zeit ihres Lebens weinende Kinder (hatte Tag und Nacht Halluzinationen), litt schwer unter Depressionen und war anerkanntes Opfer des Faschismus, ein Titel, der ihr Wiedergutmachung schenkte. Sie war irgendwie stolz auf diese Anerkennung. Es war auch die einzige nachträgliche Würdigung der Verdienste ihres geliebten Vaters. Obwohl ihr so viel von der polnischen Bevölkerung angetan worden war, sprach sie nie verbittert über die Polen. Auf ihrer Beerdigung (Mai 2014) hörte ich erstaunt, dass sie stets auf Jesus vertraut hatte. Ich wusste bis dahin nicht, dass meine Oma an Jesus geglaubt hatte, denn sie hatte dies mir gegenüber nie in Worte gefasst.«

Zwei Geschichten. Eine wurde als Nazischwein und die andere als Judenschwein beschimpft. Beiden war großes Unrecht zugefügt worden! Beide hatten ihre Erfahrungen nie vergessen und weitergegeben. Und ihre Lebensgeschichten haben mich jetzt eingeholt. Ausgerechnet mich, der als Kind auch als »schmutziger Jude« beschimpft worden war. Ist das nicht der Schmutz dieser Welt, die versucht, alle Menschen als Abfall zu behandeln? Ist das nicht der irrige oder auch begründete Hass von beiden Seiten, den wir jetzt in der zweiten Generation nach dem Holocaust ausräumen sollten?

Fragen über Fragen ... – Wer gibt mir eine Antwort darauf? Würden die nächsten Begegnungen solcher Art eine Bürde oder eine Entlastung für mich werden?

Simon, ein ungewöhnlicher Junge

Nach einem Vortrag in der Evangelisch-Freikirchlichen Gemeinde Zittau wurde ich von einem Jungen namens Simon angesprochen. Er war 14 Jahre alt und sein Gesicht war sehr ernst, als ob er mir etwas sehr Wichtiges anvertrauen wollte. Sein Vater stand etwas weiter weg und beobachtete, wie sein Sohn mit mir sprach. Ich glaube, er wusste, was ich mir anhören sollte, und war sehr angespannt.

»Sie haben in Ihrem Vortrag erwähnt, dass Deutsche dem jüdischen Volk großes Leid angetan haben. Ich möchte Sie um Vergebung für meine Vorfahren bitten!«

Ich war sehr überrascht! Wie kann ein Junge mit 14 Jahren eine solche Schulderkenntnis haben? Sollte der Vater ihm diese Worte in den Mund gelegt haben? Später erfuhr ich von seinem Vater, dass Simon ihm während des Vortrags sein Vorhaben mitgeteilt hatte. »Er ist ein ungewöhnlicher Junge«, meinte der Vater, »er empfindet alles viel tiefer als seine Klassenkameraden.«

Ich hatte mit Simon ein gutes Gespräch. Er versprach auch, für meinen Dienst zu beten und mir zu schreiben. Einen Monat später bekam ich eine schöne Postkarte von ihm. Unter anderem schrieb Simon: »… In der Schule nennen sie mich jetzt ›den Juden‹. Anfangs ärgerte ich mich, aber jetzt weiß ich: Wir sind eingepfropft in den edlen Ölbaum Israels!« Ich fand dieses Bekenntnis sehr zutreffend! Ja, nur so kann ich seine Bitte nach Vergebung erklären. Nur der, der sich mit dem Volk Israel eins fühlt, kann den Schmerz nachempfinden.

»Eingepfropft in den edlen Ölbaum Israels!« Ich würde so gerne die Worte des 14-jährigen Jungen in den Mund aller erwachsenen Christen hineinlegen!

Aber eine Frage blieb für mich ungeklärt: Wie soll ich auf so eine Bitte reagieren? Damals erklärte ich dem Jungen: »Das überfordert mich, jemandem so etwas zu vergeben. Ich kann ihn nur segnen und mit ihm zusammen beten.« Aber die Frage ließ mich nicht los. Was ist, wenn ein Erwachsener oder ein alter Deutscher, der an diesem Schlamassel vor 70 Jahren teilgenommen hatte, mich um Vergebung bittet? Darf ich vergeben? Für was? Ich persönlich war doch nicht betroffen! Oder doch? Und meine ermordeten Verwandten? Was hätten sie dazu gesagt? Verleugne ich nicht das Gedenken an sie? Warum ließ mich Gott in eine solche Situation geraten? Was erwarten Deutsche, wenn sie über die Schuldfrage mit mir sprechen? Würde ich diesen Erwartungen gerecht werden? Mehr und mehr musste ich lernen, dass dieses Thema nicht nur meine emotionale, psychologische, sondern vor allem meine geistliche Wahrnehmung erforderte.

Michaela bittet mich, ihr und ihrem Vater zu vergeben

Wieder war es eine junge Frau, eher ein Mädchen, das nach einem bewegenden Gottesdienst in Darmstadt auf mich zukam. Wenn man einem solchen Mädchen auf der Straße begegnet, wie es durch die Menschenmenge läuft oder unbekümmert in einem Straßencafé sitzt, dann kommt man kaum auf den Gedanken, dass es innerlich zerbrochen ist.

Michaela[30] kam auf mich zu und bat um die Erlaubnis, mich in die Arme nehmen zu dürfen. Und dann brach sie in Tränen aus und bat mich, ihr und ihrem Vater (!) zu vergeben. Sie wusste nicht viel von seiner Geschichte, nur dass er im Krieg war und an Verbrechen gegen Juden beteiligt gewesen war. Und wieder stand ich hilflos da, ohne die Vollmacht zu besitzen, ihr und besonders die Schuld ihres Vater zu vergeben. Ich betete und hörte zu. Ich betete, hörte zu, nahm ihre Geschichte in mich auf – und daraus bekam ich die Kraft, sie zu segnen. Ich flüsterte ihr die Worte zu, die mir inzwischen so sehr vertraut waren: »Doch wenn wir ihm unsere Sünden bekennen, ist er

treu und gerecht, dass er uns vergibt und uns von allem Bösen reinigt«
(1. Johannes 1,9). Einige Tage später erhielt ich einen Brief von ihr:

... Wahrscheinlich erinnerst du dich noch an mich – ich war das Mäd-
chen, das dich unter Tränen stellvertretend um Vergebung für die Schuld
meiner Vorväter gebeten hat. Diese Schuld lastete schwerer auf meinen
Schultern, als ich mir bewusst war. Ich möchte dir danken für deinen
Besuch und die Aufklärung, Wahrheit und Authentizität. Ich glaube,
dass Gott dich zu einem Vater für die Vaterlosen gemacht hat und er
durch dein Leben mehr Heilung zu Menschen fließen lässt, als du dir
vielleicht bewusst bist. Ich möchte dir Danke sagen, dass du treu »Ja« zu
der Berufung gesagt hast, die Gott auf dein Leben gelegt hat, denn das
ermöglicht ihm, seine Salbung durch dein Leben in andere Menschen
fließen zu lassen. Salbung, die bleibt und offene Wunden verbindet!

Dieser Brief bedeutete für mich das Ende meines Zwiespalts! Ich musste ein endgültiges »Ja« zu meiner Berufung sagen. Es ist gar nicht leicht,
andere Menschen zu trösten, ja ehemalige Feinde zu trösten! Aber
wenn der allmächtige Gott mich in dieser Rolle haben wollte, wenn
andere Menschen dadurch Heilung erfahren sollten, wie konnte ich
daran zweifeln?

Ich schrieb zurück:

Liebe Michaela,
vielen Dank für deinen Brief! Ich erinnere mich sehr gut an dich! Unser
kurzes Gespräch und mein Gebet für dich waren für mich eine tiefe geist-
liche Erfahrung, über die ich noch lange nachgedacht habe. Es hat dich
bestimmt viel Mut und Überwindung gekostet, mit deiner Bitte auf mich
zuzugehen. Aber der Heilige Geist hat dir geholfen. Ich muss gestehen,
du bist die erste Person aus deiner Generation, die mich auf das Thema
angesprochen hat. Das finde ich bemerkenswert. Und ich glaube, du

wirst noch bedeutende Dinge für den Herrn und für viele Menschen in deiner Generation tun.

Ich werde deinen Brief gerne behalten und ihn ab und zu, besonders in den Zeiten, wenn ich eine Ermutigung brauche, durchlesen.

Daraufhin antwortete Michaela:

… unsere Begegnung hatte Gott in meinem Herzen schon seit Wochen vorbereitet. Durch Menschen, messianische Juden, Gespräche mit meinem Vater über seine Vergangenheit und sogar Träume. An dem Sonntag in Darmstadt war ich einfach mehr als bereit und willig, um Vergebung zu bitten, da ich diese Last nicht hätte länger tragen können und wollen. Du glaubst gar nicht, wie dankbar ich Gott war, dass er mir eine solche Begegnung mit einem messianischen Juden wie dir geschenkt hat. Denn es ist schon etwas Besonderes, wenn Vergebung ›von Angesicht zu Angesicht‹ ausgesprochen werden kann. Für mich war es ein echtes Privileg!

Ich kann mir vorstellen, dass viele Menschen meiner Generation noch ein solches Paket mit sich herumschleppen, ohne dass sie es überhaupt wissen. Man erkennt es doch daran, wie kaputt die Gesellschaft und die einzelnen Menschen innerlich sind … Auch wenn es Deutschland äußerlich gut geht, so sieht es in den einzelnen Menschen doch ganz anders aus. Doch bei Gott ist Hoffnung!

Genau dieser Gedanke reifte damals in mir: Hoffnung zu geben! In die nächsten Generationen hinein! Und dadurch den Segen für mein eigenes Volk zu sichern. Dass eine Generation der Deutschen aufwächst, die das jüdische Volk mit Dank segnet! Ein Volk, das durch Vergebung gereinigt wurde. Dadurch findet mein Volk in seine Berufung, die von Abrahams Bund ausgeht: »Wer dich segnet, den werde ich auch segnen. Wer dich verflucht, den werde ich auch verfluchen. Alle Völker der Erde werden durch dich gesegnet werden« (1. Mose 12,3).

Gisela und ihr nationalsozialistischer Vater

Nicht nur junge Deutsche brauchen die vergebende Kraft Gottes. Viele, die damals zur Nazi-Zeit schon gelebt hatten, sollten in diesen Versöhnungsprozess hineingenommen werden. Besonders die, die sich immer wieder fragen: »Was hätte ich getan, wenn ich mich damals hätte entscheiden müssen?«

Ich lernte Gisela[31] in Ludwigsburg kennen. Damals war sie Ende 60. Nach einem Vortrag schrieb sie mir: »Besonders berührt hat mich auch dein Bericht über deine persönlichen Erlebnisse mit dem Thema Holocaust. Wie wunderbar ist es, dass du keinen Hass mehr gegen uns Deutschen empfindest und deine Seele geheilt ist. Gott sei Lob und Dank! ... Wie schön, dass du uns Deutschen mit so viel Freundlichkeit begegnen kannst. Das ist zum Staunen und zum Danken.«

Zunächst konnte ich nicht begreifen, warum mein natürliches Verhalten sie staunen ließ. Doch dann schrieb sie mir, warum sie an einer Versöhnungsreise nach Polen teilgenommen hatte:

Mein Vater war im »Dritten Reich« aktiver Nationalsozialist und arbeitete einige Jahre in München im Stab von Rudolf Hess. Ich wollte mit dabei sein, wenn Zeichen der Aussöhnung zwischen Deutschen und Polen und Deutschen und Juden gesetzt werden sollten ... In Auschwitz besuchten wir das KZ und das Vernichtungslager und das angrenzende Frauenlager in Birkenau. Wer kennt nicht die Lager-Überschrift am Eingang: ›Arbeit macht frei‹? – Drei Kilometer weiter die Rampe der Bahngleise in Birkenau. Endstation! Die Häuser und Baracken in Auschwitz begehe ich zum Teil mit Führung, zum Teil allein. Hass und Wut auf die Täter, Gefühle der Ohnmacht kommen in mir auf, das Bedürfnis zu schreien, zu toben und zu schlagen ... Aber hätte ich damals, wäre ich erwachsen gewesen, auch nur einem Juden zum Überleben geholfen? Mit meiner Ängstlichkeit und Feigheit wäre ich genauso mitschuldig geworden.

Ich hatte noch einige Begegnungen mit Gisela. Sie wollte immer etwas Gutes für die Juden in Deutschland tun. Mir war es wichtig, dass sie das nicht aus Schuldgefühlen heraus tat. So beteten wir zusammen, dass der Herr ihr Befreiung und ein fröhliches Herz schenken möge, damit sie Juden mit reinem Herzen segnen kann. Bald schenkte Gott ihr die Gelegenheit, einem russisch-jüdischen Ehepaar einige Jahre seelsorgerlich und auch finanziell zu helfen.

Die Begegnung mit Gisela und vor allem ihr Erlebnis in Auschwitz machten mich unruhig. Sollte ich dorthin? Wie würde ich das verkraften? Obwohl ich in der Ukraine viel Grausames gesehen hatte, war ich unschlüssig. Nur vier Jahre später hatte ich die von Gott geschenkte Freiheit, eine solche Reise zu unternehmen.

Ich könnte noch ein weiteres Buch mit meinen Erlebnissen in Auschwitz im Mai 2011 füllen. Aber ein Erlebnis möchte ich doch erzählen.

Mit Horst in Auschwitz

Wir waren eine Gruppe aus messianischen Juden und Christen, die gemeinsam den Mut aufbrachten, nach Auschwitz zu reisen. Wie Gespenster standen überall grässliche Ruinen der Krematorien. Der innerliche Druck wurde unerträglich. Ich fühlte mich sehr einsam und unglücklich. Ich hatte das tiefe Verlangen, jemanden an meiner Seite zu haben. Nur nicht allein sein. Dann sah ich Horst. Ich kannte ihn schon seit Jahren. Horst ist kein Jude. Er ist ein Christ, dessen Herz für das jüdische Volk schlägt.

Schweigend gingen wir zusammen durch die Felder des Grauens. Ich stand mit Horst vor einer ehemaligen Baracke für Gefangene. Horst flüsterte: »Das ist unerträglich und unbegreiflich, wie konnte mein Volk deinem so etwas antun?« Wir umarmten einander und beweinten unseren Schmerz. Und plötzlich wurde mir bewusst, wie kostbar in Gottes Augen dieser geteilte Schmerz ist.

Mit Hartmut Renz in Yad Vaschem

Ein ähnliches Erlebnis hatte ich schon vor zehn Jahren, als ich mit dem damaligen Geschäftsführer des EDI, Hartmut Renz, zum ersten Mal Yad Vashem in Jerusalem besuchte. Yad Vashem ist das lebendige Denkmal des jüdischen Volkes für den Holocaust. Der Name stammt aus der Bibel[32] und bedeutet: »Denkmal und Name«.

Hartmut war für mich mehr als mein Chef. Er war mein geistlicher Vater. Jetzt sollte unsere Freundschaft erneut geprüft werden. Wir standen zusammen in einem der schrecklichsten Räume dieser Gedenkstätte, der »Halle der Namen«. Das ist ein kreisförmiger Raum, der in Dunkelheit getaucht ist. In dieser Finsternis werden die Namen von ermordeten Juden vorgelesen und 600 Fotografien und Fragmente von Gedenkblättern auf die zehn Meter höhere Kugeldecke projiziert. Diese 600 Namen repräsentieren einen Bruchteil der sechs Millionen ermordeten Männer, Frauen und Kinder aus meinem Volk.

Ich stand an diesem düsteren Ort und ich spürte die unerträgliche Last des Leids meines Volkes. Als ich die Bilder der ermordeten jüdischen Kinder sah, konnte ich die Tränen nicht mehr zurückhalten. Und plötzlich spürte ich eine feste Hand auf meiner Schulter. Hartmut erkannte, was in mir vorging, und legte seine väterliche Hand auf mich. Mitleid, Trost und Anteilnahme flossen aus seinem Herzen in meine zerrissene Seele. Das war sehr heilend. Plötzlich wurde mir bewusst: Das ist die Hand eines Deutschen! Eines Vertreters des Volkes, das meinem Volk Schreckliches angetan hatte! War es möglich, dass ein Deutscher mich so trösten konnte? »Sprudelt aus einer Quelle etwa frisches und bitteres Wasser zugleich?«, fragt Jakobus (3,11). Nein! Es war eine andere Quelle, aus der Hartmut lebte. Er lebte die Versöhnung, die uns durch und nur durch Jesus zugänglich ist. Es ist egal, zu welchem Volk du gehörst, Jesus kann deine geistliche Genetik ändern. Du bist nicht gebunden, den Fluch deines Volkes zu tragen, wenn du Jesus dein Leben und Handeln ausgeliefert hast. Das hat Hartmut getan. Gott hat ihm seine Sünden vergeben und ihn errettet. Und als Bonus hat Gott ihm eine große Liebe zum jüdischen Volk geschenkt.

Und so standen wir beide Hand in Hand an diesem Ort des Entsetzens und Grauens, vereint in unserem Glauben, getröstet durch Gottes Erbarmen und er bestätigte, dass wir zwei zu Einem gehören, »durch die mächtige Kraft, die in uns wirkt, kann Gott unendlich viel mehr tun, als wir je bitten oder auch nur hoffen würden« (Epheser 3,20).

In Auschwitz und Yad Vashem lernte ich, wie ich mit eigenem Leid, aber auch mit dem Leid und der Schuld anderer Menschen umgehen konnte. Auch habe ich verstanden, wie wichtig es für Deutsche ist, die ihre Geschichte aufarbeiten wollen, ein jüdisches Gegenüber zu haben.

»Die Deutschen werden den Juden Auschwitz nie verzeihen«

Ich unterscheide zwei Typen von Deutschen: Für den einen gilt die Aussage von Zvi Rex:[33] »Die Deutschen werden den Juden Auschwitz nie verzeihen.« Diese paradoxe Erkenntnis wird dadurch bestätigt, dass es immer noch Antisemitismus in Deutschland gibt. Das betrifft nicht nur Deutsche. Schon der antike römische Geschichtsschreiber Tacitus schrieb: »Gewöhnlich hassen wir Menschen, denen wir Böses angetan haben.«

1903 gab es ein schreckliches Pogrom an Juden in Kischinau (Bessarabien). Viele Vertreter der russisch-orthodoxen Kirche haben das Pogrom begrüßt und daran teilgenommen. Mehrere von ihnen blieben aber untätig. Ein Geschichtsschreiber beschreibt ihre Einstellung: »Christen waren sehr sauer darüber, was geschehen war. Nicht weil ihnen die Juden leidtaten. Mit ihrem Verdruss drückten sie Folgendes aus: Jetzt müssen wir auch noch wegen dieser Juden die moralische Verantwortung für das Pogrom übernehmen!«[34] Am Anfang des 20. Jahrhunderts erkannte der russische Geschichtsschreiber ohne Grundkenntnisse der Freud'schen Psychoanalyse sehr präzise das Paradox: »*Die Deutschen werden den Juden Auschwitz nie verzeihen.*«

Der zweite Typ sind die Deutschen, die den Mut haben, sich mit ihrer Vergangenheit auseinanderzusetzen und bei Gott Vergebung zu suchen. Solche Menschen reagieren nicht allergisch auf Juden, sondern sind sehr dankbar, wenn ihnen eine Begegnung mit jüdischen Menschen geschenkt wird. Gott kann und will sie heilen und ihnen ein neues Herz schenken, ein Herz, das die Juden nicht mehr hasst, sondern segnet. Wie Gott einst zu Abraham sagte: »Ich will segnen, die dich segnen ...«[35] Wenn sich mehr Menschen ein Beispiel nehmen würden an Leuten wie Michaela, Gisela oder Horst, könnte das die gegenwärtige und die kommende Generation vor Antisemitismus schützen.

Musste man unbedingt Juden umbringen, um sich schuldig zu fühlen?

Zwei Geschichten zeigen, dass Menschen ganz unterschiedlich mit ihrer (Un-)Schuld und (Un-)Beteiligung umgehen können.

Auf meinen Vortragsreisen durch Deutschland war ich ab und zu privat untergebracht. Meine Gastgeber waren immer Christen, die in den Gemeinden sehr aktiv waren und mich gerne beherbergten. Auf diese Weise lernte ich viele Christen und ihre Lebensgeschichten kennen. Oft kamen wir ins Gespräch über die Zeit des »Dritten Reiches« und ihre Auswirkung auf uns.

Einmal war ich bei einem älteren Ehepaar untergebracht. Beim Abendessen wurde ich auf etliche Familienbilder aufmerksam, die im Wohnzimmer an der Wand hingen. Auf den Bildern erkannte ich einige Männer in der Uniform der Deutschen Wehrmacht. Ich kann nicht behaupten, dass unter ihnen Männer der SS waren, weil ich damals keinen Unterschied zwischen Wehrmacht und SS kannte. Allerdings konnte man spüren, dass ich diese Fotos genauer betrachtete. Wer waren diese Menschen, fragte ich meine Gastgeberin?

»Das sind mein Onkel und die beiden Schwäger«, antwortete sie.

»Waren sie Nazis?«, fragte ich.

»Sie wurden in die Armee einberufen«, war die Antwort.

Ich hatte keine Zeit, weitere Fragen zu stellen, denn die Frau begann sehr schnell zu reden: »Aber damals wurden fast alle deutschen Männer einberufen. Und … wissen Sie, deren Familien haben vom deutschen Staat eine Nähmaschine bekommen. Wir waren arm und diese Nähmaschine hat uns geholfen, die schweren Kriegsjahre zu überleben …«

Warum versuchte diese Frau, etwas zu rechtfertigen, was sie nicht rechtfertigen konnte? Ich hatte das nicht beabsichtigt, als ich meine Fragen zu den Fotos stellte. Ich wollte keine Erklärung, aber warum ließ sie solche Bilder hängen, während sie einen jüdischen Gast bewirtete?

Später habe ich erfahren, dass meine Gastgeber regelmäßig für Israel beten, das jüdische Volk segnen und einen Israelgebetskreis besuchen. Ein Israelgebetskreis, eine Nähmaschine, die zum Überleben half, Bilder von Familienangehörigen, die eventuell Juden töteten … So viel Widersprüchliches!

Als ich vor dem Schlafen das ganze Gespräch noch mal durchdachte, wurde mir klar, was mich aufgeregt und geärgert hatte: nicht die Bilder, sondern der Versuch, sich zu rechtfertigen! Ich war nie ärgerlich auf Menschen, die mit mir über ihre Schuld gegenüber Juden gesprochen haben. Allen von ihnen war bewusst, dass das ein gro-

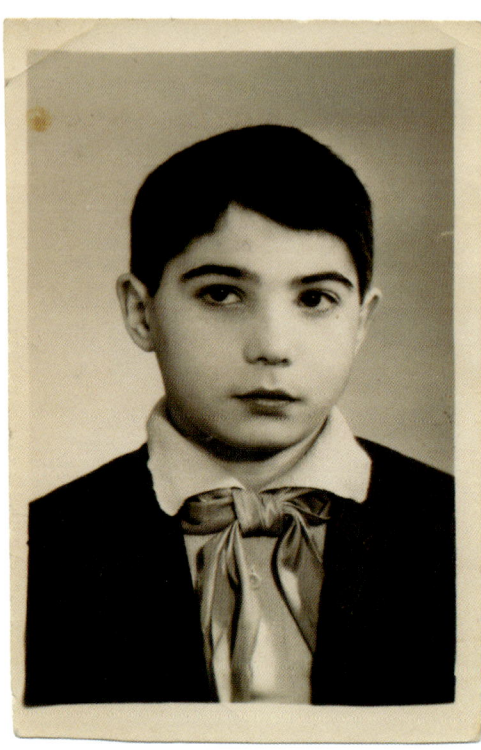

links
Bei den Pionieren, 1969

unten
Meine Familie, Kiew 1961

rechts oben
Eine Mutter überschüttet
ihr Kind mit eiskaltem Wasser. So die russische mys-
tische Gesundheitslehre:
Invanovstwo!

rechts unten
Eine pronationalistische
Demo. Die israelische Fahne
wird als Ablenkung benutzt,
um Juden zu beruhigen,
Kiew 1992

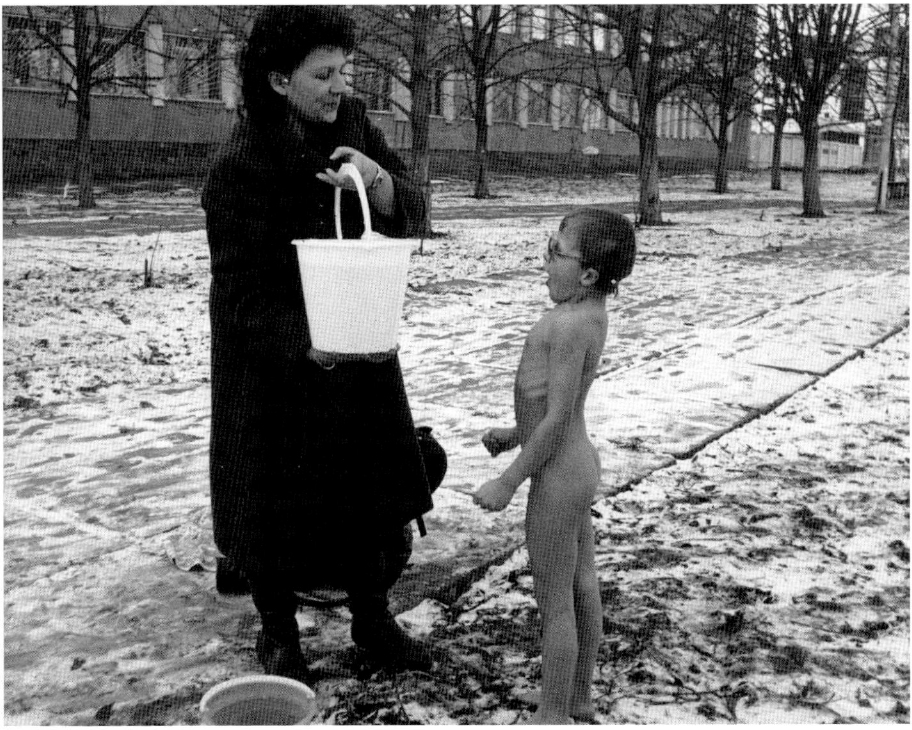

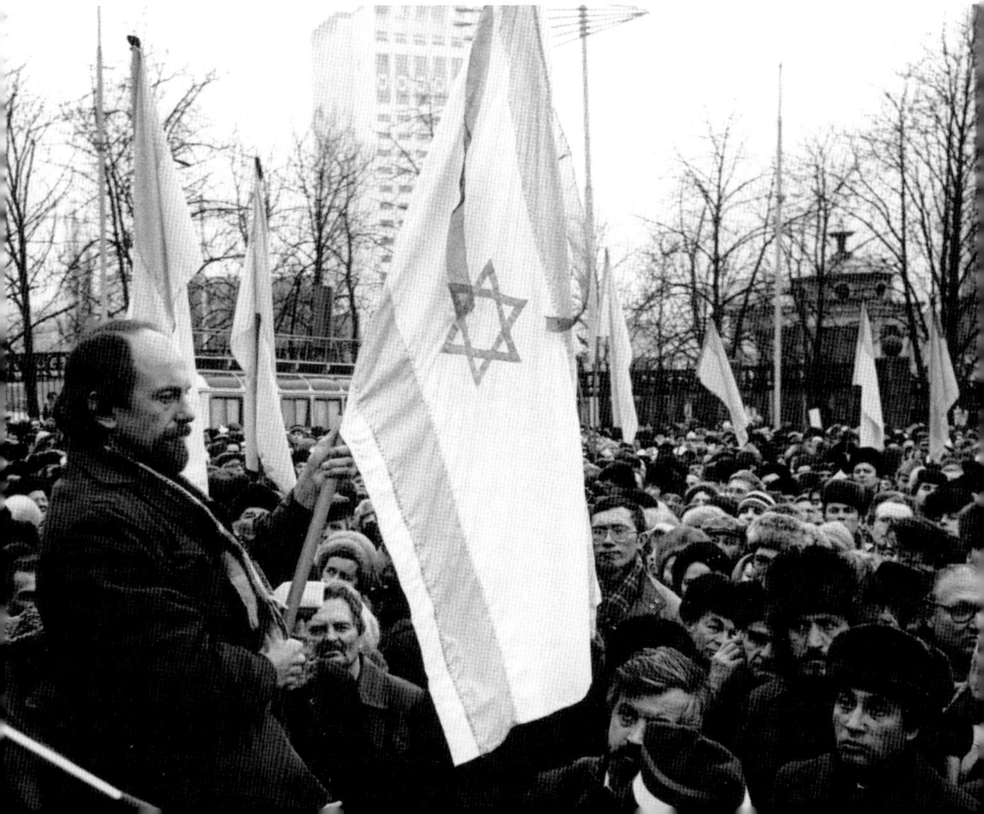

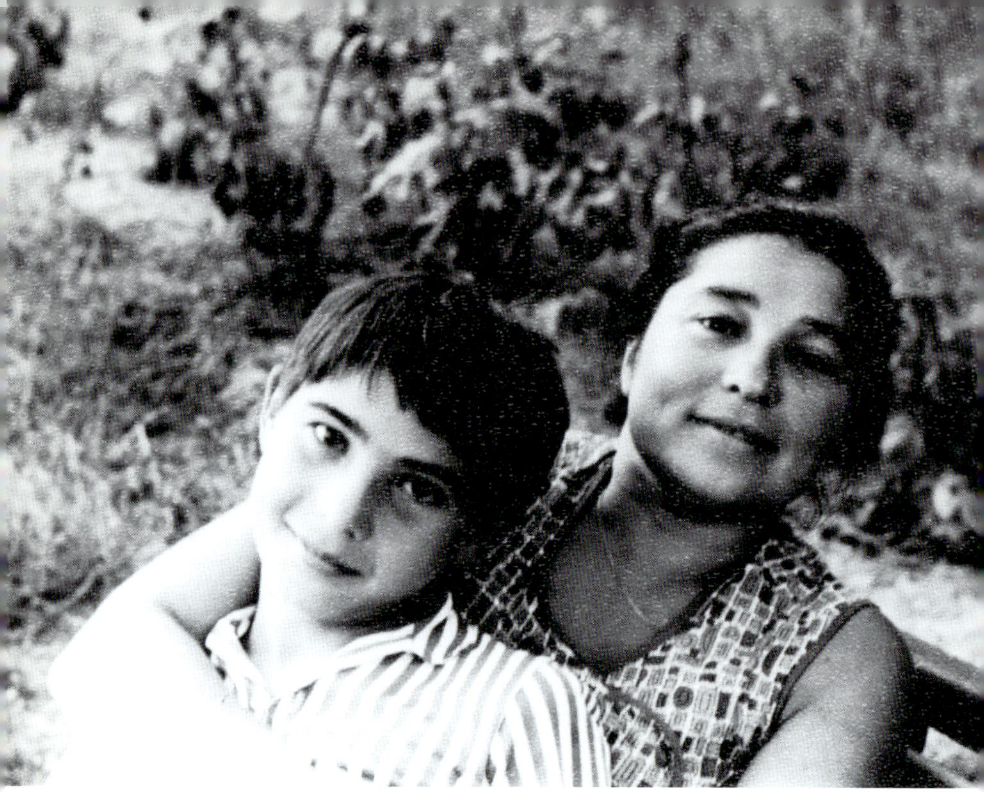

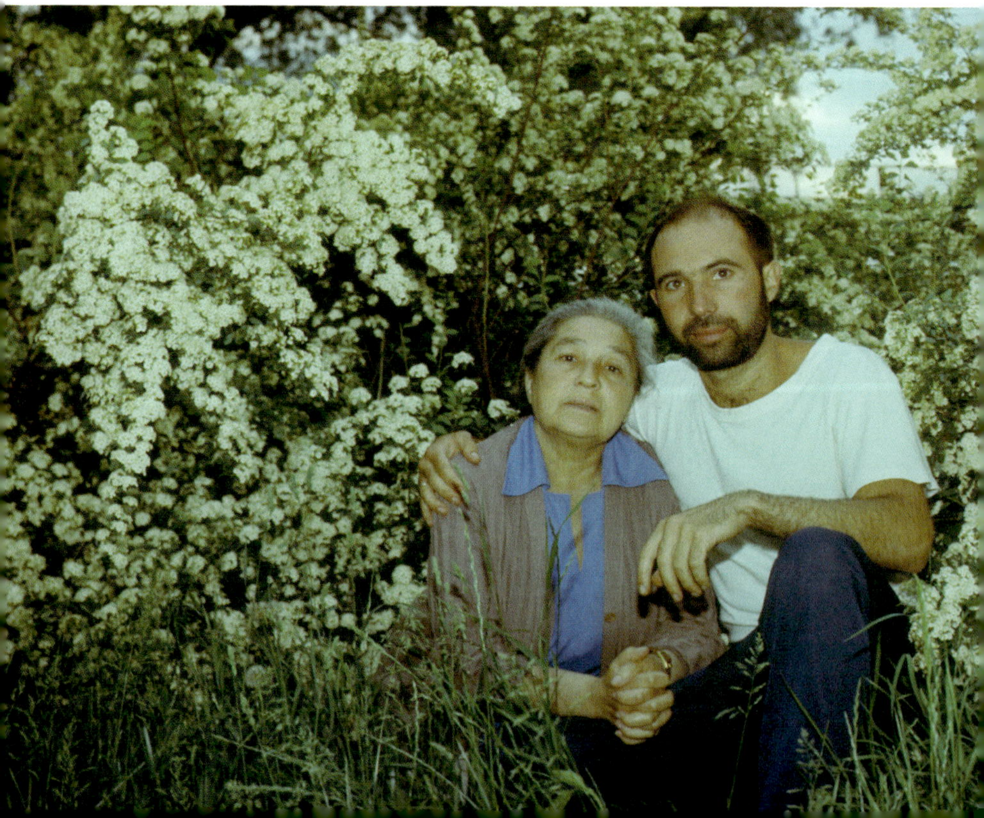

links
Meine Mutter und ich,
1967 und 2001

oben
Mein Bruder und ich,
1999

rechts
Stan Telchin, der Autor
des Buchs »Verraten«,
durch das meine Frau
und ich zum Glauben
gekommen sind.

links
Beim Militär, 1979

Nach dem Militär mit
meiner Frau Irina, 1981

oben
Denkmal Babyn Jar

unten
Ein Deutscher betet
in Babyn Jar um Vergebur

rechts
Mit Albert Israeli;
der Tag unserer
Taufe, Juni 1992

unten
Meine Frau Irina
und ich, 2009

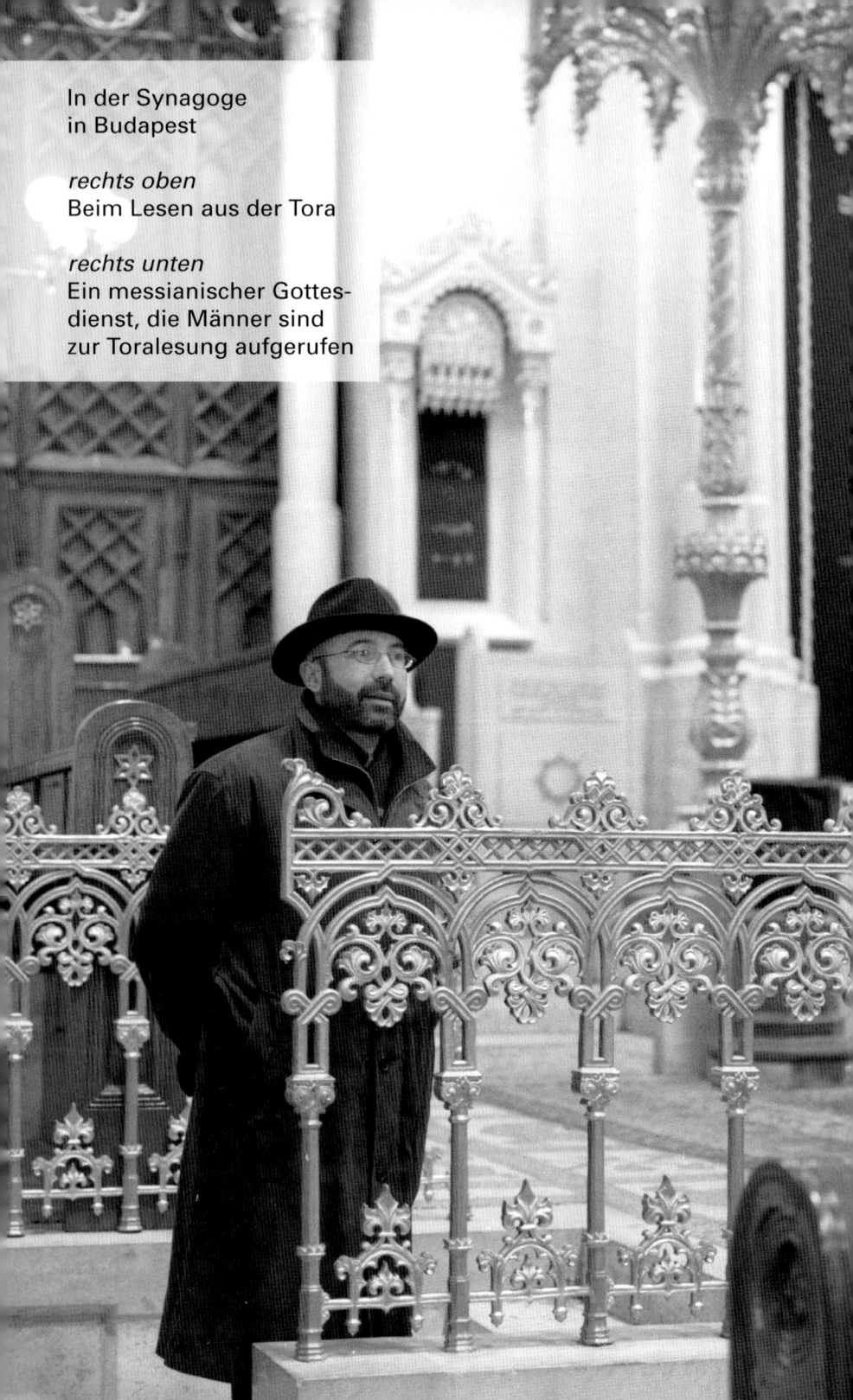

In der Synagoge
in Budapest

rechts oben
Beim Lesen aus der Tora

rechts unten
Ein messianischer Gottes-
dienst, die Männer sind
zur Toralesung aufgerufen

3. Mose 25,8 – 28
3. Mose 26,3 – 13
3. Mose 27,30 – 34
3. Mose 25,34

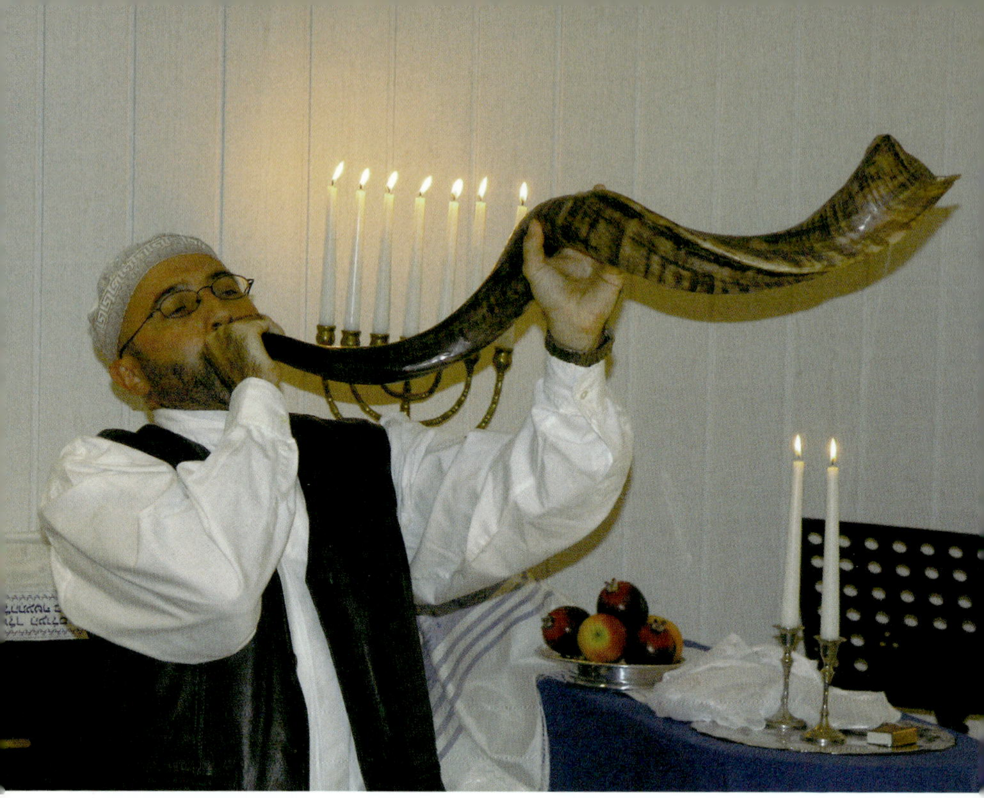

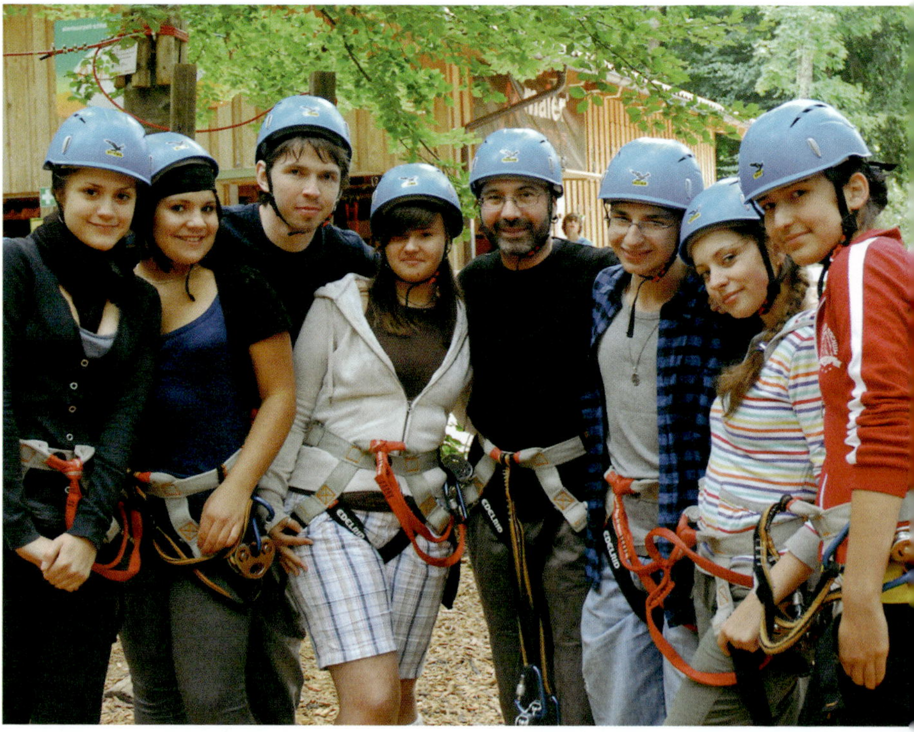

oben
Master of Arts

links oben
Ich blase Schofar am Rosch ha-Schana (das jüdische Neujahrsfest)

links
Mit Jugendlichen im Hochseilgarten, 2010

oben
Mit Hartmut Renz

links
Mit Schwester
Ruth Bechtle

rechts oben
Pro Christ
mit Jürgen Werth

rechts
Mitarbeiter des EDI

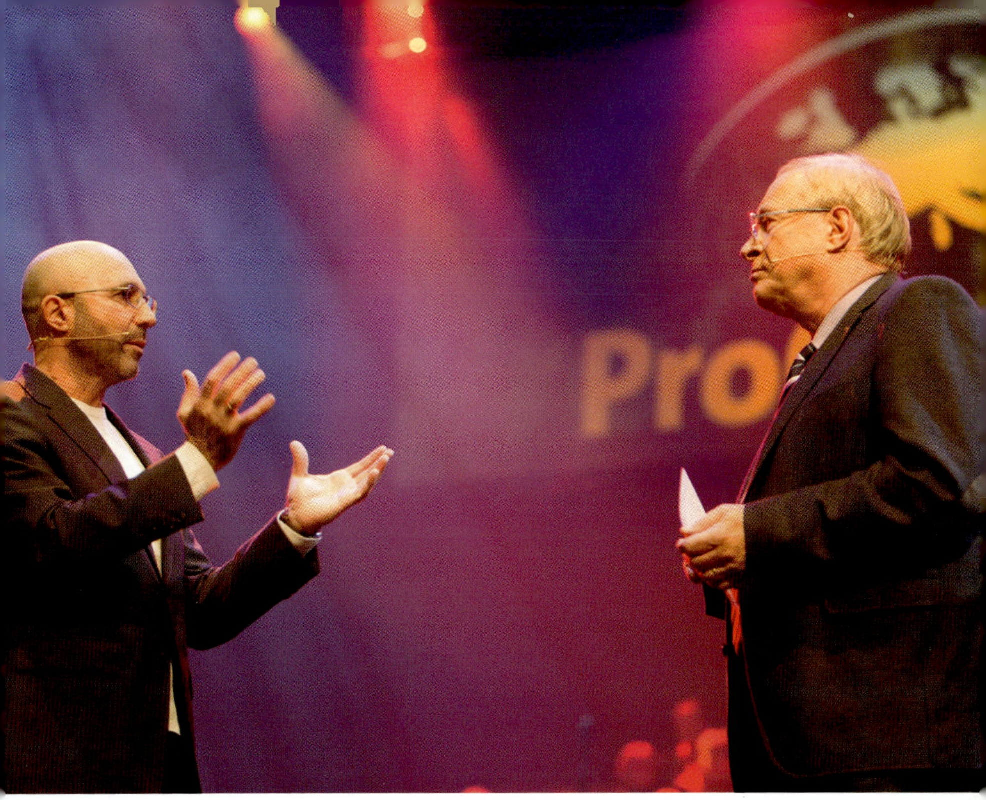

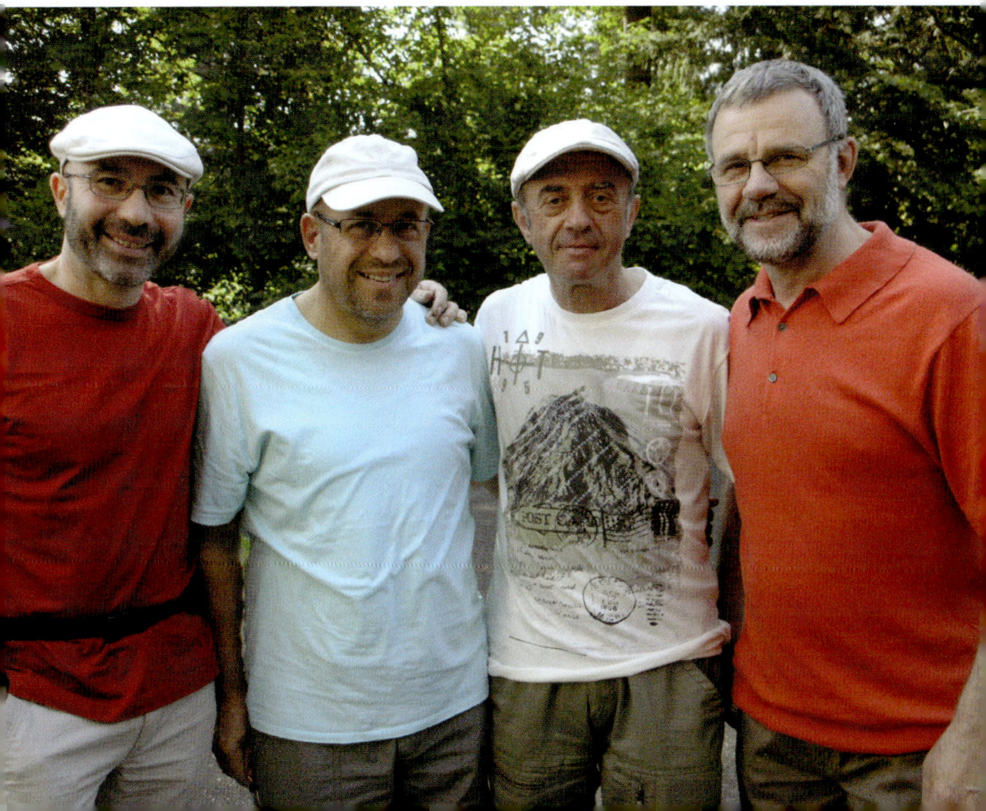

In Berlin,
Holocaust Mahnmal

ßes Vergehen war und ihr Gewissen schrie nach Buße und Vergebung... Aber nicht bei dieser Frau. Vielleicht auch nicht bei vielen
anderen Menschen, die Christen sind, die aber positive Erinnerungen
an Nazi-Deutschland haben, das ihnen eine Nähmaschine als Zeichen
der Gerechtigkeit schenkte. Wie viele Nähmaschinen stehen noch mit
dem stummen Schrei nach Gerechtigkeit in deutschen Wohnungen?

Wie weit musste man in der Nazi-Zeit gegangen sein, um sich
schuldig zu fühlen? Hatte man unbedingt Juden umbringen müssen
oder reichte es, so ein Geschenk vom Staat wie eine neue Nähmaschine
anzunehmen? Reichte es, ein Lied mitzusingen, um eine Mitschuld
zu tragen?

Eine ähnliche Begebenheit warf genau diese Fragen in mir auf.

Frau Mayer bittet um Vergebung

Frau Mayer habe ich nie persönlich kennengelernt. Nachdem der ERF
einige TV-Sendungen mit mir aufgenommen hatte, erhielt ich einige
Briefe von Zuschauern, eine von ihnen war Frau Mayer. Sie schrieb
mir, dass sie die Sendung »Zwischen den Kulturen« gesehen hätte
und wie mein Bericht, wie ich mit meinem Hass gegen die Deutschen
umging, auf sie wirkte. Sie schrieb:

*Das Ganze empfand ich als eine wertvolle Gnadenstunde im Zuhören
und -sehen. Deutlich merkte ich: Das hat jetzt auch was mit mir zu tun!
Wieso?*

*In den nächsten Tagen tauchte etwas aus dem Unterbewusstsein auf,
woran ich nicht mehr gedacht habe. Plötzlich erinnerte ich mich, dass ich
als Kind in einer der mittleren Klassen in der Schule ein Lied mitsang,
in dem die Juden in Deutschland unter Lebensbedrohung verjagt werden sollten. Es klang mehr wie ein Scherzlied, und ich merkte gar nicht,*

was ich da an hässlichen Aussagen mitvollzog. Erschreckend wurde mir bewusst, wie sich damit Text und Melodie in mein Unterbewusstsein eingenistet haben, bis heute!

In der Not meiner Erinnerungen bekam ich tröstend ein Wort, das Jesus am Kreuz gebetet hat: »Vater, vergib ihnen, denn sie wissen nicht, was sie tun!«

Das wies mich deutlich darauf hin: Ich sollte es nicht verdrängen, es auch nicht einfach jemandem, sondern einem Juden sagen! In der Vergangenheit habe ich für die Mitschuld der Deutschen an den Juden im Gruppenprozess dankbar Vergebung empfangen. Jetzt bitte ich als Einzelne für meine erkannte Schuld um Vergebung. Danke!

Als ich über dieses Schreiben betete, machte mich Gott auf das Wort aus Matthäus 6,14-15 aufmerksam: »Wenn ihr denen vergebt, die euch Böses angetan haben, wird euer himmlischer Vater euch auch vergeben. Wenn ihr euch aber weigert, anderen zu vergeben, wird euer Vater euch auch nicht vergeben.« Ich sprach ihr folgenden Vers aus Psalm 65,4 zu: »Unsere Herzen sind voll Sünde, doch du vergibst alle Schuld.«

»Du musst diesen Menschen helfen!«

Ich habe Erika kennengelernt, als ich die Übergangswohnheime mit Juden im Raum Stuttgart besuchte. Diese Frau, Mitte 50, nahm eine jüdische Familie aus Georgien unter ihre Fittiche und half ihnen in allerlei Hinsicht. Ich bin immer neugierig, wenn Deutsche einen solchen wertvollen Dienst tun. Als ich Erika nach ihrer Motivation fragte, erzählte sie mir folgende Geschichte:

Ihr Vater war sechs Jahre alt, als die Synagogen in Deutschland brannten. Einmal konnte er ein solches Verbrechen mit eigenen Augen sehen. Das hinterließ eine tiefe Wunde in der Seele dieses deutschen Kindes. Sein ganzes Leben lang fühlte er sich schuldig an den Verbrechen der Nazis an den Juden. Allerdings lähmte ihn diese Schuld nicht, sondern führte ihn in die Buße. Als er in den 90er-Jahren erfuhr, dass Juden aus der Sowjetunion wieder nach Deutschland einreisten, bat er seine Tochter: »Bitte, suche diese Einwanderer auf. Du musst diesen Menschen helfen. Wir können nicht wiedergutmachen, was geschehen ist, aber Gott schenkt uns jetzt eine Gelegenheit, das Volk zu segnen, das wir mal verflucht haben.«

Erika gehorchte und gab sich ganz dieser Aufgabe hin und wurde gesegnet.

»Ich will segnen, die dich segnen«

Eva ist in einer christlichen Familie aufgewachsen, die Juden gegenüber sehr freundlich war. Man zitierte oft die Stelle im Alten Testament: »Ich will segnen, die dich segnen ...«. Eva schreibt:

Mein Großvater war Notar in Stuttgart. Nach der Machtübernahme 1933 wurde es Notaren verboten, Urkunden von Juden zu beglaubigen. Trotzdem hat Großvater weiter die Juden empfangen und ihre Papiere bestätigt. Er sagte seiner Familie, dass er nicht gegen sein Gewissen handeln könne und den armen Juden Hilfe verweigern. Im Endeffekt blieb er der einzige Notar in Stuttgart, der Juden bediente. Selbstverständlich bekam er Besuch von SS-Leuten. Sie drohten ihm mit Gefängnis und sagten, er solle sich schämen, zur arischen Rasse zu gehören. Der Großvater blieb hart in seiner Entschlossenheit, Juden zu helfen. Die Treue zu seinem Gott ließ ihn keinen Kompromiss mit seinem Gewissen eingehen.

Einmal wurde er zu einem SS-Beamten gerufen. Der Großvater vermutete, was auf ihn zukam. Mit schwerem Herzen ging er dahin. Mehr als zwei Stunden musste er im Wartezimmer verbringen. Seine Nervo-

*sität stieg. Endlich wurde er ins Zimmer gerufen. Das Gespräch nahm
aber eine sehr unerwartete Wende. Der Offizier antwortete, dass er wisse,
dass Großvater mit Juden zu tun habe. Er zeigte ihm die Mappe mit den
Denunziationen gegen ihn. Dann sagte er: »Ich weiß, dass Sie Christ sind.
Und ich bin auch Christ. Solange ich diese Stelle innehabe, wird diese
Mappe, Herr Notar, in meinem Schreibtisch liegen. Das verspreche ich
Ihnen. Gehen Sie nach Hause und helfen Sie den Juden!«*

*Der Großvater überlebte den Krieg in Stuttgart. Nach dem Krieg blieb
er in seinem Beruf tätig und war der meistbesuchte Notar in dieser Stadt.
Die Leute schätzten ihn sehr. Er war sehr erfolgreich, wohlhabend und
betrachtete alles als ein Geschenk Gottes, weil er ihm treu geblieben war.*

Wissen Sie, was für mich das Eindrücklichste an dieser Geschichte
war? Dass die Familie die Geschichte nicht vergessen hat. Sie haben sie
auch ihren Enkeln und Urenkeln nicht verschwiegen, sondern erzählten sie immer weiter. Es macht viel aus, wenn Menschen ihre positive
Einstellung gegenüber Juden weitergeben.

Hier die Geschichte von Ilse. Als ich Ilse kennenlernte, war ich sehr
beeindruckt von ihrer Liebe zum Volk Israel. Sie bejubelte die Juden
nicht, sondern liebte sie einfach mit einer nüchternen, aber festen
Hingabe. Sie tröstete viele jüdische Menschen und schenkte ihnen
Hoffnung. Ilse erzählt:

*Als junges Mädchen mit 14 Jahren ging meine Mama »in Stellung«
in einen Haushalt in Berlin. Ihre Jugend verbrachte sie in Oberndorf am
Neckar, weil ihr Vater bei den Mauserwerken (Waffen) arbeitete. 1921 ver-
dingte sie sich bei einer Familie, indem sie putzte, kochte usw. Sie erzählte,
dass sie der »Herrschaft« das Essen im Esszimmer servierte, in die Küche
zurückging, wartete, bis ein Glöckchen läutete, die Reste vom Essen abtrug
und alleine in der Küche die Reste verspeiste. Sie wurde schrecklich vom
Heimweh geplagt und vergoss viele Tränen während des Essens.*

*Da reifte in ihr der Entschluss, sich eine andere Familie zu suchen,
was ihr auch gelang. Die Arbeit war die gleiche, was ihr als praktisch*

veranlagtes Mädchen nichts ausmachte, aber: »Ich wurde wie eine Tochter angenommen und durfte mit am Tisch sitzen. Und was glaubst du, was das für eine Familie war?«, fragte sie und antwortete gleich: »Eine jüdische!«

Diese Erinnerung beeinflusste meine Beziehung zum jüdischen Volk. Noch etwas ist in meiner Erinnerung: Meine Mama sagte auch, als der Staat Israel 1948 ausgerufen wurde und man später sah, wie das Land aufblühte: »Schau dir an, was die aus diesem Land machen!« Es hat meine Mutter sehr beeindruckt, wie fleißig die Leute in Israel waren und es immer mehr begrünten.

Deutsche und Juden. Christen und Juden. Ihre Geschichte ist eng verflochten.

»Ich strecke mich aus nach wirklicher Buße, nach Vergebung ...«

Vor einiger Zeit bekam ich einen Brief von einer älteren Frau, die ich hier Gudrun nennen will. Sie hatte mich bei einer ERF-Fernsehsendung 2014 gesehen, aber da sie aufgrund ihres schlechten Gesundheitszustands nicht in der Lage war, mich zu besuchen und sogar mit mir zu telefonieren, schrieb sie mir einen Brief. Sie erzählte, dass sie als Deutsche durch die Erkenntnis ihrer Mitschuld am Verbrechen an den Juden sehr stark leide. Sie würde mir gerne ihre Geschichte schreiben und mich stellvertretend um Vergebung bitten.

Ich antwortete ihr, dass ihre Geschichte nicht die erste in dieser Reihe sei, die Gott mir in den letzten Jahren zugemutet hätte, und dass ich mich mit dem Gedanken trüge, alles aufzuschreiben. Und dann drückte ich aus, dass ich nicht bevollmächtig sei, ihr im Namen aller Juden zu vergeben, sondern sie müsse bei Gott die Vergebung suchen. Sie schrieb mir zurück:

Sie schreiben, Sie könnten mir im Namen des jüdischen Volkes nicht vergeben. Das hatte ich gewiss nicht von Ihnen erwartet. Ich habe nach einem Seelsorger gesucht, der meine Belastung, in dieser für das jüdische Volk so entsetzlichen Zeit gelebt zu haben und dem Tätervolk anzugehören, ernst nehmen kann. Wenn ich mit einem unserer Pfarrer spreche (ich habe die Gewohnheit, sooft notwendig und möglich zu beichten), wird mein Anliegen nicht ernst genommen. »Du bist übergewissenhaft. Du hast doch keine Schuld. Du warst ja in dieser Zeit noch ein Kind.« Damit gehe ich mit meiner Belastung weiter. Darum denke ich, wenn ich nur alles, was belastet, aussprechen könnte vor jemanden, der mich ernst nimmt, könnte ich schon anders weiterleben.

In ihrem Brief äußerte sie auch ihre Bitte, mir ihre Geschichte erzählen zu dürfen, was ich gern erlaubte. Sie war darüber sehr froh und schrieb mir zurück:

Sehr geehrter, lieber Herr Uschomirski,
herzlichen Dank für Ihren Brief. Sie haben mir die Tür geöffnet, durch die ich mit meiner »Dritten-Reichs-Geschichte« gehen kann. Ich erlebe das wirklich als offene Tür. Denn wenn ich seither mit jemandem darüber sprechen wollte, wurde ich immer insofern abgelehnt, als man mir klarzumachen versuchte, ich sei übergewissenhaft. Ich hätte doch gar nichts Schuldhaftes getan. Damit schlug die Tür, durch die ich gehen wollte, zu. Und ich blieb mit meiner Last und Not allein. Danke, dass sie mir die Türe geöffnet haben. Im Moment ist es schon sehr hilfreich für mich, dass Sie mich ernst nehmen. Ich weiß, das ist nicht alles. Im Nachhinein wird mir bewusst, dass ich natürlich deshalb nicht ernst genommen wurde, weil die, an die ich mich wandte, selbst unsere Dritte-Reichs-Geschichte nicht innerlich verarbeitet hatten.

Einige Wochen später erhielt ich dann ihre »Dritte-Reich-Geschichte«, die ihr so sehr auf dem Herzen lag.

Ich entsinne mich, dass in meiner frühen Kindheit eine Atmosphäre des Aufbruchs geherrscht hat: Jetzt ist eine andere Regierung an der Macht. Die tut etwas für die Menschen. Hungrige werden gespeist, Arbeitslose bekommen Arbeit usw. Später habe ich wahrgenommen, dass meine Eltern sehr idealistisch waren und niemandem etwas Böses zutrauen konnten. Mein Vater brachte sich selbst gelegentlich in Gefahr. Mir wurde dabei sehr bewusst, dass das Gute zu meinen, uns nicht von der Verantwortung für das, was um uns geschieht, entbindet. Ideale zu haben und es gut zu meinen, entbindet uns nicht von der Verantwortung für unsere Lebensentscheidungen.

Wir sind also in einer positiv-idealen Einstellung Hitler und seinen Konsorten gegenüber ins Leben hereingewachsen und hatten deshalb auch eine positive Einstellung dem Nazi-Regime gegenüber. Ich war als Kind sehr Hitler-begeistert. Mit zehn kam ich in die Hitlerjugend. Das war damals Pflicht. Ich ging zwar ungern in die wöchentlichen Gruppenstunden. Sie waren mir zu langweilig. An politische Schulung kann ich mich nicht entsinnen. Unsre Führerinnen waren nur zwei oder drei Jahre älter als wir selbst. Sie waren keine gereiften, gebildeten Persönlichkeiten.

Aber ein Ereignis belastete mich: Eine unserer jungen Führerinnen hatte ziemliche Disziplin-Schwierigkeiten mit uns. Als sie sich offensichtlich nicht zu helfen wusste, sagte sie: ›Mädels, wenn jetzt der Führer zur Türe hereinkäme und ihr müsstet ihm in die Augen sehen, wie ginge es euch dann?‹ Das ging uns durch und durch. Und wir waren still. Sie konnte nun mit ihrem Programm weitermachen. Für mich heute erschreckend: Hitler hatte göttlichen Status in unserem Herzen.

Dann kam etwas, was mich lange Jahre sehr beschäftigt, ja belastet hat. Unsere Familie war eine traditionell evangelische Familie. Es war zwar selbstverständlich, dass bei uns zu Tisch und vor dem Zubettgehen gebetet wurde. Wir Kinder gingen jeden Sonntag zum Kindergottesdienst. Wir wurden zur Ehrfurcht vor dem Leben und Achtung vor der Natur erzogen. Aber gelebten Glauben und Verbundenheit mit der

Kirchengemeinde erlebte ich nicht. Aber: Erstaunlicherweise hatte ich während meiner ganzen Schulzeit immer Religionsunterricht innerhalb des Stundenplans.

In den ersten vier Schuljahren unterrichtete uns unser alter Klassenlehrer in Religion. Aus dieser Zeit sind mir die Vätergeschichten, Abraham, Isaak, Jakob, Josef in Erinnerung. Dann kamen die Geschichten im Kindergottesdienst dazu. Lebensbilder von Menschen, die ihren Glauben wirklich lebten, beeindruckten mich tief. In mir erwachte eine tiefe Sehnsucht: Ich wollte ein Mensch werden, der einen lebendigen Glauben leben kann, nicht nur einige fromme Riten praktiziert. Ich wollte ganz glauben können, mit Seele und Leib.

Im April 1944 sollte ich konfirmiert werden. Im März 1944 wurden wir zu einer Vereidigung auf Adolf Hitler befohlen, die ganze Mädelsgruppe, der ich angehörte, und noch viele andere Gruppen dazu. Ich hatte nie zuvor von einer Jugendweihe gehört. Das scheint damals eine neue Sache gewesen zu sein. Ich war dort und vollzog das Gelöbnis auf Hitler. Einen Monat später wurde ich konfirmiert und legte das Versprechen, mit Gott in der Kirche leben zu wollen, ab.

Was bin ich doch für ein gespaltener Mensch! Es beunruhigte mich viele Jahre. Ich verstand nicht, wie ich diese einander so widersprechenden Gelöbnisse – so nah beieinander – ablegen konnte … Viel später begriff ich, dass ich damals der junge, idealistisch gesinnte Mensch war, vor allem einer, der bereit war, sich hinzugeben, vor allem an Gott, aber auch an Menschen, erschreckenderweise auch an einen Adolf Hitler. Ich erlebte die Hingabebereitschaft in beiden Fällen als positive Regung in mir. Eigentlich war ich nicht gespalten. Ich hatte ja die Nazis und ihre Machenschaften nicht durchschaut, war nicht informiert. Wir hörten zu Hause zwar immer wieder sehr kritische Äußerungen über unsere Führung. Aber das nahmen wir Jungen nicht ernst: ›Das sind eben die Alten, die so denken.‹ Und wir übernahmen die kritische Haltung der Eltern nicht.

In der Zwischenzeit hatten in Stuttgart die Bombenangriffe begonnen. Die Schulen wurden geschlossen, alle Kinder mussten die Stadt

verlassen. Meine Mutter evakuierte uns hierher, wo ich jetzt wol
unser Großelternhaus, das jetzt auch meine Heimat ist. Hier erlebten
wir auch das Kriegsende.

Die Amerikaner versuchten uns über die wahren Vorgänge im Nazi-Regime zu informieren. Überall hingen Plakate mit Bildern und Berichten
aus den KZs. Ich konnte das nicht fassen und hielt das für amerikani-
sche Propaganda. Bis mir dämmerte: Das ist die Wahrheit. Da brach eine
Welt für mich zusammen. Ich war zutiefst enttäuscht und erlebte mich als
mit meinen besten Gefühlen, meinem guten Wollen irregeführt, ja miss-
braucht. Ich war längere Zeit depressiv. Aber damals wusste ich natürlich
noch sehr wenig. Erst Jahre später sah ich den von einem französischen
Team in KZs gedrehten Dokumentarfilm. »Bei Nacht und Nebel« war der
Titel. Ich kann meine Reaktion nicht beschreiben. Ich war sehr tief getroffen. Wie können Menschen anderen Menschen so etwas antun? Dazu noch
solche Menschen, zu denen ich aufgesehen hatte. Ich habe gelebt in dieser
Zeit. Ich gehöre zum Volk der Täter. Die Bilder dieses Films liefen noch lange in mir weiter … Es war das reine Entsetzen und eine unsägliche Trauer.
Alles ist geschehen. Und du kannst nichts mehr daran ändern.

Später, nach dem 50-Jahr-Gedenken des Kriegsendes, gab es im Fern-
sehen einen Boom von Dokumentationen über das Unrechtsregime des
Dritten Reiches, von Prozessen gegen die Leute aus dem Widerstand, solche über die Vorgänge in den KZs, über den Umgang mit den jüdischen
Mitmenschen. Die Dokumentationen über die KZs wurden noch über
Jahre gesendet. Ich entsinne mich, dass ich jede dieser Sendungen sehen
musste. Es war fast wie ein Zwang. Ebenso mein Versuch, wie ich die
Bilder sah, in meiner Erinnerung auszugraben, wo ich im Moment des
schrecklichen Geschehens war, was ich in diesem Moment getan, gelebt
hatte. Ich konnte es nicht mehr feststellen. Es war nur das sehr bedrücken-
de Gefühl, dass ich in dieser Zeit gelebt hatte, dass die Volksgenossen, zu
denen ich aufgesehen hatte, so Entsetzliches getan hatten. Zunehmend
fühlte ich mich mitschuldig am Leiden und qualvollen Sterben der Juden
im Dritten Reich.

Bei uns gab es in dieser Zeit und danach noch eine Diskussion. Gibt es eine »Kollektiv-Schuld«? Ich fühlte mich von diesem Begriff, der ja ein Allgemeinplatz war, nicht betroffen. Vielleicht fassen manche Menschen ihre Mitschuld für das, was geschehen war, in diesen Begriff. Ich fühlte mich schuldig. Denn ich war, wenn auch in kindlicher oder sehr jugendlicher Begeisterung, in diesen unsäglichen, braunen Schmutz eingetaucht. Ich hatte zu einem System Ja gesagt, hatte also Teil an der Schuld. Das kann mir niemand einfach abnehmen.

Ich strecke mich aus nach wirklicher Buße, nach Vergebung.

Ich war erschüttert! Drei Dinge haben mich besonders in Gudruns Briefen überwältigt.

Erstens, die Erkenntnis, dass Hitler den göttlichen Status im Herzen seinen Untertanen beansprucht hatte. Ich habe von den meisten meiner deutschen Gesprächspartner gehört, dass Hitler ein Idiot war und dass sie die Verblendung des ganzen Volkes nicht rational erklären können. Ich glaube, dass die Feststellung von Gudrun viel präziser und wahrhaftiger ist. Wenn Menschen sich vom lebendigen Gott abwenden, wenn sie sein auserwähltes Volk verstoßen, dann sind sie verurteilt, das Böse anzubeten.

Zweitens, das Bekenntnis, dass sie wegen des Mangels an Information die Nazis nicht durchschauen konnte. Erleben wir diese Situation nicht auch heute in unserer Gesellschaft? Wenn ich christliche Kirchen und Gemeinden besuche, ist mir oft zum Weinen, welch ein Informationsdefizit Christen bezüglich Israel haben. Man glaubt allen möglichen Spekulationen, die die Medien über den Staat Israel verbreiten, und dieses negative Bild wird auf das ganze jüdische Volk projiziert. Wie wichtig, dass wir vor allem in Gottes Wort schauen und dort lernen, mit seinen Augen das Volk Gottes zu sehen.

Und drittens: Gudrun hatte zu einem teuflischen System Ja gesagt, und sie hat ihre Schuld bekannt. Sie litt sehr darunter und suchte Vergebung. Ich konnte den Schmerz von Gudrun nachempfinden. Ich wusste, dass es ein Schmerz war, der zur Heilung führen musste. Ich dankte Gott, dass er Gudrun in die Buße geführt hatte, und betete, sie möge Vergebung erleben.

Schließlich schrieb ich ihr zurück. Ich schrieb, dass ich ihren Schmerz gut verstehe und auch teile, und erinnerte sie an 1. Johannes 1,9-10: »Doch wenn wir ihm unsere Sünden bekennen, ist er treu und gerecht, dass er uns vergibt und uns von allem Bösen reinigt. Wenn wir behaupten, wir hätten nicht gesündigt, machen wir Gott damit zum Lügner und beweisen, dass sein Wort nicht in unserem Herzen ist.« Dann sprach ich ihr die Vergebung Gottes zu.

Nach einigen Tagen schrieb mir Gudrun zurück:

Ganz herzlichen Dank für Ihren Brief, den ich wirklich nicht erwartet hatte. Danke, dass Sie mir 1. Johannes 1,9 neu zusprechen. Ich lebe zwar seit Langem aus der Gewissheit der Sündenvergebung. Und doch fasse ich sie neu und versuche sie tiefer in mein Herz einzulassen, wenn sie mir zugesprochen wird. Ich bin Ihnen und unserem Herrn von Herzen dankbar.

Mir ist es sehr seltsam ergangen: Die Tatsache, dass ich meine Geschichte reflektiert und geschrieben habe und dabei wusste, sie wird von Ihnen gelesen und ernst genommen, war für mich wirklich eine Befreiung. Wie wenn ich tiefer durchatmen und neue Schritte tun könnte. Die Geschichte ist nicht zu Ende, sondern geht irgendwie unerwartet weiter. Zum Beispiel merke ich, dass ich den gewissen Schatten durch mein Leben im Dritten Reich nicht abschütteln kann. Ich weiß und bin gewiss, dass Sünde, vor allem wenn diese offengelegt wird, vergeben ist. Aber ein seltsamer Schmerz bleibt zurück. Und ich frage mich, ob ich den überhaupt loswerden soll. Vielleicht ist es ja auch mein Stückchen Mitleiden am Leid Ihres Volkes ...

Der nächste Abschnitt ihres Briefes deckt tiefste Abgründe menschlichen Versagens auf:

Was mir außerdem mehr und mehr bewusst wird, ist, dass alles Gutsein nicht gut sein kann, wenn man vor Unrecht die Augen ver-

schließt ... So haben wir doch im Dritten Reich gelebt. Sehr getroffen hat mich ein kurzer Satz von Martin Luther King. Ich gebe das ganze Gebet wieder: »Herr, erbarme dich unser! Denn unsere Generation wird nicht nur die vergiftenden Worte und schlimmen Taten der schlechten Menschen zu bereuen haben, sondern auch das furchtbare Schweigen der Guten.« Oh Gott, das furchtbare Schweigen der Guten!

Dieses furchtbare Schweigen der Guten ist mit der Grund, warum bei uns auch von relativ offenen und gutwilligen Leuten die Erfahrungen des Dritten Reiches und all der Verbrechen des Hitlerregimes nicht wirklich aufgearbeitet werden. Man hat immer die Möglichkeit, sich ins eigene Gut-Sein zu retten und sich jeder Verantwortung zu entziehen. Das ist auch der Grund, warum ich mit meiner Belastung nicht ernst genommen wurde. Man müsste bei sich selbst hinschauen, wenn man es wirklich ernst nehmen würde. Und genau das kann man nicht. Verstehen Sie, dass ich unter solchen Volksgenossen leide? ... Sie sehen, das Schreiben meiner Dritten-Reichs-Geschichte hat mir jetzt neue Perspektiven eröffnet. Ich will Schritte gehen, die Gott mir weist.

Erschütternd, mit welcher seelischen Belastung diese Frau jahrzehntelang gelebt hat. Wie sie oft nicht ernst genommen wurde ... Sie hatte jemanden gebraucht, dem sie ihre Geschichte erzählen konnte, ihr Herz öffnen konnte. Dass ich, ein Jude, der an Jesus, den Messias glaubt, dies sein würde, hätte sie wohl nicht zu träumen gewagt. Sie fand schließlich Vergebung und Frieden.

Doch wie ihr ging es wohl vielen Menschen in Deutschland. Nicht wenige sind schon gestorben und haben vielleicht nie diese Vergebung, diesen Frieden erfahren ... Viele haben geschwiegen, manche aus Scham oder weil sie sich nicht verstanden fühlten ...

Jetzt bin ich an dem Punkt angelangt, wo ich meinen Lesern ein Geheimnis enthüllen muss. Ich habe den Briefwechsel mit Gudrun so ausführlich aufgeführt, weil die folgenden Worte von ihr mir den entscheidenden Impuls gaben, dieses Buch zu schreiben.

Ich hoffe, dass mein Bericht Sie angeregt hat, eventuell auch Ihren Lebensbericht »Meine Geschichte im Lichte des Holocaust« zu schreiben. Ich wünsche und hoffe, dass Sie das wirklich realisieren können. Denn solche Lebensgeschichten regen immer andere an, selbst über ihr Leben nachzudenken. Ich habe selbst öfter erlebt, dass durch Lebensberichte von anderen Gott zu mir gesprochen hat. Es können einfach lebendige Zeugnisse sein, durch die Gott spricht und handelt. Darum möchte ich Sie fast bitten: Tun Sie es, wenn Sie es irgend möglich machen können. Ich denke, es wäre für so manch einen wichtig, solch einen Lebensweg zu kennen. Wenn Sie meinen, dass mein Bericht positiv etwas dazu beitragen könnte, dann verwenden Sie ihn. Klar, ohne meinen Namen zu nennen. Ich bin aber auch gewiss, dass Sie selbst durch Ihren Bericht freigesetzt würden zu Neuem, zu neuen Erkenntnissen, neuen Schritten. Ja, ich bete darum, dass Sie es im Laufe der Zeit schaffen, Ihre Geschichte zu schreiben. Ich denke, es könnte eine wesentliche Aufgabe sein.

All diese Begegnungen waren keine Zufälle in meinem Leben. Ich weiß jetzt, wie ich anderen Menschen helfen kann, wenn ich meinem Gott gehorsam bin. Ich weiß auch, dass es sehr schwierig ist, den Schmerz der anderen zu teilen, besonders wenn man selbst betroffen ist. Und ich hoffe und bete, wie Gudrun es schrieb, dass meine Lebensgeschichte dem einen oder anderen helfen möge, über das eigene Leben nachzudenken und sich ganz dem einzigen barmherzigen Gott und seinem Messias anzuvertrauen.

ANHANG
ZU VERSCHIEDENEN THEMEN

Die Bibel zur Frage des Generationenfluchs

Oft wird folgende Bibelstelle zitiert, um zu zeigen, dass der Fluch von
Generationen auf uns lastet: »Ich bin der Herr, dein Gott, der dich aus
der Sklaverei in Ägypten befreit hat. Du sollst außer mir keine anderen
Götter haben. Du sollst dir kein Götzenbild anfertigen von etwas, das
im Himmel, auf der Erde oder im Wasser unter der Erde ist. Du sollst
sie weder verehren noch dich vor ihnen zu Boden werfen, denn ich,
der Herr, dein Gott, bin ein eifersüchtiger Gott! Ich lasse die Sünden
derer, die mich hassen, nicht ungestraft, sondern ich strafe die Kinder
für die Sünden ihrer Eltern bis in die dritte und vierte Generation.
Denen aber, die mich lieben und meine Gebote befolgen, werde ich bis
in die tausendste Generation gnädig sein.« (2. Mose 20,2-6)

Ich denke, wir dürfen die Worte über die Strafe für die Kinder für
die Sünden ihrer Eltern nicht auf die Menschen beziehen, die aufrichtig ihre Sünden bekannt und Vergebung erlangt haben. In diesen Versen geht es vor allem um die Strafe ungläubiger Kinder, deren Eltern
es nicht gelungen ist, sie im Glauben zu erziehen. Diese Kinder sind
ihrer Überzeugung nach in ihrer Gottlosigkeit geblieben. Aber diese
Bibelstelle sagt nichts darüber, was passiert, wenn der Nachkomme
eines Gottlosen sich bekehrt, Buße tut und nach Gottes Geboten lebt.
Meines Erachtens wird die Strafe Gottes, die über einer solchen Person

hängt, in dem Moment aufhören, und der Segen Gottes wird das Leben solcher Menschen begleiten.

Man muss nur bedenken, wie hoch die *Teschuwa* (Umkehr) im Judentum geachtet wird. Rabbi Awahu hat gesagt: »An einem Ort, da Umkehrende stehen, können vollkommen Bewährte nicht stehen, denn es heißt: ›Frieden, Frieden, den Fernen und den Nahen, denn ich werde mein Volk heilen‹, spricht der Herr«[36] (Jesaja 57,19), also dem Fernen zuerst und dann erst dem Nahen. Das bedeutet, dass der Mensch, der eine Bekehrung erlebt hat, höher geschätzt wird als ein Gerechter. Man muss verstehen, dass in der jüdischen Tradition die *Teschuwa* als Dimension betrachtet wird, die Gott vor Anbeginn der Welt geschaffen hat.

Wir haben hier nicht genug Platz, um längere Bibelzitate aufzuführen. Lesen Sie bitte aufmerksam Hesekiel 18,5-21. Das ist dasselbe Thema! Höchstwahrscheinlich war die Lehre über den Generationenfluch zu einer Tradition im damaligen Israel geworden.

Der Prophet Hesekiel spricht ganz klar darüber, dass die Strafe in dem Moment aufhört, wenn der Nachkomme des Gottlosen eine *Teschuwa* macht, also umkehrt. Und umgekehrt, wenn der gottlose Sohn nichts von Gott und seinen Geboten hören will, dann beginnt der Fluch seine Wirkung in seinem Leben. Gott hat es mit Personen zu tun und achtet auf die Entscheidung des Einzelnen.

Auch bestätigt die Schrift, dass ein solches Prinzip auch Teil des Neuen Bundes ist. »Man wird dann auch nicht mehr sagen: ›Die Eltern essen unreife Trauben und die Kinder bekommen davon stumpfe Zähne.‹ Nein, jeder wird nur für die bösen Taten bestraft werden, die er selbst begangen hat – es sollen ausschließlich diejenigen stumpfe Zähne bekommen, die selbst die unreifen Trauben gegessen haben. ›Es wird der Tag kommen‹, spricht der Herr, ›an dem ich einen neuen Bund mit dem Volk Israel und mit dem Volk Juda schließen werde‹« (Jeremia 31,29-31).

Die Bibel berichtet uns von Menschen, die durch eine *Teschuwa* (Umkehr) einen solchen Generationenfluch zerstört haben, und zwar ohne spezielle Rituale und Austreibung von Dämonen. So lesen wir von der göttlichen Anordnung: »… Ammoniter oder Moabiter und ihre Nachkommen dürfen nicht einmal in der zehnten Generation in die Versammlung des Herrn aufgenommen werden; sie sollen nie aufgenommen werden« (5. Mose 23,4). Dann lesen wir im Buch Rut, wie eine Moabiterin durch ihre Umkehr und ihr Bekenntnis zum Gott Israels sogar in die Geschlechtsregister des Messias aufgenommen wurde. Sie wurde zur Urgroßmutter des Königs David. Und was für ein Generationenfluch lag auf ihrem Volk! Aber dieser Generationenfluch wurde durch ihre *Teschuwa* auf einmal zerstört.

Gott schenkt uns die Freiheit, unser Leben nach unserem eigenen Willen aufzubauen: »Heute dürft ihr wählen, ob ihr den Segen oder den Fluch wollt!« (5. Mose 11,26). Es hat sich nichts in diesem Sinne im Neuen Bund verändert: Gott achtet unsere Willensfreiheit. Wie einer von meinen geistlichen Lehrern sagte: »Im Paradies und in der Hölle werden nur freiwillige Menschen sein.«

Gott hat einen Willen und ist interessiert daran, dass Menschen umkehren. Er unterliegt keinen Gesetzen. Man muss ihn nicht mit bestimmten Ritualen besänftigen. Ein Gott, der selbst keinen Generationsfluch ohne Vorbedingung zerstören könnte, würde eher einem Gott gleichen, der sich einem Karma unterordnet. Doch der Gott Israels ist anders. Er hat genug Macht, um unsere Sünden zu vergeben. Er kann das Gesetz von Ursache und Wirkung brechen, sobald jemand umkehrt.

Einer der Freunde Hiobs, Elifas, hat diese Vorstellung von Gott. »Wenn Gott nicht einmal seinen Engeln vertraut und ihnen ihre Fehler vorhält, wie viel weniger wird er denen vertrauen, die in Lehmhäusern wohnen« (Hiob 4,18-19)! Der Gott, an den Elifas glaubt, ist launisch und despotisch. Solche Leute wie Elifas mussten sich von Gott korrigieren lassen: »Nachdem der Herr seine Rede an Hiob beendet hatte, sagte er zu Elifas aus Teman: ›Ich bin zornig auf dich und deine beiden Freunde, denn ihr habt nicht richtig von mir gesprochen, im Gegensatz zu meinem Diener Hiob‹« (Hiob 42,7).

Im Neuen Testament gibt es kein Programm aus fünf, sieben oder zehn Schritten, um geistliche Freiheit zu erlangen. Jesus sagt: »Ihr werdet die Wahrheit erkennen, und die Wahrheit wird euch frei machen. Nur dann, wenn der Sohn euch frei macht, seid ihr wirklich frei« (Johannes 8,32.36). In Jesus haben wir die Befreiung von allen Flüchen, die auf uns lagen: »Doch Christus hat uns vom Fluch des Gesetzes gerettet; am Kreuz nahm er den Fluch auf sich. Denn in der Schrift heißt es: ›Verflucht ist jeder, der an einem Holz hängt‹« (Galater 3,13). Das ist die gute Nachricht: Wenn wir mit Jesus für die Sünde sterben, dann haben wir Macht über die Sünde. Selbstverständlich müssen wir mit der Sünde kämpfen und sie besiegen. Aber dieser Sieg erfolgt nicht durch Rituale oder Austreibung bestimmter Dämonen, sondern durch den Gehorsam dem Wort Gottes gegenüber und durch das Tun seines Willens.

Warum deuten Juden und Christen Jesaja 53 unterschiedlich?

Welche Messias-Erwartungen hatten die Juden? Gibt es überhaupt in der hebräischen Bibel Stellen, die auf den Messias hinweisen? Viele Christen würden zunächst Jesaja 53 nennen. Und Juden?

Im Volk Israel lebte die Erwartung nach einem Messias, der einmal das jüdische Volk und die ganze Welt erlösen würde. Diese Messiaserwartung wurde aus der Thora und später aus den Propheten konkretisiert. Die sogenannten »Gottesknechtlieder« aus dem Buch Jesaja wurden vom orthodoxen Mainstream als messianisch gedeutet. Später entstand als Antwort auf die christliche Botschaft eine andere Deutung dieser Jesaja-Stellen. Der dort beschriebene Knecht Gottes wurde als Volk Israel gedeutet. Allerdings waren die Meinungen bis ins späte Mittelalter gespalten.

Doch dann belagerten 1096 die Kreuzritter das jüdische Viertel in Worms. Der Bischof von Worms bot den Juden Schutz unter der Bedingung, dass sie sich taufen ließen. Fast alle Juden verzichteten auf dieses freundliche Angebot. 800 Juden wurden umgebracht. In Worms befand sich eine der größten jüdischen Jeschiwas (Hochschulen) der damaligen Zeit, die von der großen jüdischen Autorität Raschi (Rabbi Schlomo ben Jizchak) gegründet worden war. Seine Thorakommentare sind bis heute für orthodoxe Juden maßgebend.

Zu dieser Zeit lebte Raschi schon in Troyes (Frankreich), aber die Jeschiwa in Worms blieb sozusagen sein erstgeborenes Kind. Als Raschi von den Horden der Kreuzritter hörte, die die jüdischen Gemeinden im Rheintal plünderten, fielen ihm die Worte aus Jesaja 53,5 ein: »Doch wegen unserer Vergehen wurde er durchbohrt, wegen unserer Übertretungen zerschlagen. Er wurde gestraft, damit wir Frieden haben. Durch seine Wunden wurden wir geheilt!« Raschi sagte: »Das ist die Erfüllung von Jesaja 53. Unser Volk leidet wegen der Vergehen anderer Völker!« – Von da an war das die geläufigste Deutung des Gottesknechts im Buch Jesaja.

Wir sehen das heute anders. Im Gottesknecht sehen wir den Messias Jesus, der für die Sünden Israels (!) und für die Sünden der ganzen Welt gelitten hat. Aber wer von uns würde sich anmaßen und sagen: »Raschi lag damals falsch mit seiner Deutung!« Außerdem interpretiert die jüdische Exegese Texte ganz anders als die christliche. Es gibt im Judentum mehrere Möglichkeiten, eine Bibelstelle zu deuten. Und ist das Schicksal Jesu nicht in vielem dem Schicksal des jüdischen Volkes gleich?

Allein im Rheintal wurden in den ersten Monaten des ersten Kreuzzuges mehr als 12 000 Juden ermordet. Dann folgte die blutige Inquisition der römisch-katholischen Kirche. Im 13. Jahrhundert wurden Juden der Hostienschändung beschuldigt und galten als Verursacher des Schwarzen Todes, der Pest. Im 14. Jahrhundert kam diese schreckliche Epidemie nach Europa, die Millionen Opfer forderte. Es starben aber erstaunlich wenige Juden. Warum? In den scheinbar langweiligen

Texten der Bibel, im dritten Buch Mose, stehen alle Reinheitsvorschriften, die Gott dem jüdischen Volk gab. Diese Hygienekultur wurde von ihnen seit Jahrhunderten befolgt und nach Europa gebracht. Am Ende nützte es ihnen doch nichts. Sie wurden beschuldigt, durch Vergiftung von Brunnen die Pest in ganz Europa verbreitet zu haben. Sie waren angeblich mit dem Teufel im Bunde! Dieser Gedanke setzte sich in den Köpfen und Herzen derer fest, die die Juden damals verfolgten. Zur Zeit des Dreißigjährigen Krieges erreichte diese Verfolgung ihren Höhepunkt.

1492 wurde Spanien erneut katholisch und damit begann die größte Vertreibung der Juden im Mittelalter. Juden mussten entweder sterben oder Christen werden. Wer das nicht wollte, musste fliehen, ohne Geld, ohne Hoffnung, einfach ins Blaue. Es gereicht den modernen Katholiken zur Ehre, dass sich die katholische Kirche für all diese Verbrechen entschuldigt und darüber Buße getan hat. Die orthodoxe Kirche hielt es leider nicht für nötig, sich für die Verfolgung von Juden zu entschuldigen.

Zur Frage der »Fischer und Jäger«

Es gibt in der hebräischen Bibel viele prophetische Bücher. Manche endzeitlich geprägte Exegeten versuchen, aktuelle Weltereignisse anhand der biblischen Prophetie zu deuten. Manchmal klappt es, manchmal nicht. Diese Bemühungen werden oft als moderne Offenbarung gesehen. In Wirklichkeit erweisen sie sich als ein frommer Wunsch, um den eigenen Wünschen eine biblische Basis zu geben. Dies ist bei der Theorie über die »Fischer und Jäger« der Fall.

»*Aliyah*« ist ein hebräisches Wort, das ganz einfach »hinaufgehen« bedeutet. Gemeint ist damit die Rückkehr aller Juden ins Gelobte Land. Heute gibt es etwa 14 Millionen Juden auf der Welt. Die Hälfte von ihnen lebt in Israel. Die israelische Regierung plant, innerhalb der nächsten zehn Jahre eine weitere Million Juden nach Israel zu bringen. Vor der Gründung des Staates Israel war die Meinung, dass der Messias die zerstreuten Juden sammeln und ins Land zurückbringen würde, weit verbreitet. Heute gehen die Meinungen in diesem Punkt auseinander. Gemäß dem großen jüdischen Gelehrten Ramban bzw. Nachmanides (Rabbi Mosche Ben Nachman) ist das Leben im Land Israel so viel wert wie alle anderen *Mitzvot* (Gebote). Trotzdem leben viele Juden in Amerika und in westlichen Ländern und glauben, dass sie nicht nach Israel zurückkehren sollten, bis der Messias kommt.

Etliche christliche Organisationen helfen den Juden bei der *Aliyah*. Einige nennen die Einwanderung einen heiligen Ruf und zitieren dabei viele Schriftstellen, die von der Wiederherstellung Israels sprechen, um ihren Standpunkt zu untermauern. Dabei wird die Rückkehr ins Land mehr betont als die Rückkehr zur Treue dem Gott Israels gegenüber durch das Hören auf das Evangelium ihres Messias. Wo liegt die Wurzel dieser Akzentverschiebung?

Die Entstehung des Staates Israel 1948 hat die christliche Welt in Aufregung versetzt. Das biblische Volk, das von vielen christlichen Theologen abgeschrieben wurde, ist aus der Asche des Holocaust auferstanden und in sein Land zurückgekehrt. Besonderes Interesse wurde bei den Christen geweckt, denen das Wort Gottes und besonders die biblische Prophetie Wegweiser sind. Einige sahen in diesem Geschehen die Erfüllung der alttestamentlichen Prophetie, andere sind noch weitergegangen und versuchten die Schrift so zu interpretieren, wie es ihnen am Herzen lag.

Ein typisches Beispiel dafür ist die gegenwärtige Lehre über »Fischer und Jäger«. Grundlage dieser Lehre ist eine Auslegung des Textes aus Jeremia 16,16: »›Erst einmal aber schicke ich viele Fischer, die sie fangen sollen‹, spricht der Herr. ›Ich sende zahlreiche Jäger aus, die sollen sie über alle Berge und Hügel hinweg jagen und in den Höhlen aufstöbern.‹« Viele Menschen verstehen heute diesen Text so: Um die Juden wieder in das Land zurückzuführen, benutzt Gott zuerst »Fischer«, also Christen, die es gut meinen und die Juden zur Aliyah motivieren. Für die Juden, die sich nicht mit guten Argumenten motivieren lassen, sind dann die »Jäger« zuständig. Unter »Jäger« versteht man böse Menschen, die die Juden zwingen, nach Israel zu fliehen. Von dieser Interpretation ausgehend, verstehen sich Christen natürlich als »Fischer« und setzen alles daran, um Juden zu helfen, ins Gelobte Land zurückzukehren. Sie mieten riesige Schiffe und sammeln große Gelder für diesen Zweck. Diese aufrichtige Hilfe ist zu begrüßen. Allerdings möchte ich zeigen, dass diese redlichen Bemühungen und die Theologie, auf die sie sich stützt, mit dem Text von Jeremia nichts zu tun haben. Um den Text richtig zu verstehen, müssen wir ihn in seinem Kontext lesen.

Jeremia war ein Prophet, der sehr stark Gottes kommendes Gericht über sein Volk betonte. Er durfte weder heiraten noch Kinder haben. Dadurch wollte Gott zeigen, dass die kommende Katastrophe alle normalen Beziehungen unterbrechen und verändern würde. In Kapitel 16 wird dieses Thema fortgesetzt. Die Verse 1-11 sind das Urteil Gottes über sein Volk wegen Götzendienst, Untreue und Hartnäckigkeit. In den nächsten Versen ist die Rede ganz klar von der *Gola*, der Verbannung: »Und ihr seid sogar noch schlimmer als sie! Jeder tut nur das, was sein böses Herz ihm eingibt, keiner hört auf mich. Deshalb will ich euch aus diesem Land hinauswerfen und euch wegführen lassen in ein fremdes Land, das ihr nicht kennt und das auch eure Vorfahren nicht kannten. Dort könnt ihr gern fremde Götter anbeten – ich will dann ohnehin kein Erbarmen mehr mit euch haben« (Jeremia 16,12f). Damit erfüllt Gott, was er seinem Volk in der Thora vorausgesagt hat (5. Mose 28,64). Die darauf folgenden zwei Verse sind auf dem ersten Blick etwas irritierend: »Aber eines könnt ihr mit Sicherheit wissen: ›Es kommt die Zeit‹, spricht der Herr, ›da wird keiner mehr beim Schwören sagen: ›So wahr der Herr lebt, der das Volk Israel aus Ägypten geführt hat.‹ Stattdessen werden sie sagen: ›So wahr der Herr lebt, der das Volk Israel aus dem Land im Norden zurückgebracht hat und aus all den anderen Ländern, in die er es vertrieben hatte‹. Denn ich werde sie in das Land zurückbringen, das ich ihren Vorfahren gab« (Jeremia 16,14f).

Es ist sehr wichtig, diese Verse nicht als selbstständige Prophetie zu definieren. Im Grunde genommen geht es hier immer noch um die Vertreibung. Der Verfasser drückte folgenden Gedanken aus: Diese Vertreibung wird schrecklicher sein als die Knechtschaft in Ägypten, und deshalb ist die darauf folgende Rückführung viel bedeutender als die Rückführung aus Ägypten.

Die Worte »aber eines könnt ihr mit Sicherheit wissen« am Anfang von Vers 14 sind sehr wichtig, weil sie die folgenden Verse mit den vorigen verbinden. Mit anderen Worten ausgedrückt, meint der Prophet: Ihr seid viel schlimmer als eure Väter, die in Ägypten Gott vergessen haben. Und deshalb verbanne ich euch ganz weit von eurem Land. Die Rückführung wird viel bedeutender als die Rückführung aus Ägypten. Deshalb darf man die Erwähnung der Rückführung nicht als eine selbstständige Prophezeiung betrachten, sondern sie wird nur darum erwähnt, um die Last der Vertreibung zu unterstreichen.

Nun kommen wir zum wichtigsten Vers, der so viele Gemüter erregt: »›Siehe, ich will viele Fischer aussenden‹, spricht der Herr, ›die sollen sie fischen; und danach will ich viele Jäger aussenden, die sollen sie fangen auf allen Bergen und auf allen Hügeln und in allen Felsklüften‹« (Jeremia 16,16). Wenn wir diesen Vers aus dem Kontext reißen, gibt es noch weniger Grund anzunehmen, dass Fischer mit dem Fisch besser umgehen als die Jäger mit den Tieren. Der Fischer tötet den Fisch genauso wie der Jäger das Tier. Um einer angemessenen Theologie willen, betrachten wir jedoch diesen Vers im Kontext. Das sind die nächsten Verse: »Denn ich beobachte sie genau, und alles Böse, das sie tun, liegt offen vor mir. Ich werde sie doppelt für ihre Sünden bestrafen, denn sie haben mein Land mit ihren abscheulichen Götzen beschmutzt und haben überall in meinem Land diese widerlichen Götterfiguren aufgestellt« (Jeremia 16,17-18).

Wenn wir hier die spezielle »Fischer-Jäger«-Auslegung anwenden, ergibt sich folgender Sinn. Gott sagt: »Ich sende gute Menschen, die euch helfen, nach Israel auszuwandern, und dann sende ich böse Menschen, die euch zwingen, nach Israel auszuwandern. Und das alles passiert, denn (man beachte das Wort »denn« am Anfang von Vers 17) ich sehe eure Sünden.« Mit anderen Worten: Die Rückführung nach Israel ist demnach eine schreckliche Strafe, die in den Versen 17 und 18 angekündigt ist. Wir sehen, wie absurd diese Auslegung ist. Das Wort »denn« in Vers 17 erklärt lediglich die Aufgabe der »Fischer und Jäger«, das Volk aus dem Land hinauszuwerfen. Fischer und Jäger sind nichts anderes als eine Metapher für Babylon und später für Rom, die als menschliche Werkzeuge dienten, mit denen Gott sein Volk züchtigte.

Es gibt viele Schriftstellen, die zitiert werden können und die ein strahlendes Bild der Wiederherstellung malen und ein Goldenes Zeitalter voraussagen, in welchem Israel Frieden, Sicherheit und Wohlstand erfahren wird. Doch dies spiegelt die gegenwärtige Lage in Israel kaum wider, denn erst unter der Herrschaft des Messias wird das Goldene Zeitalter anbrechen. Seiner Wiederkunft und der endgültigen Wiederherstellung wird eine Zeit des Gerichts und der Trübsal in der ganzen Welt vorausgehen, aber ganz besonders in Israel, das zum Brennpunkt dieser Probleme werden wird. Die jüdischen Gelehrten nennen diesen Zeitabschnitt »die Zeit der Trübsal Jakobs«. Das ist die Zeit des Gerichts, sowohl für die Juden als auch für die Heiden im Land Israel und in der Diaspora. Gewiss, ein Überrest wird gerettet werden und zur Herrlichkeit der tausendjährigen Königsherrschaft des Messias gelangen, aber was wird aus all den Juden von 70 n. Chr. bis heute, die diesen Tag nicht mehr sehen werden und in ihren Sünden und in ihrer Messiasablehnung gestorben sind?

Wir vertrauen den Worten des Paulus: »Dann wird ganz Israel gerettet werden, wie es schon bei den Propheten geschrieben steht: ›Ein Retter wird aus Jerusalem kommen, und er wird Israel von aller

Gottlosigkeit befreien‹« (Römer 11,26). Aber niemand weiß, wann dies stattfinden und wer die vorausgehende Zerstörung überleben wird. In jeder Generation gibt es einen »Überrest« und die Christen dürfen es nicht vernachlässigen, diesen »Überrest« mit dem Evangelium der Errettung zu erreichen. Ich wollte an diesem Beispiel zeigen, wie eine unangemessene Auslegung der Prophetie zu einer Verschiebung der biblischen Akzente führen kann und welche Auswirkungen das für das gesamte Missionsverständnis hat.

Das nächste theologische Missverständnis betrifft das rituelle Eintauchen ins Wasser, von Juden »*Twila*« oder »*Mikwe*« und von Christen »Taufe« genannt.

Eine jüdische Taufe?

Spontan würde man sagen: Die Taufe ist kein jüdisches Thema. Jedoch lebte Johannes der Täufer noch vor der Entstehung des Christentums. Auf Hebräisch würde man ihn »*Johanan ha matbil*« nennen. »Johanan der Eintaucher« nennt ihn David Stern in seinem Jüdischen Neuen Testament (Johannes 1). Das Eintauchen ist im Judentum bekannt, vor allem für die rituelle Reinigung. Wer einen Toten oder etwas Unreines berührte oder eine bestimmte Krankheit hatte, wurde rituell unrein (3. Mose 11-15). Deshalb brauchte man bestimmte Rituale, um die rituelle Reinheit wiederherzustellen. Des Weiteren praktizierte man das Eintauchen bei einem Bundesschluss (2. Mose 19,10). Der dritte Anlass für ein rituelles Eintauchen war, wenn ein Mensch freiwillig zu einem Knecht wurde; dann sollte er sich ins Wasser eintauchen.[37]

Die Art der Taufe, die Johannes der Täufer praktiziert, erinnert an einen Bundesschluss. In Matthäus 3 lesen wir, dass die Menschen vor der Taufe ihre Sünde bekannt haben. Was bedeutete das? Zur Zeit

Johannes des Täufers entwickelten die Pharisäer die Lehre, dass Sünde innere Unreinheit bedeutet. Die sündige Natur treibt einen Menschen zum Sündigen. Ein moderner Mensch würde fragen: Was fehlt mir, um mit Gott zu kommunizieren? Die Rabbis im ersten Jahrhundert stellten die Frage anders: Was gibt es in mir, das mich stört, mit Gott zu kommunizieren? Was soll ich beseitigen?

Beseitigen sollte man eben die konkrete Sünde! Zur Zeit des Zweiten Tempels musste man ein Sündopfer bringen und dann ließ der Priester einen reuigen Sünder zum Tauchbad zu. Manchmal wurde man auch ohne Opfer zum Tauchbad zugelassen. Die Sadduzäer waren damals sehr korrupt. Sie erklärten, dass man taugliche Opfertiere nur im Tempelbereich kaufen konnte. Sie hatten das Monopol darauf. Zudem musste man das Geld dafür bei ihnen wechseln, wodurch die Priester wiederum verdienten. So ergab sich für das Volk folgendes Dilemma: Einerseits sollten sie Sündopfer bringen, andererseits unterstützten sie dadurch das korrupte System. Genau zu diesem Zeitpunkt erscheint Johannes der Täufer und verkündet seine Botschaft der Sündenvergebung. Welch eine Alternative!

Johannes war, obwohl er aus einer Priesterfamilie stammte, kein »normaler« Priester, weil er nicht im Tempel diente und auch nicht an das korrupte System gebunden war. Sein Lebensstil zeigte, dass er nichts mit zu Unrecht erworbenem Geld zu tun hatte. Auf der anderen Seite gehörte er jedoch zum priesterlichen Geschlecht. Er verlangte kein Opfer für sein Reinigungsbad, aber er verlangte eine Bestätigung, ein Zeugnis dafür, dass der bereuende Mensch seine Sünde verlassen hat und den Weg der Heiligung gehen will. Nur der Mensch, der eine solche Entscheidung getroffen hatte, brauchte ein rituelles Reinigungsbad!

Wie unterschied sich die Taufe, die Johannes durchführte, von der Taufe Jesu und der Taufe, die die Jünger Jesu später praktizierten? Wir erinnern uns an den dritten Aspekt des Eintauchens: Eine freiwillige Knechtschaft! Die Jünger Jesu sprachen oft von sich selbst als von Knechten des Messias (Römer 1,1; 2. Petrus 1,1; Jakobus 1,1). Also ging es um die Taufe zur Knechtschaft. Einen dieser Aspekte finden wir in der Taufformel: »Tauft sie auf den Namen des Vaters ...« (Matthäus 28,19). Durch die Taufe werden wir also sein Besitz und gehen in seine Knechtschaft über.

Wofür braucht man das Eintauchen während des Bundesschlusses? Jeder Bundesschluss mit Gott war mit der Gabe des Heiligen Geistes verbunden. Die Personen beziehungsweise das Volk, die einen Bund mit Gott eingegangen sind, wurden mit dem Geist Gottes erfüllt. Ohne den Geist Gottes ist es unmöglich, im Bund mit Gott zu bleiben. Midrasch[38] *Pesikta Rabbati* erzählt, dass Abraham beim Bundesschluss als Pfand den Heiligen Geist bekommen hat. Wenn wir »auf den Namen Jesu getauft werden«, dann bereiten wir unseren Leib und Seele als ein Gefäß zu, das mit dem Geist Gottes erfüllt wird!

Paulus schreibt, dass er einige Menschen getauft hat.[39] In diesem Zusammenhang fragt Paulus: »Wurde Paulus für euch gekreuzigt?« Damit zeigt Paulus eine Verbindung zwischen der Taufe und dem Tod Jesu. Da ist wieder der Aspekt der Knechtschaft. Jesus hat sich für uns in den Tod gegeben und wir geben uns ganz als Dankopfer unserem Herrn hin.

Petrus spricht so über die Taufe: »Dieser Brief ist von Simon Petrus, einem Diener und Apostel von Jesus Christus. Ich schreibe an euch alle, die ihr denselben kostbaren Glauben habt wie wir – einen Glauben, der uns durch Jesus Christus geschenkt wurde. Er ist unser Gott und Retter und macht uns vor Gott gerecht« (2. Petrus 1,1). Im Judentum des Zweiten Tempels war es auch üblich, das Joch (die Lehre) des Lehrers auf sich zu nehmen. Dieses Aufnehmen des Joches war mit einem Eintauchen ins Wasser verbunden. Dieses Eintauchen bedeutete: Ich begebe mich auf den Weg dieses Meisters! Schließlich hat Jesus in Johannes 14,6 gesagt, dass er der Weg ist.

Fassen wir zusammen: Die Taufe ist ursprünglich ein jüdischer Ritus. Im jüdischen Verständnis hat die Taufe folgende Aspekte:

- Reinigungsbad als Vorbereitung zum Bundesschluss!
- Vorbereitung zum Erfülltwerden mit Gottes Geist
- Die Taufe in die Knechtschaft des Messias!

Wir haben dargelegt, dass die Juden, die sich auf den Namen ihres Messias taufen lassen, einen alten jüdischen Ritus vollziehen und Juden bleiben. Sie nennen sich messianische Juden. Allerdings wird ihre jüdische Identität sowohl von jüdischer als auch von christlicher Seite bestritten. Warum?

Messianische Juden und die christliche Kirche

Vor einigen Jahren sollte ich in einer christlichen Gemeinde eine Bibelstunde für Kinder halten. Am Anfang fragte ich die Kinder: »Was wisst ihr über Juden?« Sie schwiegen! – »Kennt einer von euch jemanden aus der Bibel, der ein Jude oder eine Jüdin war?« – Die Kinder schwiegen!

Selbstverständlich kannten sie die biblischen Geschichten von Abraham, Mose, David und natürlich von Jesus. Aber offensichtlich haben sie diese nie in Verbindung mit Juden gebracht. Dann erklärte ich ihnen, dass alle großen biblischen Gestalten Juden waren. Dass Jesus auch Jude ist! Eine große Überraschung für diese Kinder. Dann fragte ich vorsichtig: Was denkt ihr: »Gibt es heute noch Juden?« – Das wussten sie nicht! Dann erklärte ich ihnen, dass ich Jude bin. Die Reaktion war unerwartet: Die Kinder waren stolz, einem Volksgenossen von Abraham, Mose und Jesus zu begegnen.

Dieser Vorfall zeigte mir, dass christliche Kinder oft keine Ahnung davon haben, was das Volk Israel ist und welchen Weg Gott mit seinem Volk geht. Nicht nur in den Kinderstunden, sondern auch in den Bibelstunden und Predigten für erwachsene Christen ist das kein Thema. Messianische Juden schon gar nicht.

Sind wir Juden, die an Jesus glauben, ein geschichtliches Phänomen? Seit wann gibt es uns? Sind wir ein Produkt des Christentums oder umgekehrt? Wie tief ist unsere Geschichte mit der allgemeinen jüdischen Geschichte und der Geschichte des Christentums verbunden? Die ersten Nachfolger Jesu waren ausschließlich Juden. Warum? Wir müssen verstehen, dass »Messias«[40] ein jüdisches Konzept ist. Außerdem war das Wirken Jesu in seiner irdischen Lebenszeit hauptsächlich auf sein Volk beschränkt. Jesus zog durch die Städte und Dörfer Israels und verkündete den Anbruch der Gottesherrschaft. Er rief zur Umkehr auf und lud zum großen Hochzeitsmahl des Königs ein. Nach seinem Tod und seiner Auferstehung bezeugten seine Jünger, dass er der Retter Israels sei. Viele vertrauten ihm ihr Leben an und ließen sich taufen.

Die erste »messianische« Gemeinde war in Jerusalem. Wie groß war sie wohl? In Apostelgeschichte 2,41 lesen wir, dass nach der Predigt von Simon Petrus an *Schawuot* (christlich: Pfingsten) im Jahr 33 etwa 3 000 Juden zum Glauben an Jesus kamen. In Kapitel 21,20 lesen wir von mehreren Tausend (griechisch: »*myriades*«) jüdischen Menschen, die bereits Nachfolger Jesu geworden sind. Nach dem Beginn der Verfolgungen in Jerusalem (34 und 36 n. Chr.) zogen die meisten messianischen Gläubigen von Israel weg in die Nachbarländer Samarien und Syrien (Antiochien).

Gab es zu diesem Zeitpunkt schon messianische Juden außerhalb Israels? In Apostelgeschichte 2,9-11 lesen wir von Juden und Nichtjuden aus dem ganzen Mittelmeerraum und weit über diese Grenzen hinaus. Der Historiker Josephus schreibt, dass sich zu solchen Festen bis zu einer halben Million Menschen in Jerusalem versammelten. Alle diese Menschen wurden Zeugen und waren unmittelbar an dieser Geschichte beteiligt. Dreitausend von ihnen kamen zum Glauben an Jesus. Viele von ihnen gingen in ihre Länder zurück. Sie haben bestimmt nicht alles vergessen, was sie erlebt hatten, sondern sprachen mit ihren Verwandten und Freunden darüber. So entstanden Gemeinden aus Juden und Nichtjuden in allen Ländern des Mittelmeerraumes. Nicht nur dort, sondern auch in Persien (dem heutigen Iran), Griechenland, Kleinasien (der heutigen Türkei), Ägypten, Afrika, Rom, auf der arabischen Halbinsel und auf der Insel Kreta. Das waren die Auswirkung von *Schawuot* (Pfingsten) und die erste Gemeindegründung aus Juden und Nichtjuden.

Viele Juden blieben allerdings ablehnend gegenüber dieser Botschaft. Sie sahen in der Verkündigung der neuen Lehre eine Gefahr. Drei Ereignisse haben in den ersten Jahrhunderten n. Chr. eine große Kluft zwischen den Jesus-gläubigen und den anderen Juden verursacht. Der erste Schlag war die Eroberung Jerusalems durch die Römer im Jahr 70 n. Chr. und die Zerstörung des Tempels. Das war das Ende des alten biblischen Israels. Eine Million Juden wurden grausam ermordet. Mehr als eine Million Juden wurden auf den Märkten des Orients als Sklaven verkauft.

Der größte Teil der messianischen Juden konnte sich nach Pella im Zehn-Städte-Gebiet östlich des Jordans retten.[41] Warum flohen sie? Sie folgten dem Befehl Jesu: »Wenn ihr Jerusalem von Feinden umringt seht, dann wisst ihr, dass der Zeitpunkt seiner Zerstörung gekommen ist. Dann müssen die, die in Judäa sind, in die Berge fliehen. Wer in Jerusalem ist, soll flüchten, und wer sich außerhalb der Stadt befindet, soll nicht in ihr Schutz suchen« (Lukas 21,20-21). Der Rest der jüdischen Gemeinschaft sah sie als Verräter an, weil sie den Römern keinen Widerstand geleistet hatten.

Um ca. 90 n. Chr. wurde unter Rabban Gamliel II. in Jabne das sogenannte *Birkat ha minim*, eine Verfluchung der Häretiker – womit insbesondere die messianischen Juden gemeint waren – in das jüdische Hauptgebet *Schmone-Esre* (Achtzehnbittengebet) aufgenommen (die zwölfte Bitte). Dadurch, dass die messianischen Juden diesen Teil des Gebetes nicht mitbeten konnten, wurden sie faktisch aus der Synagoge ausgeschlossen.

Diese Kluft wurde noch vertieft durch den Bar-Kochba-Aufstand (132–135 n. Chr.). Die große jüdische Autorität Rabbi Akiba erklärte den militärischen Führer des Aufstandes, Bar Kochba, zum Messias. Die messianischen Juden, die bisher mit ihren jüdischen Brüdern Schulter an Schulter gegen die Römer gekämpft hatten, konnten das nicht akzeptieren und zogen sich aus dem Kampf zurück. Dem Aufstand von Bar Kochba folgte eine blutige Niederlage. Kaiser Hadrian gab Jerusalem den Namen *Aelia Capitolina*. Das ganze Land wurde Palästina genannt. Die Römer wollten alles, was an das alte Israel erinnerte, auslöschen! Es begann die jüdische Diaspora, die Zerstreuung in die ganze Welt. In dieser Zeit entstand eine neue religiöse Entwicklung im Judentum, die wir heute das rabbinische Judentum nennen. Die Rabbiner waren die Nachfolger der Pharisäer und entwickelten die pharisäische Lehre weiter, sodass Juden auch ohne den Tempel auskommen konnten. Gebete und gute Taten ersetzten die Opfer und den Tempeldienst.

Während dieser Zeit kamen sehr viele Heiden zum Glauben an Jesus. Die christliche Gemeinde verlor immer mehr an jüdischem Einfluss. In dieser Zeit entstanden die ersten Schriften der Kirchenväter, zum Beispiel der Barnabasbrief und die Briefe des Ignatius. Diese Werke waren grundsätzlich antijüdisch und wurden mit der Zeit zu Bestsellern unter den Christen.

Die heidenchristliche Kirche wurde immer stärker und messianische Juden wurden mehr und mehr ausgeschieden. Das Festhalten an biblischen Geboten (z. B. die Beschneidung, die Schabbatheiligung und das Feiern der biblischen Feste) wurde von der Kirche nicht mehr geduldet. Wer Christ wurde, konnte kein Jude mehr sein.

Folgende geschichtliche Daten waren besonders für die Juden relevant.

- 311 n. Chr.: Toleranzedikt für die Christen: Christen durften ihre Religion frei ausleben.

- 325 n. Chr.: Das berühmte Kirchenkonzil in Nicäa, einer kleinen Stadt in der Nähe von Konstantinopel. Es war das erste Konzil, zu dem keine jüdischen Bischöfe eingeladen wurden. Dabei wurde der Termin des Passahfestes um eine Woche verschoben. Man wollte nicht zusammen mit den »Christusmördern« an einem Tag feiern.
- 438 n. Chr.: Kaiser Theodosius sammelte alle bis zu diesem Zeitpunkt erschienenen antijüdischen Gesetze und veröffentlichte sie (Kodex des Theodosius). Im Römischen Reich wurden Juden von allen wichtigen Posten entfernt. Einer der Erlasse des Theodosius war: Man durfte Synagogen zerstören, wenn es den religiösen Zwecken des Christentums diente.
- 451 n. Chr.: Auf dem Konzil in Chalzedon wurde das Christentum zur einzigen legitimen Staatsreligion erklärt. Das bedeutete: Römische Bürger, die einigermaßen »normal« leben wollten, mussten Christen werden. Das bedeutete weitere Einschränkungen für die Juden im öffentlichen Leben.

Bis zur Mitte des 5. Jahrhundert n. Chr. gab es noch messianische Juden. Es waren kleine Überreste der einmal großen Gemeinden in Kleinasien, Syrien, Alexandrien, Persien und Indien! Sie waren in den Augen der Kirche nicht wichtig. Interessant ist, was die Geschichtsschreiber über sie berichten:

- Sie hielten den Schabbat.
- Sie ernährten sich koscher.
- Sie kamen einmal im Jahr zusammen, um das Passahfest und die Auferstehung Jesu zu feiern. Und das geschah am 14. des jüdischen Monats Nisan (vgl. 3. Mose 23,5).

Die westliche Kirche hat Juden im Mittelalter verfolgt. Es gibt auch Zeugnisse darüber, dass die orthodoxe Kirche dasselbe tat.

So bekämpfte das byzantinische Heer im Jahre 351 die Perser. Sie mussten auf ihrem Weg durch Israel marschieren. So verlangten die Byzantiner, dass die Juden ihnen Brot backten, auch am Schabbat. Diese Forderung führte zu einem Aufstand in Judäa und Galiläa. Die Byzantiner unterdrückten den Aufstand grausam, die Stadt Zippori wurde völlig zerstört und viele Juden getötet.

Kaiser Justinian I. (527–565) hat in seinem Buch »Corpus juris civilis« viele antijüdische Gesetze noch verschärft. Als Antwort fand im Jahre 610 n. Chr. eine jüdische Revolte in Antiochien statt. Kaiser Fokas ging gegen die Aufständischen sehr hart vor und rottete fast die ganze jüdische Bevölkerung in Antiochien aus. Tausende Juden wurden ermordet, lebendig verbrannt oder wilden Tieren zum Opfer vorgeworfen. Juden haben diesen Holocaust nie vergessen und kämpften 614 n. Chr. mit den Persern gegen die Römer. In diesem Jahr eroberten die Perser Jerusalem und viele Christen traten zum Judentum über, um ihr Leben zu retten. 629 n. Chr. wurde Jerusalem von Byzanz zurückerobert. Kaiser Iraklius verbannte alle Juden aus Jerusalem.

Die Historiker sprechen von einem richtigen Krieg der orthodoxen Kirche gegen die Juden im Mittelalter. Darüber hat die orthodoxe Kirche nie Buße getan. Der russische Historiker Wladimir Solowjow schreibt in seinem Buch »Stimme in der Wüste«: »Juden haben uns Christen jüdisch behandelt. Wir Christen dagegen haben bis jetzt nicht gelernt, Juden christlich zu behandeln. Sie haben in Bezug auf Christen nie das jüdische Gesetz gebrochen. Wir haben das ständig getan. Wir haben die christliche Moral in Bezug auf die Juden immer wieder gebrochen.«[42]

Wie entwickelten sich die Beziehungen zwischen Christen und Juden weiter? Welche Auswirkungen auf die Gesellschaft hatte die Tatsache, dass die christliche Kirche die Juden bekämpfte?

Die Verfolgung der Juden im Mittelalter

Warum »stinken« die Juden?

Im späteren Mittelalter entstanden in Europa Zünfte und Gilden, aber diese waren meistens für Juden geschlossen. Sie durften in keiner Zunft arbeiten, das heißt keinen Meisterbrief erwerben, kein Geschäft eröffnen. Für Juden blieben nur »stinkende« Berufe übrig: Färberei und Gerberei. Damals wurde mit Pferde- und Rinderurin gefärbt und gegerbt. Der Begriff »stinkender Jude« kommt aus dieser Zeit. Die Judengassen waren die Stadtteile außerhalb der Stadtmauer, weil man den Gestank nicht in der Stadtmitte wollte.

Die andere »stinkende« Arbeit war der Handel mit Geld. Die Kirche verbot den Christen, mit Geld zu handeln. Ab dem 14. Jahrhundert wurde die Einhaltung dieses Verbots durch die Heilige Inquisition kontrolliert. Trotzdem versuchten christliche Geschäftsleute aus Italien, Frankreich und Deutschland, ihre Geldgeschäfte auszuweiten. Sie kamen aber gegen die Juden nicht an, da diese erheblich niedrigere Zinsen verlangten. Deshalb waren die Juden in diesem Beruf sehr erfolgreich. Die Barone und Fürsten brauchten Geld, um ihre Ansprüche zu befriedigen und Kriege zu führen. Das besaßen sie nicht, aber sie hatten die Juden, die so zur Finanzquelle solcher geldgieriger Menschen wurden. Für die Juden war Geld zur einzigen Existenzquelle geworden. Das Recht, frei zu leben, das jedem zugebilligt wurde, wurde den Juden vorenthalten. Sie mussten sich dieses Recht erkaufen, indem sie regelmäßig dem Papst und den Fürsten Geld zur Verfügung stellten. So scharten sich die jüdischen Gemeinden um einen Bankier, um überleben zu können. Er war der Leiter und einzige Beschützer der Gemeinde. Wurden seine Dienste als Bankier nicht mehr gebraucht, fiel die ganze Gemeinde in Ungnade. Sie wurden vertrieben oder beschuldigt, Brunnen vergiftet und Ritualmorde begangen zu haben.

Die Kreuzzüge

Die Juden litten sehr unter den Kreuzzügen. Im Jahre 1096 wurden die Ritter Europas aufgerufen, nach Jerusalem zu ziehen, um das Heilige Land und das Heilige Grab von den Muslimen zu befreien. Die Vorgeschichte der Kreuzzüge ist sehr interessant, denn dadurch kann man sie erst richtig einordnen. Im Jahr 1009 verfolgte der muslimische Herrscher Al Hakim die Christen in Jerusalem und zerstörte alle christlichen Stätten. Es dauerte in der damaligen Welt eine ganze Generation, bis das gerächt wurde. Aber diese Rache galt leider nicht nur den Muslimen, sondern vor allem den Juden. Tausende wurden ermordet und vertrieben, und die jüdischen Gemeinden wurden total zerstört. Der Aufruf zum Judenmord mit der Begründung: »Die Juden haben den Heiland ermordet« kam zuerst von der Kirche. Damit wurde gerechtfertigt, Juden zu verfolgen und zu ermorden. Angeblich hatte Gott beschlossen, das Volk dafür zu bestrafen und die Menschen mussten es nun ausführen.

Im Jahre 1215 beschloss Papst Innozenz III., dass Juden ein sichtbares Zeichen an ihrer Kleidung tragen müssen, in Süddeutschland waren es zum Beispiel Spitzhüte. Juden mussten sich öffentlich brandmarken. Dies war also nicht eine Erfindung der Nationalsozialisten, sondern der Kirche. Um genauer zu sein, der Muslime im 7. bis 8. Jahrhundert. Diese zwangen schon damals die Christen dazu und die Kirche übernahm dieses Verfahren 400 Jahre später in Bezug auf die Juden.

Es gab insgesamt acht Kreuzzüge, darunter einen Kreuzzug der Kinder. 1212 n. Chr. wurden 25 000 Jugendliche und Kinder zusammengerufen und in den Krieg gegen die Ungläubigen geschickt.

Was brachte das Mittelalter den Juden?

Wir fassen kurz zusammen, was das Mittelalter den Juden brachte:
- Kreuzzüge
- Inquisition
- Pogrome
- Die Entstehung von Gettos, für Juden abgesonderte Stadtviertel
- Das Brandmarken von Juden
- Zwangstaufen
- Die theologische Festlegung: »Juden sind Christusmörder«

Vertreibungen:
- 1290 England
- 1306 Frankreich (insgesamt vier Mal)
- 1492 Spanien
- 1497 Portugal
- 1614 Deutschland (Frankfurt)
- 1744 Prag
- 1891 Russland (Moskau)

Unsagbar schreckliches Leid begleitete die Juden zwischen der Antike und der Neuzeit: Kreuzzüge, Pogrome, Zwangstaufen, blutige Inquisition, der Vorwurf des »Gottesmordes«, der Vorwurf der »rituellen Hostienschändung«, der Vorwurf des »Ritualmordes«. Die Juden wurden verfolgt, verjagt und vertrieben. »Taufe oder Tod!« – war das Motto der Kirche gegenüber den Juden. Durch die Taufe konnten sie zum christlichen Glauben übertreten. Dabei wurde von ihnen ausdrücklich verlangt, ihr jüdisches Leben völlig abzulegen. Ein Jude, der zum Christentum übertreten wollte, musste folgende Schwurformel sprechen:

»Ich verzichte auf alle Bräuche, Riten, Gesetze, ungesäuertes Brot, Feste der Lämmer der Hebräer, Opfer, Gebete, Reinigungen, heilige Dinge ... Kommentare, Synagogen und Speisen und Getränke an die

Hebräer … Ich akzeptiere alle Bräuche, Riten, Gesetze, Feste und Opfer der Römer … heilige Dinge durch den Pontifex Maximus (der hohe Priester in Rom) … Ich akzeptiere, dass absolut alles römisch ist, jedes neue Gesetz, jeder Ritus und Brauch von Rom, die neue römische Religion.«[43]

Mit anderen Worten bedeutete Bekehrung für Juden eine Verleugnung des Judentums und eine Auslöschung ihres Jüdisch-Seins. Deshalb setzten Juden alles daran, nicht zum Christentum übertreten zu müssen. Sie erarbeiteten verschiedene Methoden, um theologisch dem Christentum zu widerstehen und die ihnen einmal gegebene Offenbarung vor den heidnischen Einflüssen zu bewahren. Oft entschieden sich die Juden für den Tod.

Manche Juden, die zwangsbekehrt worden waren, wurden zu heftigen Judenverfolgern. Damit kann man teilweise auch die Ablehnung von Juden gegenüber den messianischen Juden erklären.

Martin Luther und die Juden

In der Zeit der Reformation sah es zunächst so aus, als würde die Reformation einen spürbaren Wandel in der christlichen Haltung gegenüber den Juden herbeiführen. Insbesondere Martin Luther setzte in den ersten Jahren seines Wirkens einige überraschend judenfreundliche Akzente. Aber die Bekehrungserfolge blieben aus. In seinen letzten Lebensjahren erhob dann der Wittenberger Reformator mit Nachdruck judenfeindliche Forderungen, die tragische Folgen hatten. Auch bei den Schülern Luthers und den Schweizer Reformatoren gab es in der Haltung gegenüber den Juden kaum theologische Unterschiede: Die alttestamentlichen Verheißungen seien in Christus erfüllt, weshalb das Judentum eine überholte Religion sei und durch ihre Ablehnung von Christus stünden die Juden unter Gottes Zorn.

Ist es berechtigt, über antisemitische Züge von Luther zu sprechen? War er von Anfang an ein Judenhasser? Luther hat vier seiner vielen Veröffentlichungen Juden gewidmet. Die erste Schrift davon hatte den Titel: »*Dass Jesus Christus ein geborener Jude sei*«. Das war eine bedeutende Schrift, die den jüdischen Hintergrund von Christus beleuchtete. Für die damalige Zeit war das eine kleine theologische Revolution. Diese erste judenfreundliche Schrift Luthers weckte bei den Juden manche Erwartungen und so wollten drei berühmte Vertreter des damaligen Judentums Luther besuchen. Sie wollten ihm dafür danken, dass durch sein Schreiben viele Christen ein anderes Bild von den Juden bekamen, und sie wollten ihre Hoffnung ausdrücken, dass die Reformation eine Zwischenstation für Christen zu einem Übertritt ins Judentum werde.

20 Jahre später schrieb Luther drei antijüdische Schriften, darunter: »Von den Juden und ihren Lügen«. Hier stellt Luther die Verstockung der Juden heraus, verspottet und beschimpft die Juden, die auf ihre Herkunft und Beschneidung beharrten. Das Schlimmste aber war, dass er darin den Machthabern Ratschläge erteilte, wie sie mit den Juden umgehen sollten. Die sieben Ratschläge Luthers für den Umgang mit den Juden wurden schließlich von den Nationalsozialisten als Rechtfertigung antisemitischer Handlungen benutzt. Auf diese grimmigen Zeilen berief sich Julius Streicher, der Gauleiter Hitlers, im Nürnberger Kriegsverbrecherprozess als »theologische« Rechtfertigung: »Antisemitische Presseerzeugnisse gab es in Deutschland durch Jahrhunderte. So wurde bei mir zum Beispiel ein Buch beschlagnahmt von Dr. Martin Luther. Dr. Martin Luther säße heute sicher an meiner Stelle auf der Anklagebank, wenn dieses Buch von der Anklagebehörde in Betracht gezogen würde.«[44]

Wir wissen, was das Ergebnis der Reformation für Juden war: Ihre Lage wurde nicht besser. Bezüglich ihrer theologischen Einordnung gab es für die Juden auch keine Veränderung. Eine positive Bilanz der Reformation für die gesamtkirchliche Theologie sehe ich trotz allem darin, dass die christlichen Theologen und Kirchenleiter, die nach Luther kamen, zum ersten Mal seit 1 500 Jahren über die jüdischen Wurzeln ihres christlichen Glaubens nachdachten.

Die Aufklärung und die Neuzeit

Gegen Ende des 18. Jahrhunderts kam mit Kaiser Napoleon die große Wende für die jüdischen Gemeinden. Freiheit, Gleichheit, Brüderlichkeit war das Motto der Französischen Revolution. Das bedeutete auch religiöse Freiheit. In dieser Zeit entstanden zwei wichtige jüdische Bewegungen: der Chassidismus und der politische Zionismus.

Die ersten Gettos

Bis dahin lebten die meisten jüdischen Gemeinden in Ost- und Westeuropa in Gettos. Der Begriff Getto ist in Italien entstanden. Er kommt vom italienischen Wort *Getto*, das Kanonenfabrik bedeutet. Im damaligen Europa wollten die Juden in der Regel in einem jüdischen Viertel wohnen, aber nicht, um sich von den Christen zu trennen, sondern weil es einfach notwendig war. Die Städte wurden immer größer und die Juden, die dort lebten, wollten unbedingt die wichtigsten Institutionen, das heißt Synagogen und Friedhöfe, in ihrer Nähe haben. Als nach einem Erlass von Papst Paul IV. (1555) das erste Getto gegründet wurde, trennte man die Juden das erste Mal gewaltsam von den Christen. Das typische Getto in Deutschland, Österreich und Böhmen war damals eine lange Straße, an deren Anfang eine Synagoge stand und die mit einem Friedhof abschloss. Eine jüdische Gemeinde umfasste 100 bis 500 Menschen. Um das Getto zog sich eine Mauer mit ein oder zwei Toren. Wir denken gleich an Diskriminierung, aber damals hatten alle Städte eine Mauer und Tore, die jede Nacht geschlossen wurden. Die Tore der jüdischen Gettos wurden von christlichen Wachen bewacht, besonders an den großen christlichen Feiertagen. Zur Zeit des Zweiten Weltkriegs entwickelten die Nationalsozialisten die Idee der Gettos weiter. Sie benutzten Gettos, um Juden besser und schneller zu ihrer letzten Station zu schicken – in die Vernichtungslager.

Neue Freiheiten

Unter Napoleons Bruder Jérôme wurden in Westfalen die Gettomauern abgerissen und die jüdischen Gemeinden erhielten die allgemeinen Bürgerrechte. Sie waren auch in der Armee gleichberechtigt. Am Deutsch-Französischen Krieg 1870/71 nahmen ca. 14 000 jüdische Bürger teil. Jerome gab den Juden viele frühere Rechte zurück. Es entstand eine parallele Bewegung im Judentum: die *Haskala* (Bildung, Aufklärung). Das war der Anfang des reformierten Judentums, dessen Begründer Moses Mendelssohn war. Frankfurt und Berlin wurden jüdische Zentren. Namen wie Heinrich Heine, Felix Mendelssohn, Sigmund Freud, Karl Marx, Hermann Cohen, Moses Heß, Walther Rathenau und andere gingen in die Geschichte ein. Juden halfen, die deutsche Schwerindustrie aufzubauen: So waren das AEG Kabelwerk oder Hapag Lloyd (Hamburg) jüdische Firmen. Andere Juden kamen als Physiker in die Schlagzeilen der deutschen Zeitungen: Heinrich Hertz, Albert Einstein, Artur Korn und Siegfried Marcus revolutionierten Wissenschaft und Technologie.

»Egal auf welchem Gebiet, in welcher Zeit, unter welchen Umständen: Juden haben auf unser heutiges Leben und Denken einen weit größeren Einfluss ausgeübt, als wir ahnen. Vieles, was für uns heute selbstverständlich ist, haben wir den Juden Deutschlands zu verdanken« schrieb Bettina Wendelberger.

Deutschland wurde das Vaterland für Juden, während sie das jüdische Erbe bewahrten. Gabriel Riesser, der erste jüdische Politiker, sagte: »Uns vorzuhalten, dass unsere Väter vor Jahrhunderten und Jahrtausenden eingewandert sind, ist ebenso unmenschlich wie unsinnig. Wir sind entweder Deutsche oder heimatlos.«[45]

Folgende Bilanz können wir aufgrund dieser historischen Ereignisse ziehen. Es kam zu einem neuen Verständnis: Ein Jude musste nicht orthodox sein und durfte trotzdem Jude bleiben. Das bedeutete eine Brücke zum nächsten Schritt des Glaubens: Ein Jude darf an Jesus glauben und trotzdem Jude bleiben. Diese Zeit kann man auch als Neuanfang der jüdisch-christlichen Bewegung bezeichnen. Eine der Charakteristiken dieses Zeitabschnitts in der Kirchengeschichte war die Wiederentdeckung der jüdischen Wurzeln des christlichen Glaubens.

Jüdische Wurzeln des christlichen Glaubens

Ein Blick in die Missionsgeschichte: Das Evangelium für die Juden

Einen deutlichen Fortschritt in der Haltung der Christen gegenüber den Juden brachte der Pietismus. Dessen Hauptvertreter *Philipp Jacob Spener* (1635–1705) knüpfte beim judenfreundlichen Luther an und entwickelte von hier aus eine neue christliche Sicht für das jüdische Volk: Dieses sei nicht nur Objekt der Bekehrung, sondern das »edelste Volk der Welt«, das von Christen in besonderer Weise respektiert und geliebt werden solle. Spener brachte einen Durchbruch in den Beziehungen zu Juden. Er lehrte: Juden dürfe man nur in der Liebe Jesu begegnen. Jeglicher Zwang habe keine Berechtigung, auch nicht in der Verkündigung. An der Gewissensfreiheit lag ihm alles.

Die Bedeutung Speners liegt darin, dass er beides vertrat: Das Zeugnis des Evangeliums und den neuartigen Respekt vor Juden, der sich in gegenseitiger Hilfe und Freundschaft zeige, auch dann, wenn Juden sich nicht zu Christus bekehrten. Durch *August Hermann Francke* (1636–1727), einem Freund Speners, wurde die Stadt Halle zum Zentrum des Pietismus. 1728 gründete dort *Johannes Heinrich Callenberg* das »Institutum Judaicum«, in dem Studenten in der hebräischen Sprache und Tradition unterrichtet wurden, um Juden das Evangelium zu bringen. Eine Aufgabe des Instituts war auch das Studium der hebräischen Literatur. Das »Institutum Judaicum« stellte im Zuge der Aufklärung seine Arbeit 1792 ein. Im 19. und 20. Jahrhundert erfolgten Neugründungen derartiger Institute in anderen Städten Deutschlands.

Bedeutendster Mitarbeiter des Instituts war *Pastor Stephan Schultz*. Er ging in die jüdischen Gettos der deutschen Großstädte und sprach auch in Synagogen. Vor allem führte er aber Einzelgespräche, denn die pietistische Mission wandte sich besonders an einzelne Juden, um diese auf ihren jüdischen Messias aufmerksam zu machen. Dabei verurteilte Pastor Schultz jede Form von Judenhass als Sünde und ging überaus liebevoll vor, um die Herzen seiner Zuhörer zu gewinnen.

Nach dem Institut war es *Nikolaus Graf von Zinzendorf* (1700–1760), der die christliche Haltung zu den Juden als den ersten Empfängern des Evangeliums und die Liebe zu Israel betonte. Der Gründer der Brüdergemeine in Herrnhut sagte einmal über seine Methode der Verkündigung unter Juden: »Allemal voraussetzen, dass Moses und die Propheten von keinem anderen Gott gewusst haben als von dem, der Mensch worden ist: Höre Israel! Du hast keinen Gott als Jahwe, deinen Gott; wo ist ein Volk, dessen Gott hingegangen ist, Jesus zu werden?«[46] Zinzendorf ging bei seiner Haltung gegenüber Juden von der christlichen Nächstenliebe aus. Er gab die Empfehlung, nur dann mit Juden über den Glauben zu sprechen, wenn sie offen für das Evangelium waren. Zinzendorf richtete auch jährlich einen Tag der Fürbitte für Juden ein. Schon damals strebte er die Gründung judenchristlicher

Gemeinden an. Die Gemeine in Herrnhut feierte Schabbat und Jom Kippur, was in der damaligen Zeit für eine christliche Einrichtung revolutionär war!

Samuel Lieberkühn (1710–1777) war für die Herrnhuter Tätigkeit unter den Juden bedeutsam. Er hatte sehr viele Begegnungen mit Juden im Großraum Frankfurt und konnte ihnen das Evangelium bezeugen. Jüdische Schriften waren ihm so vertraut, dass viele Juden meinten, er sei ein Meschummed, ein abgefallener Jude. Der Höhepunkt seines Dienstes war, dass ein Rabbi zum Glauben an Jesus kam.

Lieberkühn war ein Experte im Judentum. Seiner Meinung nach waren Juden für das Evangelium nur schwer zu gewinnen. Das größte Hindernis wären allerdings die Christen selbst, denn ihr Lebenswandel sei nicht anziehend. Zudem seien sie untereinander gespalten und bekämpften sich gegenseitig. Lieberkühn legte großen Nachdruck darauf, dass Christen ihren Glauben auch praktisch vorlebten. Nur dann sei das Zeugnis von Jesus auch glaubwürdig. Viele Juden in Deutschland wurden durch den Dienst von Lieberkühn eifersüchtig gemacht. Sie lernten mit ihm einen lebendigen Zeugen des Glaubens kennen, einen Christen, dessen Herz für sie schlug.

Wenn man über das Interesse von Christen für das Judentum schreibt, sollte man den Namen *Franz Delitzsch* (1813–1890) nicht vergessen. 1886 gründete Delitzsch mit der Unterstützung einiger Leipziger Pfarrer eine Ausbildungsstätte zur Zurüstung von Christen, das Seminar des Institutum Judaicum. Das Ziel war die Einführung in die praktische Missionsarbeit sowie das gründliche Studium des Judentums, der jüdischen Geschichte und Lehre, der jüdischen Kultur und Sitten. Es ist ein Jammer, dass das moderne Theologiestudium diese wichtigen Disziplinen nicht berücksichtigt. Damit wird das Verständnis der biblischen Schriften, sowohl des Alten als auch des Neuen Testaments, pervertiert. Ohne den jüdischen Hintergrund zu beachten, wird die Heilige Schrift oft einseitig und falsch ausgelegt. Delitzsch schuf die Grundlage für ein wissenschaftliches Fachgebiet, das später die »Wissenschaft vom Judentum« bzw. »Judaistik« genannt wurde. Seine am Institut ausgeführten Studien und Forschungen besaßen die Anerkennung sowohl christlicher als auch jüdischer Gelehrter aus der ganzen Welt. Zwei große jüdische Gelehrte, der Jesus-gläubige ehemalige Rabbiner Jehiel Lichtenstein und der litauische Talmudist Israel Kahan, waren bei der Gründung dabei und erteilten Unterricht.

Beachtlich war die unerschütterliche Liebe Delitzschs zum jüdischen Volk. Als Christ und Theologe setzte er sich mit dem säkularen Judentum seiner Zeit auseinander. Er war tief betrübt über den Zeitgeist und besonders über das falsche Bild von Jesus, das das Judentum seiner Zeit hatte. So kämpfte er gegen Karikaturen seines Heilands in der jüdischen Presse. Doch hatte diese antichristliche Haltung im Judentum sein tiefes Empfinden und seine Liebe zum Volk Israel nicht erschüttert. Bei aller Auseinandersetzung mit dem Judentum trat Delitzsch im Angesicht des aufkommenden militanten Antisemitismus auf die Seite der Juden. Somit bildete er einen Gegensatz zu seinem Vorbild Martin Luther, der dem Judenhass nicht abgesagt hatte. So bediente sich Delitzsch seiner tiefen Kenntnisse auf dem Gebiet der Judaistik, um dem Aberglauben vom Ritualmord an Kindern durch die Juden ganz entschieden entgegenzutreten.

Der wesentliche Beitrag Delitzschs in der neutestamentlichen Wissenschaft, aber vor allem in der Suche nach den hebräischen Wurzeln des christlichen Glaubens war seine meisterhafte Übersetzung des Neuen Testaments ins Hebräische. Im Unterschied zu anderen Übersetzungen des Neuen Testaments ins Hebräische verwendete Delitzsch rabbinische Ausdrücke, die im Sinne der neutestamentlichen Autoren lagen. Bei der Suche nach dem angemessenen Dialekt bediente sich Delitzsch des Hebräischen der Mischna und des älteren Midrasch, um die neutestamentliche Gedankenwelt zu übersetzen. Einer der wichtigsten Charakterzüge von Franz Delitzsch war seine tiefe Frömmigkeit, die von manchen seiner Gegner als Gebundenheit an die alte jüdische und kirchliche Überlieferung bezeichnet wurde.

Für Delitzsch selbst war seine Frömmigkeit der sogenannte »Anker im Sturm«. Nur ihr verdankte er die Standhaftigkeit seines Glaubens, die ihn zu keinem wirklichkeitsfernen Menschen gemacht hatte, sondern ihm einen nüchternen Sinn für die Wirklichkeit gab.

Hat das Interesse der Christen am Volk Israel eine positive oder negative Wirkung? War das Ergebnis immer die aggressive Judenmission und die Entwurzelung der Juden? Ist es besser – wie manche moderne Theologen und Kirchenpolitiker behaupten –, dass Christen in ihrem Christentum und Juden in ihrem Judentum bleiben? Ich möchte diese Ausführungen mit dem Zitat des jüdischen Gelehrten Schalom Ben-Chorin schließen:

»Dass Israel und die Kirche in der Welt bestehen, das kann nur heißen, dass Gott Israel durch die Kirche fragen will und dass derselbe einzige, wahre und lebendige Gott die Kirche durch Israel fragen will. Und das heißt, dass sie einander Rede und Antwort stehen müssen – um Gottes Willen. Und an dieses – trotz dem neuen Bunde – fortbestehende Judentum richtet die Kirche durch die Jahrtausende die Frage: ›Glaubst du, dass Jesus von Nazareth der verheißene Messias Israels und Heiland der Welt ist?‹ Die Synagoge antwortet: ›Nein, ich vermag's nicht zu glauben.‹ Die Kirche muss, sofern sie Kirche Christi sein und bleiben will, diese Frage immer wieder an die Welt stellen, aber sie muss sie um der Kirche selbst willen insbesondere Israel, dem altbundlichen Heilsvolk, stellen.«[47]

»Eingepfropft in den Ölbaum Israels«

Es gibt heute nicht wenige Christen, die die Wurzeln ihres Glaubens im biblischen Judentum sehen. Worauf gründet sich eine solche Erkenntnis? Auf einer Rundreise hielt ich in einer Gemeinde in Zittau einen Vortrag über Antisemitismus. Nach dem Vortrag wurde ich von einem 14-jährigen Jungen angesprochen. Er sagte: »Ich möchte Sie für das um Entschuldigung bitten, was mein Volk ihrem Volk angetan hat.« Man sah, dass es ihn viel kostete, seine Scham zu überwinden und mir das zu sagen. Ich wusste auch, es waren keine Worte, die er bei einem Erwachsenen gelernt hatte. Sie kamen aus seiner Seele. Ich war überrascht: Denn eine solch tiefe Erkenntnis der Dinge hatte ich bis dahin bei keinem Erwachsenen gesehen. Noch mehr überraschte mich, dass dieser Junge sich total mit der Geschichte seines Volkes identifizierte.

In diesem Zusammenhang erinnere ich mich an einen Vorfall im Jahre 2012 in Berlin. Meine Frau und ich saßen dort in einem gemütlichen Restaurant. Wir hatten das Restaurant nach seinem Namen ausgesucht: »12 Apostel«. Nach dem Essen fragte ich die junge Kellnerin, ob das Restaurant vor dem Mauerfall zu West- oder Ostberlin gehört hatte? Sie hatte keine Ahnung, aber versprach uns, ihre Kollegen zu fragen. Allerdings wussten die auch nicht Bescheid und die wenigen Restaurantbesucher, meistens junge Menschen, wussten es auch nicht. Irgendwie stellte man über die schlechte Internetverbindung fest: Wir befinden uns jetzt auf dem ehemaligen Territorium von Ostberlin. Ich fragte spontan unsere Kellnerin, ob die ganze Geschichte mit dem Mauerfall, der Trennung und Wiedervereinigung für sie etwas bedeute. Sie verneinte ohne Aufregung: »Ich bin 1995 geboren und diese Dinge gehören nicht zu meiner Geschichte.« Schade, dachte ich! Wenn das die herrschende Position der modernen Jugend ist, dann tut es mir leid für diese Generation! Was soll sie über die Geschichte vom Holocaust wissen, wenn alles vor ihrer Geburt nicht zu ihrer Geschichte gehört? »Nur wer die Vergangenheit kennt, hat eine Zukunft«, schrieb Wilhelm von Humboldt. Im Blick auf den Holocaust scheint mir die Aussage des amerikanischen Philosophen und Schriftstellers George Santayana sehr treffend: »Wer die Vergangenheit nicht kennt, ist gezwungen, sie zu wiederholen.«

Die Entwicklung der messianischen Bewegung

1798 kam der deutsche Jude Josef Schmuel Levi zum Glauben an Jesus. Er wurde getauft und gab sich, wie es damals Sitte war, den christlichen Namen Christian Frey. Neun Jahre lang betete er für seine Frau, eine geborene Hanna Kohen, und sie kam auch zum Glauben an Jesus. Beide zogen nach London. Frey predigte den Juden das Evangelium und gründete die erste Missionsgesellschaft unter den Juden. 1813 wurde die erste judenchristliche Gemeinde in London ins Leben gerufen. Sie hieß: »Bnei Abraham«. Frey wurde zum ersten Präsidenten gewählt. Später wurde auch ein judenchristlicher Gebetsbund gegründet. 1890 zählte er 600 Mitglieder. Zwei jesusgläubige Juden, Schwarz und Gerschel, gründeten in England die erste jüdisch-christliche Allianz und gaben die Zeitschrift »Kol Israel« heraus.

Auch in Osteuropa wirkte der Geist Gottes unter den Juden sehr. Zwei Rabbiner kamen zum Glauben an Jesus: Isaak Lichtenstein und Leopold Kohen. Kohen wanderte nach Amerika aus und gründete dort das Missionswerk »Chosen People Ministries«. Sein Sohn trat in die Fußstapfen des Vaters und weitete die Evangelisation unter Juden in Europa aus.

Als Vater der messianischen Gemeinden im Osten gilt Joseph Rabinowitsch, der in Kischinau (Bessarabien) eine messianische Gemeinde gründete. Joseph Rabinowitsch war ein großer jüdischer Gelehrter. Mitte der 50er-Jahre bekam er ein Neues Testament von seinem Schwager. Dann ging er nach Palästina, wo er von den Zionisten enttäuscht wurde. Als Rabinowitsch auf dem Ölberg saß und über das Schicksal der Juden nachdachte, fiel ihm ein neutestamentliches Wort ein: »Nur dann, wenn der Sohn euch frei macht, seid ihr wirklich frei« (Johannes 8,36). Seine Bekehrung war ein souveräner Akt des Heiligen Geistes. Joseph Rabinowitsch wollte seine jüdische Identität behalten und bewahren. Dank ihm fingen Jesus-gläubige Juden an, sich auf ihre jüdischen Wurzeln zu besinnen. Sie entdeckten, dass ihr Glaube nicht im Widerspruch zum biblischen Judentum stand.

1903 gab es das größte Pogrom an Juden im damaligen Bessarabien, dem heutigen Moldawien. 49 Juden starben und mehr als 500 wurden schwer verletzt. 1905 wurde das Pogrom wiederholt. Viele Juden wanderten aus Angst nach Amerika und in andere Länder aus. Die erste messianische Gemeinde wurde aufgrund ihrer wenigen Mitglieder aufgelöst. Doch die Saat war gesät. Es sollte jedoch noch einige Jahrzehnte dauern, bis sie aufging. Aber dieses Mal in Deutschland.

Im 20. Jahrhundert begann der aus Ungarn stammende Jesus-gläubige Jude Arnold Frank in Hamburg mit der monatlichen Herausgabe der Zeitschrift »Zions Freund«, die in ihren besten Zeiten eine Auflage von 40 000 Exemplaren aufweisen konnte. Er wurde zunehmend zum Motor der judenchristlichen Bewegung in Deutschland. In seiner Jerusalemkirche fand 1924 die erste deutsche judenchristliche Konferenz statt, zu der Vertreter aus ganz Deutschland zusammenkamen. Nur vier Jahre später fand die zweite Internationale judenchristliche Konferenz in Hamburg statt. Aus 19 Ländern kamen 130 Gäste. Nach Frank war diese Zusammenkunft das größte Treffen von Judenchristen seit der Zeit der Apostel. Arnold Frank war nicht nur ein Mann des Wortes, sondern auch der Tat. 1913 gründete er das Diakoniewerk und Krankenhaus »Jerusalem«. Hier sollten Krankenschwestern ausgebildet werden, die in der Pflege für jüdische Familien eingesetzt wurden. Die evangelistische Arbeit unter Juden blühte auf. Viele Juden kamen zum Glauben an Jesus, den Messias. Judenchristliche Vereine entstanden. Sie bekämpften den aufkommenden Antisemitismus und wiesen darauf hin, dass der christliche Glaube ohne jüdische Wurzeln nicht zu denken sei.

Doch die hoffnungsvolle Arbeit wurde während der Nazidiktatur immer weiter eingeschränkt. 1938 wurden judenchristliche Werke verboten, da diese angeblich eine Gefahr für die Erhaltung der arischen

Rasse darstellten. 115 Pfarrer wurden wegen ihrer jüdischen Herkunft ins KZ nach Theresienstadt gebracht. Mit der systematischen Ausrottung des jüdischen Volkes war jegliches jüdische und judenchristliche Leben in Europa zerstört. Ein Neuanfang nach 1945 war schwer. Der Schock des »Dritten Reiches« saß tief. Die Zukunft der überlebenden Juden war sehr ungewiss. Für das Judentum als Religion interessierte sich niemand. Geschweige denn für das Thema »Jüdische Wurzeln des christlichen Glaubens«. Auch von Jesus-gläubigen Juden war keine Rede. Aber Gott ließ sein Volk nicht los.

Am 14. Mai 1948, drei Jahre nach Kriegsende, wendete sich plötzlich das Blatt der Geschichte. Wie es in der Bibel prophetisch beschrieben wurde: »Wer hat so etwas jemals gehört? Wer hat so etwas schon gesehen? Hat ein Land sich je an einem Tag gebildet? Wurde je ein Volk an einem einzigen Tag geboren? Doch Zions Wehen hatten kaum eingesetzt, da waren ihre Söhne schon geboren« (Jesaja 66,8). – Das Land und der Staat Israel wurden wiedergeboren.

»Im Land Israel entstand das jüdische Volk. Hier prägte sich sein geistiges, religiöses und politisches Wesen. Hier lebte es frei und unabhängig, Hier schuf es eine nationale und universelle Kultur und schenkte der Welt das Ewige Buch der Bücher ...«,[48] verkündigte Ben Gurion in Tel Aviv am 14. Mai 1948. Dann folgte 1967 die unglaubliche Rückkehr des jüdischen Volkes nach Jerusalem. 1960 war es zur historischen Begegnung zwischen Konrad Adenauer und Ben Gurion gekommen. Das Gespräch mit den Juden konnte langsam wieder aufgenommen werden. Doch darin verstummte immer mehr das Zeugnis des Evangeliums. Dialog und Mission wurden als Gegensätze empfunden. Evangelisation unter Juden wurde zum Tabuthema. Aber Gott hat oft sehr eigenartige Wege und Mittel, um sein Volk mit dem Evangelium zu erreichen.

In den 60er-Jahren breitete sich in den USA die Hippie-Bewegung aus. Nachdem viele Hippies von ihren Idealen enttäuscht worden waren, wandten sie sich dem Evangelium zu. So entstand die neue geistliche Bewegung der »Jesus People« – die Tausende junge Juden einschloss. Der größte Wert, den die Hippies gepflegt hatten, »die freie Liebe«, wurde zur freien Liebe zu Jesus. Viele dieser säkularen jüdischen Studenten entdeckten ihre jüdischen Wurzeln und wanderten nach Israel aus und gründeten dort in den 70er- und 80er-Jahren die ersten messianischen Gemeinden.

Ende der 80er-Jahre begann die Perestroika (Russisch: Umgestaltung) in der Sowjetunion. Langsam kam die religiöse Freiheit. Hier und da entstanden freie christliche Gemeinden. Sie wurden mehr und mehr in der Evangelisation unter Juden aktiv. 1992 wurde die erste messianische Gemeinde »Beth el Gibor« in Kiew gegründet. Monate später besuchten meine Frau und ich zum ersten Mal diese Gemeinde.

Als 1991 die ersten Juden aus der ehemaligen UdSSR nach Deutschland einreisen durften, wanderten auch viele messianische Juden nach Deutschland ein. Zu dieser Zeit gab es hier schon viele Christen, die das jüdische Volk liebten. Sie halfen jungen messianischen Juden in ihrem evangelistischen Anliegen, andere jüdische Menschen mit dem Evangelium zu erreichen. Man muss leider sagen, dass die messianische Bewegung in Deutschland von Anfang an gleich nach ihrer Entstehung in der Kirche diskutiert und von manchen Kirchenvertretern abgelehnt wurde. Trotzdem verpflichteten sich einige Missionswerke (der »Evangeliumsdienst für Israel«, »Chosen People Ministries«, die »amzi focus israel« und »Juden für Jesus«) sowie Mitarbeiter von »Licht im Osten« und von »Operation Mobilisation«, Juden aus der UdSSR in der Liebe Jesu zu begegnen und ihnen das Evangelium zu bezeugen. Als Frucht dieser Arbeit entstanden die ersten messianischen Hauskreise in Deutschland. Das führte wiederum zur Entstehung von messianischen Gemeinden. Zum ersten Mal in der Geschichte wurden jüdische Menschen in Deutschland öffentlich nach jüdischem Ritus im Namen Jesu getauft.

Messianische Konferenzen dienten dazu, die Gläubigen zu schulen und im Glauben zu stärken.

So sieht in einer sehr komprimierten Form die Entstehung der modernen messianischen Bewegung in Deutschland aus, die untrennbar mit der Geschichte des jüdischen Volkes und der Kirchengeschichte verbunden ist. Im Rahmen dieses Buches ist es leider nicht möglich, dies mehr auszuführen. Ich habe mich deshalb hier auf die Inhalte konzentriert, die mit mir persönlich verbunden sind.

WAS HAT DER KIRCHENTAG MIT MESSIANISCHEN JUDEN ZU TUN?

Die messianische Bewegung in Deutschland ist nicht unumstritten. Sowohl Juden als auch Christen diskutieren darüber, ob dieses Phänomen überhaupt eine Existenzberechtigung hat. Sogar der Deutsche Evangelische Kirchentag konnte dieses Thema nicht umgehen.

Am 1. Juni 2015 telefonierte ich mit einem jüdischen Freund aus Jerusalem. »Was machst du in den nächsten Wochen«, fragte er, »willst du nicht mit deiner Frau bei uns in Israel Urlaub machen?« – »Leider kann ich das nicht«, antwortete ich. »In der nächsten Woche beginnt in Stuttgart der Deutsche Evangelische Kirchentag und ich muss unbedingt dabei sein.« Mein Freund war etwas verwirrt: »Was hat der Kirchentag mit messianischen Juden zu tun?«

Kirche und Juden

Was haben Juden mit der Kirche zu tun? Wenn sie heute ein theologisches Wörterbuch öffnen oder in einem Lexikon nachschauen, werden Judentum und Christentum als zwei unterschiedliche Religionen dargestellt. Trotzdem wissen wir aus der Bibel, dass das Christentum aus dem Judentum hervorgegangen ist. Man kann das biblische Judentum als Mutter und das Christentum als Kind bezeichnen. Doch im Laufe seiner 2000-jährigen Geschichte hat das Kind das meiste, was ihm seine Mutter mitgegeben hat, verloren. Schon im 3. Jahrhundert n. Chr. waren die meisten Christen frühere Heiden, die nicht viel mit den jüdischen Wurzeln anfangen konnten. Trotzdem gab es immer wieder Juden, die sich zu Jesus bekannt haben. Wie hat die Kirche auf solche Stiefkinder reagiert? Ein jüdischer Witz macht das verständlich:

In einer Kirche sitzt ein orthodoxer Jude und betet. Da sieht ihn der Pfarrer, geht zu ihm und sagt: »Entschuldigen Sie, Sie haben sich wohl geirrt, das hier ist eine Kirche, keine Synagoge, außerdem haben wir gleich einen Gottesdienst.« Da steht der Jude auf, läuft zum Kreuz und sagt: »Komm, Jesus, wir gehen, Juden sind hier nicht erwünscht.«

Es gab immer wieder im Laufe der Zeit Juden, die zum Glauben an Jesus kamen. Sie durften allerdings nicht als Juden leben. Wie wir vorher gesehen haben, entdeckten im 20. Jahrhundert Jesus-gläubige Juden, dass ihr Glaube nicht im Widerspruch zum biblischen Judentum steht. So entstanden in der ganzen Welt messianische Gemeinden.

In Deutschland gibt es seit den 90er-Jahren eine jüdisch-messianische Bewegung. Wie geht die evangelische Kirche damit um? Unterschiedlich! Viele Christen und Gemeinden begrüßen das aufkommende messianische Judentum, helfen und unterstützen es. Auf der anderen Seite gibt es solche Veranstaltungen wie den Kirchentag, der messianische Juden vom »Markt der Möglichkeiten« fernhalten möchte.

Meinen ersten Kirchentag erlebte ich 1999 in Stuttgart. Es gab damals eine Veranstaltung von der Christlich-Jüdischen Zusammenarbeit, die Menschen »aufklärte«, dass Juden Jesus nicht bräuchten und messianische Juden sich sehr negativ verhielten, wenn sie anderen Juden von Jesus erzählten. Man sprach vom »geistlichen Holocaust«. Das war eine gemeine Instrumentalisierung der größten Katastrophe, die Juden jemals erlebt haben, sachliche Argumente der Gegner des messianischen Judentums aber fehlten. Der »Evangeliumsdienst für

Israel« bekam damals noch einen Platz auf dem »Markt der Möglichkeiten«. Doch viele aufgebrachte Christen kamen auf uns zu und beschimpften uns. Als Zeichen der Verachtung spuckten sie vor uns auf den Boden. Als Jude bekam ich Angst. Ich konnte das Geschehen überhaupt nicht einordnen: Christen, die Jesus nachfolgen, die das Volk Israel lieben, wurden zu Gegnern von messianischen Juden? So betete ich: »Vater, vergib ihnen, denn sie wissen nicht, was sie tun!« (Lukas 23,34)

Doch es gab auch Menschen, die hinter unserem Dienst standen und die unsere Arbeit unterstützten. Ein gut aussehender Mann mittleren Alters kam auf mich zu, umarmte mich und sprach: »Lieber Anatoli! Halte fest an deiner Berufung, dem jüdischen Volk das Evangelium zu bringen! Vieles, was von Gott kommt, wird heutzutage bekämpft. Aber Jesus ist der Sieger!« Später erfuhr ich, dass es Pfarrer Ulrich Parzany gewesen war.

Nach dem Kirchentag 1999 reagierte die Kirche, aber auch das Präsidium des Kirchentags auf diese Auseinandersetzungen. In einer Stellungnahme des Präsidiums des Deutschen Evangelischen Kirchentages versuchte man, der Öffentlichkeit zu erklären, warum christlichen Gruppen mit judenmissionarischer Intention und Praxis keine aktive Teilnahme an Kirchentagen gewährt werden konnte.[49] Ich möchte diese Stellungnahme gern zitieren und danach kurz kommentieren:

1. Gott, wie er in der Bibel bezeugt und im christlichen Glauben bekannt wird, ist als Schöpfer der Gott aller Welt; aber er ist kein Allerweltsgott, sondern dezidiert Gott Israels. Das besondere Verhältnis der Kirche zum Judentum ist theologisch begründet im biblischen Zeugnis von der Einheit Gottes. Der Vater Jesu Christi ist kein anderer als der Gott Israels, »der treue Gott, der den Bund und die Barmherzigkeit hält« (5. Mose 7,9). Gott hat Israel zu seinem Volk erwählt und die Juden zu seinen Zeugen in der Welt

gemacht. Auch nach dem Neuen Testament bleibt Gott der Gott Israels (Matthäus 15,31; Lukas 1,68; Apostelgeschichte 13,17) und bleiben auch die nicht an Jesus glaubenden Jüdinnen und Juden Gottes Volk Israel. Ihnen gehören nach Römer 9,4 »die Kindschaft, die Herrlichkeit, die Bundesschlüsse, die Gabe der Tora, der Gottesdienst und die Verheißungen«.

Als Christinnen und Christen glauben wir an Gott als den Gott Israels in seiner bleibenden Verbundenheit mit dem Volk Israel. So sind wir bleibend an das jüdische Zeugnis von Gott und an einen christlich-jüdischen Dialog auf Augenhöhe gewiesen. Wir können und wollen Jüdinnen und Juden nicht missionieren.

Es kommt darauf an, was wir unter »missionieren« verstehen. Die klassische Judenmission, die aus Juden Christen machte, hat sich natürlich völlig disqualifiziert. Alle messianischen Juden lehnen sie ab. Wir sind überzeugt, dass Juden, die an Jesus glauben, ihre jüdische Identität behalten sollen. Doch der Verzicht, den Juden das Evangelium zu bezeugen, führt zu der Irrlehre, dass Juden einen eigenen Heilsweg haben. Diese Annahme führt bei Christen selbst schließlich zum Verlust der eigenen Identität. Jesus war Jude und wusste sich in erster Linie zu seinem Volk berufen. Der Messias (Christus) ist ein durchweg jüdisches Konzept. Wenn Jesus nicht der jüdische Messias ist, dann ist er auch nicht der Christus der Christen.

2. Der Umstand, dass nach dem Neuen Testament Juden, die an Jesus als Messias glaubten, für diesen Glauben unter ihren Landsleuten warben, bedeutet für die heutigen christlichen Kirchen aus der Völkerwelt keineswegs eine Verpflichtung zur »Judenmission«. Abgesehen davon, dass sich im Neuen Testament keine Spur davon findet, nicht jüdische Messiasgläubige hätten missionarisch gegenüber Juden gewirkt, übersieht die im Leitsatz abgewiesene Folgerung einen fundamentalen Unterschied zwischen

unserer Zeit und der des 1. Jahrhunderts. Wer als Jude oder Jüdin damals zum Glauben an Jesus als Messias kam, hat das nicht als Konversion von einer Religion zu einer anderen erfahren, weil es »das Christentum« als Religion im Gegenüber zum Judentum noch gar nicht gab, sondern blieb dem eigenen Selbstverständnis nach jüdisch. Erst später entwickelte sich ein Gegenüber von Judentum und Christentum als unterschiedlichen Religionen. Das Bekenntnis des christlichen Glaubens, dass Jesus für alle gestorben ist, darf nicht die Folgerung haben, Jüdinnen und Juden fehle etwas zum Heil, wenn sie dieses Bekenntnis nicht teilen.

Der letzte Satz ist ein Widerspruch in sich selbst. Wenn »Jesus für alle gestorben ist«, warum müssen Juden aus »allen« ausgeschlossen werden? Nicht umsonst wusste sich Jesus berufen »zuerst zu den verlorenen Schafen des Hauses Israels«. Paulus sah sich als Jude verpflichtet, seinem Volk zuerst das Evangelium zu bezeugen (Römer 1,16). Warum sollen jüdische und nicht jüdische Nachfolger Jesu das anders machen?

3. Faktisch erfolgende Konversionen sind keine Argumente für Mission.

Es gibt Konversionen – hinüber und herüber. Sie sind als persönliche Lebensentscheidungen zu respektieren. Aber sie sind keine Argumente, weder in die eine noch in die andere Richtung. Dass einige Jüdinnen und Juden sich messianisch-jüdischen Gemeinden oder Gruppen anschließen und Jesus als Messias anerkennen, ist ebenso wenig ein Argument für die Defizienz des Judentums wie christliche Konversionen zum Judentum Ausdruck einer Defizienz des Christentums sind. Auch dürfen Konversionen nicht als heilsgeschichtliche Belege verstanden werden; das hieße, die Lebensentscheidungen von Menschen für eigene religiöse Selbstvergewisserung zu missbrauchen.

Sind wir nicht alle defizitär gegenüber Gott, weil wir einen Erlöser brauchen? In dieser Hinsicht ist auch das Judentum defizitär. Das drückt Maimonides, einer der größten jüdischen Gelehrten aller Zeiten, in seinen 13 Glaubenssätzen aus: »Ich glaube in ganzem Glauben, dass der Messias kommt, und ungeachtet seines langen Ausbleibens erwarte ich täglich seine Ankunft. ...«[50]

4. Der Kirchentag bleibt dem jüdisch-christlichen Dialog verpflichtet. Die seit über 50 Jahren bestehende Arbeitsgemeinschaft von Juden und Christen beim Deutschen Evangelischen Kirchentag und die in ihrem Rahmen in den letzten beiden Jahrzehnten zunehmend erfolgende Beteiligung jüdischer Gemeinden am Programm der Kirchentage zeigen, dass unter Respektierung der jeweiligen, auch gegensätzlichen Überzeugungen ein neues Miteinander von Christen und Juden möglich ist. Dieser Respekt bedarf der Arbeit an der Überwindung eines christlichen »Vormundschaftsanspruch[s]« gegenüber Jüdinnen und Juden (EKD: Christen und Juden III, 2000), wie er sich in einer langen und unseligen Geschichte des christlichen Antijudaismus ausgeprägt und sich insbesondere in christlich-judenmissionarischen Aktivitäten manifestiert hat. Diesem Respekt und dem durch ihn getragenen jüdisch-christlichen Dialog wissen wir uns bleibend verpflichtet.

Dass Christen Juden respektieren, ist beachtenswert! Die Frage ist: Warum differenzieren sie so sehr und zeigen keinen Respekt gegenüber Juden, die an Jesus glauben, und ignorieren sie einfach? Vielleicht ist das heute politisch korrekt, aber dennoch unbiblisch und unmenschlich. War es zur Zeit des Nationalsozialismus nationalistisch opportun und politisch korrekt, die Kirche von Juden zu säubern, ist es heute entsprechend einer eigenartigen Ideologie ebenso legitim, den Kirchentag von messianischen Juden sauber zu halten. Die Evangelische Kirche in Deutschland übernahm in der Verfassung der Deutschen Evangelischen Kirchentage im Jahr 1933 praktisch die staatlichen Ariergesetze. Alle Juden, welche an christlichen Fakultäten studierten, wurden vor die Tür gesetzt. In der evangelischen Kirche fanden in der Folge umfangreiche Säuberungen statt, messianische Juden, Judenchristen, hatten dort nichts mehr verloren. Alle inner-evangelischen Widerstände waren erfolglos. Die Bekennende Kirche, unter anderem um Bonhoeffer und seine Freunde, erhob dagegen in der Betheler Erklärung Protest, der aber keine Wirkung zeigte. Ebenso verhallen auch die heutigen Warnrufe reaktionslos. Das Präsidium des Deutschen Evangelischen Kirchentages hat sich mit der Veröffentlichung der Stellungnahme vom 1. Februar 2014 in Bezug auf die messianischen Juden festgelegt. Das Datum zeigt, dass sich die Geschichte der offiziellen Ablehnung der messianischen Juden 15 Jahre danach wiederholt.

Die Erwartungen an den Evangelischen Kirchentag in Stuttgart im Juni 2015 waren sehr groß. Die Lebendige Gemeinde, die Süddeutsche Gemeinschaft und viele pietistische Freunde haben sich sehr dafür eingesetzt, dass messianische Juden wahrgenommen werden. Viele haben gehofft und dafür gebetet. Trotzdem hat sich das Präsidium des Kirchentages anders entschieden. Ich persönlich bekam an diesen Tagen viele Briefe und E-Mails voller Trost, Anteilnahme und Unterstützung. Viele Gläubige im Land waren sehr enttäuscht über die Ablehnung einer aktiven Beteiligung der messianischen Geschwister aus Deutschland am Kirchentag in Stuttgart im Juni 2015. Bei vielen war Frustration da, Ärger über die Kirche.

In diesen Tagen haben wir, die Vertreter der messianischen Gemeinden in Stuttgart und die Mitarbeiter des Evangeliumsdienstes für Israel, uns zusammengesetzt und uns Gedanken darüber gemacht, wie wir im Geist Jesu auf diese Situation reagieren können.

Zum einen war es uns wichtig, unseren Freunden nahezubringen, dass die Ablehnung in Segen umgewandelt wird, wenn die Entrüstung und der Schmerz über die Ablehnung sich in eine aktive Unterstützung der messianischen Juden und ihrer Arbeit hier in Deutschland verwandeln. Wir haben zum Gebet aufgerufen, dass sich die zu Recht aufgewühlten Emotionen in konkrete Pläne umwandeln, wie den messianischen Juden praktisch geholfen werden kann.

Zum anderen dachten wir: Wenn der Kirchentag uns ausgeladen hat, was passiert, wenn wir die Besucher des Kirchentages zu uns einladen würden? Schließlich war es unser Anliegen, dass Christen uns, unsere Gemeinden und unsere Arbeit kennenlernen. So kamen wir auf die Idee, einen offenen Schabbat-Gottesdienst anzubieten und die Kirchentagbesucher zu uns einzuladen.

Und als Drittes habe ich besonders an diesen Tagen festgestellt, dass Christen sehr wenig über uns messianische Juden wissen. Das führte dazu, dass ich in verschiedenen Interviews und Publikationen versucht habe, die moderne messianische Bewegung mit ihren Anliegen darzustellen. Und selbstverständlich brachten wir alle drei Anliegen vor Gott, mit der Bitte, dass er uns korrigieren und leiten möge.

Was ist daraus geworden? Das Schwierigste war, die Enttäuschung zu überwinden, die viele unserer Freunde und Unterstützer ausdrückten. Ich muss feststellen, dass die Kirchenleitung dazu beigetragen hat, dass viele Christen empört blieben. Der Landesbischof der Evangelischen Landeskirche in Württemberg bat in den Medien um Verständnis für den Ausschluss messianischer Juden. Seine Argumentation war: »Die evangelische Theologie hat in den letzten 40 Jahren erkannt, dass die Christen in den Bund Gottes mit seinem Volk Israel hineingenommen werden. Gott hat sein Volk Israel erwählt. Diese Treue Gottes gilt! Diese theologische Position teilt auch die Württembergische Landeskirche.« In einem Interview mit der evangelischen Nachrichtenagentur idea sagte der Landesbischof, er müsse anerkennen, »wo das Herz des Kirchentags schlägt«. Das Treffen wolle den jüdisch-christlichen Dialog nicht »verunklaren«.

Leserbriefe

Viele Christen empfanden diese Aussage als Versagen der Kirche und schrieben mehrere Protestbriefe an die Kirchenleitung. Ich erhielt von manchen eine Kopie. Die Menschen reagierten mit Frustration. Die Parallelen, die sie gezogen haben, waren teilweise sehr heftig. Einer schrieb:

Der Ausschluss der messianischen Juden und die damit klare Ablehnung des Neuen Testamentes mit den jüdischen Jüngern, den Schreibern und des Paulus ist die konsequente Fortsetzung nationalsozialistischer Ideologie mit heute linken Vorzeichen. ... Die evangelische Kirche in der Tradition der Nazis, auch 70 Jahre nach dem Ende des Holocaust.

Andere waren sehr ironisch und teilweise sarkastisch. So schrieb ein anderer:

Ich verstehe: Mission unter Juden gefährdet den jüdisch-christlichen Dialog ... Also gefährdet Mission unter Muslimen den muslimisch-christlichen Dialog! Und natürlich die Mission unter Atheisten den atheistisch-christlichen Dialog! Und Mission unter XXisten den xxistisch-christlichen Dialog. Aha: Mission gefährdet also den Dialog mit Christen? Wenn das nur mal Jesus gewusst hätte, als er seinen Jüngern den »Missionsbefehl« (Mt. 28,18ff) gab [Ironie aus]. Die Vorgänge beschreiben die aktuelle Situation der meisten evangelischen Landeskirchen: Eine Kirche ohne (zur Jesus-Nachfolge rufendes!) Sendungs-(=Missions-)Bewusstsein, die an dem Ast sägt, auf dem sie sitzt!

Wieder andere wandten sich schriftlich direkt an den damaligen Ratsvorsitzenden der Evangelischen Kirche in Deutschland. Eine Frau schrieb:

Für mich drängt sich die Frage auf, ob es nicht an der Zeit ist, dass die EKD – in Zusammenarbeit mit dem Zentralrat der Juden – die damalige Beschlussfassung überdenken und auch korrigieren sollte. Im Beschluss wird darauf hingewiesen, dass uns die Einsicht mit dem Apostel Paulus aus Römer 11 darauf vertrauen lässt: »Gott wird sein Volk die Voll-

endung seines Heils schauen lassen und es bedarf dazu nicht unseres missionarischen Wirkens.«

So weit die Zitate. Aber was ist denn, wenn Gott die messianischen Geschwister gebrauchen will, um Jesus unter ihrem (unter Gottes) Volk zu bezeugen? und wir blockieren dies durch unsere Dominanz ...

Ich persönlich war skeptisch, was die Protestbriefe an die Kirchenleitungen angeht. Der Ratsvorsitzende der EKD Deutschlands hat seine Einstellung gegenüber dem »Evangelischen Pressedienst« geäußert: »Juden missionieren zu wollen, wäre ebenso absurd wie wenn Protestanten Katholiken missionieren wollten.«

Das zweite Anliegen war die Idee eines offenen Gottesdienstes. Als Evangeliumsdienst machten wir überall dafür Werbung. Auch der Christustag unterstützte uns und lud seine Besucher zum Schabbat-Gottesdienst ein. Der Gottesdienstsaal der messianischen Gemeinde »Adon Jeschua« in Stuttgart-Münster konnte maximal 200 Menschen Platz bieten. Was würde passieren, wenn viele kommen und draußen bleiben müssten? Sie wären sehr enttäuscht! Zusammen mit Henry Fischbein, dem Pastor der Gemeinde, rangen wir um eine Lösung. Schließlich bauten wir auf dem Grundstück der Gemeinde ein Zeltlager mit vielen Bierbänken auf. Es kamen etwa 500 Besucher. Geschwister aus ganz Deutschland wollten so sehr ihre Solidarität mit uns ausdrücken, dass sie bereit waren, zwei Stunden lang draußen zu sitzen und eine deutsche Übersetzung des Gottesdienstes zu hören. Gott segnete diesen Tag reichlich. Der Gottesdienst, das gemeinsame Mittagessen und die anschließende Podiumsdiskussion zeigten, welch ein Zeugnis es ist, wenn wir die Einheit zwischen Christen und messianischen Juden hautnah erleben, und welche Kraft davon ausgeht.

Die Worte des evangelischen Dekans Ralf Albrecht, der als Kirchenvertreter an der Podiumsdiskussion teilnahm, bewegten alle Teilnehmer sehr.« Man braucht noch Zeit, um zu entdecken, was für ein Segen die messianisch-jüdischen Gemeinden für unsere Kirche sind.

Ich bitte um Entschuldigung und Vergebung, dass meine Kirche das in der Masse noch nicht entdeckt hat.« Übrigens setzte sich der Dekan sehr dafür ein, dass ich am bald darauf stattfindenden Christustag im Hauptprogramm ein fünfminütiges Interview geben konnte. Ich versäumte die Möglichkeit nicht, »Klartext« zu reden, und sagte, dass die Kirche einen großen Fehler mache, indem sie ihre jüdischen Brüder und Schwestern, die an denselben Messias glauben, auf dem größten Treffen der deutschen Protestanten den Platz verwehrt. Christen könnten von uns lernen, die Bibel durch die jüdische Brille zu sehen. Wir könnten viel voneinander lernen. Solche Ausgrenzung dürfe keinen Raum in der Kirche haben. Vor 80 Jahren führte die Kirche im Nationalsozialismus den »Arier-Paragrafen« ein und entfernte Menschen mit jüdischer Abstammung aus dem kirchlichen Dienst. Heute würden Juden, die Jesus Christus als ihren Messias anerkennen, vom größten Christentreffen des Jahres ausgegrenzt.

Die Besucher des Christustages bestätigten mir, dass meine Position richtig sei. Die Pietisten sahen in der Verweigerung der Teilnahme einen Eklat. Die meisten konservativen Christen sehen in den messianischen Juden ein Verbindungsglied zwischen Juden und Christen. Messianische Juden glauben an Jesus Christus als Messias und gleichzeitig praktizieren sie jüdische Bräuche und begehen biblische Feiertage. »Ihr messianischen Juden habt einen Platz in unserem Herzen«, sagte Dekan Ralf Albrecht.

Zum Schluss möchte ich noch ein positives Wort über den Kirchentag loswerden. Das Präsidium des Kirchentages erlaubte im Programm ein Podium »Evangelische Kirche und Messianische Juden«, bei dem der jüdisch-messianische Theologe Richard Harvey (London) einen »Impuls für ein theologisches Gespräch« geben konnte. Neben Statements fand eine Podiumsdiskussion statt. Zahlreiche Besucher erhielten eine solide Darstellung der messianischen Bewegung. Leider war das die einzige Veranstaltung im Rahmen des Kirchentages, wo sich die Besucher über messianisches Judentum informieren konnten.

Der offene Schabbat-Gottesdienst, den ich oben erwähnt habe, war ja ein Programmpunkt außerhalb des Kirchentags.

Nicht nur messianischen Gemeinden, sondern auch dem »Evangeliumsdienst für Israel« (EDI) wurde die Teilnahme am Kirchentag verweigert. Der EDI veröffentlichte damals eine Publikation, um Kirchentagsbesucher und Interessierte über messianische Juden, aber auch über ihren Ausschluss vom Kirchentag zu informieren. Die Publikation wurde auf unserer Homepage und auch auf Facebook veröffentlicht und zigmal aufgerufen. Diese Schrift ist insoweit interessant, dass sie notwendige Informationen in einer knappen Form liefert; daher möchte ich im Folgenden daraus und aus anderen Informationen des EDI[51] zitieren:

Wer sind messianische Juden?

Messianische Juden gehören von ihrer natürlichen Herkunft zum jüdischen Volk und glauben, dass der Jude Jesus von Nazareth der für die Sünden seines Volkes leidende und sühnende Messias ist. Das Zeugnis von Jesus, dem Retter Israels, ist keine »Erfindung der Kirche«. Wir lesen von dieser Botschaft bereits in den hebräischen Schriften des Judentums, die wir Altes Testament nennen.

Messianische Juden treten dafür ein, dass jeder Mensch, insbesondere jüdische Menschen, die Chance haben sollten, zu hören, dass Jesus von Nazareth der Messias aus Jesaja 53 ist. Das haben schon immer Juden unter Juden bezeugt. Von Anfang an war das eine innerjüdische Angelegenheit. Der Jude Paulus hat uns die Thora und die Nachricht vom Messias nach Europa gebracht, bevor es die Kirche gab.

So wie Jesus als Jude die jüdischen Feste feierte, so bleiben messianische Juden ihren biblischen und jüdischen Traditionen treu und feiern die biblischen Festtage wie z. B. Passah und das Laubhüttenfest und auch jüdische Feste wie Chanukka und Simchat Torah. Sie treffen sich in eigenen Gruppen und Gemeinden, weil einerseits die Kirche sie offensichtlich weitgehend nicht versteht und meidet und weil sie auch im Judentum noch nicht als Konfession anerkannt sind. In ihren Gemeinden gibt es auch Nichtjuden, die ihren Glauben teilen. In einigen Gemeinden tragen die Männer zum Gebet eine Kippa und der Gottesdienst hat Elemente der jüdischen Liturgie. Messianische Juden sehen im Leben Jesu von Nazareth die Erfüllung der hebräischen Schriften und lesen sowohl die hebräischen Schriften als auch die Schriften des Neuen Bundes (Neues Testament).

Messianische Juden heute – ob sie in Israel oder unter uns in Deutschland leben – sind die »Stimme des Evangeliums« inmitten ihres eigenen Volkes. Jüdische Menschen hören durch ihr Zeugnis von Gottes Liebe, seiner Erwählung und seiner Zuwendung zu ihnen durch seinen Messias Jesus. Messianische Juden sind ein lebendiger Aufruf Gottes an alle Nachkommen Jakobs zum Glauben an den jüdischen Messias Jesus.

Sie sind ein Hoffnungszeichen dafür, dass als Jude beides möglich ist, erwählt zu sein und an den Messias Jesus zu glauben.

Kirche und messianische Juden

Viele Kirchenleitungen sagen, dass messianische Gemeinden »theologisch und institutionell weder der jüdischen noch der christlichen Gemeinschaft zuzurechnen« sind. Wer versucht, Juden, die an Jesus den Messias glauben, in das Korsett konfessioneller oder religiöser Strukturen zu pressen, scheitert an seinen eigenen vordefinierten Überzeugungen und exklusiven Strukturen.

Am Anfang der Gemeinde Jesu gehörten die messianischen Juden zur Synagoge. Sie waren strukturell gesehen eine »Konfession« innerhalb des Judentums. Die »Kirche« als Organisation gab es noch nicht.

Paulus diskutierte innerhalb der Synagoge mit anderen Juden über Jesus von Nazareth. Von Anfang an war die Frage, ob Jesus der Messias von Jesaja 53 sei, ein innerjüdischer Dialog.

Mit der Etablierung des rabbinischen Judentums im ersten und zweiten Jahrhundert nach Christus wurden jüdische Jesusleute in der Synagoge nicht mehr toleriert. Der theologische Antijudaismus der entstehenden »Staatskirche« seinerseits verachtete die Synagoge. Politischer Antisemitismus war die Folge. Gleichzeitig begann die verfasste Kirche, die Gemeinde Jesu intern zu regulieren.

Seit dem Konzil von Nicäa im 4. Jahrhundert fanden Juden, die an Jesus glaubten, mit ihren »jüdischen« Glaubensformen auch in der Kirche keinen Platz mehr. So bekamen sie einen Platz zwischen den Stühlen und damit den Auftrag, zwischen Kirche und Synagoge zu vermitteln.

Brückenbauer

Messianische Juden sind eine Brücke zwischen der Kirche und der Synagoge. Der Kirche auf der einen Seite, die sich in einer – für Juden in Europa leidvollen – Abtrennungsgeschichte von ihren ursprünglichen Wurzeln im biblischen Judentum gelöst hat, und der Synagoge auf der anderen Seite, die so maßlos enttäuscht ist von den Qualen, die ihr die Kirche zugefügt hat.

Messianische Juden, die in einer Leidensgemeinschaft mit vielen anderen Juden an den Folgen der unsagbaren Shoa stehen, weisen den Weg für eine Heilung dieses Bruches. Sie geben ein Hoffnungszeichen für eine wahre Ökumene von denen, die an den biblischen Schöpfergott Abrahams, Isaaks und Jakobs glauben. Denn die messianischen Juden haben den vergebenden Jesus kennengelernt und können ihrerseits vergeben.

Der Kirchentag 2015 in Stuttgart und messianische Juden

Als Christen haben wir großen Respekt vor den Anschauungen und tiefen Weisheiten des Judentums und gleichzeitig nehmen wir ihre Ängste bezüglich der Übermacht der Kirche sehr ernst. Wir freuen uns auch über die fruchtbaren Beziehungen, die durch den jüdisch-kirchlichen Dialog gewachsen sind.

Dass messianische Juden aus Deutschland nicht eingeladen sind, sich am Kirchentag aktiv zu beteiligen und sich selbst zu erklären, ist das Ergebnis eines jüdisch-kirchlichen Dialoges, der in den letzten Jahrzehnten einen entscheidenden Punkt ausgelassen hat: den Anspruch des Juden Jesus von Nazareth, gemäß der hebräischen Schriften der Messias Israels und der Retter aller Menschen zu sein.

Einige messianische Juden bedauern, dass ihnen durch das Verbot, »aktiv« am Kirchentag teilzunehmen, die Türen verschlossen bleiben, von ihrem Glauben zu berichten. Das ist so, als wäre der Jude Jesus zum Kirchentag eingeladen, dürfte aber nicht sagen, dass er der Messias Israels und der Retter aller Menschen ist. Es bleibt ein Skandal.

Die gegenwärtige Diskussion hindert messianische Juden aber nicht, mit ihren jüdischen und nicht jüdischen Freunden über den Messias Jesus von Nazareth ins Gespräch zu kommen. So war es schon am Anfang der Jesusgeschichte, so war es hin und wieder in den vergangenen 2000 Jahren und so wird es auch in Zukunft ein zentrales Thema im innerjüdischen Dialog bleiben.

Württembergische Landeskirche
und messianische Juden

Die Kirchenleitung hätte sich ganz unspektakulär und entschlossen für die aktive Teilnahme der messianischen Juden aus Stuttgart auf dem Kirchentag einsetzen können.

Im Jahr 2000 hat die württembergische Synode im Nachklang zum Kirchentag 1999 in Stuttgart einstimmig beschlossen, dass sie sowohl mit jüdischen Gemeinden als auch mit messianischen Juden und ihren Gemeinden in freundschaftlichem Kontakt und Austausch bleiben und für beide eintreten wolle. Diese Absicht wurde in einer Erklärung im September 2013 gemeinsam von der Synode und dem Landesbischof bekräftigt. An dieses Versprechen sollten wir unsere Kirchenleitung immer wieder erinnern, auch nach dem Kirchentag!

Podium: Messianische Juden und Kirche

Auf dem Kirchentag wird das Präsidium des Kirchentages eine öffentliche Diskussion anbieten, bei der Richard Harvey, ein messianischer Jude aus England, beteiligt sein wird. Dafür hatte sich die württembergische Kirchenleitung stark gemacht. Es ist der hoffnungsvolle Beginn eines Trialogs, in dem Kirche, Synagoge und messianische Juden miteinander ins Gespräch kommen. Ein wichtiger und mutiger Schritt in die richtige Richtung.

Was kann ich tun?

Ich bin so dankbar für die vielen Jesusgläubigen im Land, die sich auf den Weg begeben haben, messianische Juden und ihre Glaubenspraxis verstehen zu lernen. Manche Leiter in den »offiziellen« Kirchen und

Freikirchen suchen bereits den Zugang zum Phänomen »Messianische Juden«. Viele Gläubige im Land sind enttäuscht über die Ablehnung einer »aktiven« Beteiligung von messianischen Juden aus Deutschland am Kirchentag in Stuttgart. Manche sind frustriert und ärgern sich über »die Kirche«.

Es wäre ein Segen, wenn sich die zu Recht aufgewühlten Emotionen in konkrete Gedanken verwandeln, wie messianische Juden und ihre Gemeinden in Deutschland ganz konkret – auch finanziell – unterstützt werden könnten. Der Evangeliumsdienst für Israel steht seit zwanzig Jahren hinter den messianischen Juden in Deutschland, fördert die theologische Ausbildung von messianischen Leitern und den Aufbau von messianischen Gemeinden.

Wie können Kirchentagsbesucher mehr über jüdisch-messianisches Leben erfahren?
Auf dem Christustag, den die »Lebendige Gemeinde« an Fronleichnam in einer Kirchentagshalle feiert, wird der Leiter der messianischen Gemeinde »Schma Israel«, Anatoli Uschomirski, an einem Podium beteiligt sein.

Am Samstag des Kirchentages laden die drei messianisch-jüdischen Gemeinden aus Stuttgart zu einem offenen Schabbat-Gottesdienst mit anschließendem Gesprächsforum ein. Der Gottesdienst beginnt um 12 Uhr und findet in der Israelitischen-Messianischen Gemeinde »Adon Jeschua« in der Mainstraße 69 in 70 376 Stuttgart-Münster statt.«

Soweit die Auszüge aus verschiedenen Publikationen des EDI zum Thema. Diese Informationen waren sehr hilfreich und viele Menschen konnten sich zumindest eine Vorstellung darüber machen, was messianische Juden sind und warum der Kirchentag mit ihnen gewisse Probleme hat. Allerdings ist es mir wichtig, an dieser Stelle ein tieferes Verständnis über die Entwicklung der messianischen Bewegung zu geben, und zwar durch ein Interview, das der »ERF Online« mit mir durchgeführt hatte:[52]

»Wir wollen Brücken bauen!« – Interview mit ERF Online

Haben messianische Gemeinden auch Mitglieder, die keine Juden sind?

Ich verstehe das Neue Testament so, dass in der Gemeinde Juden und Nichtjuden zusammenkommen. Wir haben daher viele nicht jüdische Mitglieder, zum Beispiel Russen, Ukrainer, Deutsche. Diese Menschen haben keinen jüdischen Hintergrund, freuen sich aber, auf einer hebräisch-jüdischen Basis ihren Glauben zu praktizieren. Sie müssen nicht Juden werden. Sie leben ihre Identität weiter. Das ist der Vorteil einer neutestamentlichen messianischen Gemeinde, dass jeder dort seine Identität leben kann. Das ist der Unterschied zu vielen christlichen Gemeinden. Als ich nach Deutschland kam, besuchte ich christliche Gemeinden, weil es noch keine messianische Gemeinde gab. Dort konnte ich meine jüdische Identität nicht leben. Wir geben in unserer Gemeinde bewusst den Christen Raum, ihre christliche Identität bei uns zu leben.

Sie sehen sich als Verständiger zwischen Juden, messianischen Juden und Christen. Wie tragen Sie über die Grenzen Ihrer Gemeinde hinaus zu dieser Verständigung bei?

Auf offizieller Ebene treffe ich mich mit Vertretern der EKD im Oberkirchenrat. Dort haben wir sehr gute Gespräche. Aber darüber hinaus bin ich ständig im Kontakt mit Pfarrern und Pastoren. Ich wünschte mir, dass ich ebenso viel mit dem jüdischen Zentralrat zu tun hätte. Auf inoffizieller Ebene haben wir eine Menge Kontakte sowohl mit Juden als auch mit Christen. Wir feiern zum Beispiel oft gemeinsame Gottesdienste mit christlichen Gemeinden. Zudem haben wir sehr gute Kontakte zu arabischen Christen und bringen dadurch zum Ausdruck, dass Jesus die Mauer zwischen Arabern und Juden abgetragen hat. Das messianische Judentum bildet für mich eine Schnittstelle, an der sich alle treffen können. Die Juden können in unserer Mitte ihren Messias finden; Christen können sich zurück auf die jüdischen Wurzeln ihres Glaubens besinnen.

Warum wäre es gut, wenn messianische Juden auf dem Kirchentag vertreten wären?

Das ist ganz einfach: Wir als messianische Juden wollten beim Kirchentag dabei sein, um den Menschen uns und unsere Glaubenspraxis zu erklären. Wir sehen uns als Brückenbauer. Wir sind eine Schnittstelle, wo sich Judentum und Christentum begegnen können. Von daher wäre es uns wichtig gewesen, daran teilzunehmen. Dass Christen heute eine vollständige Bibel besitzen, verdanken sie den Juden. Die Präsenz der messianischen Juden bei so einem großen, christlichen Event ist meiner Ansicht nach unabdingbar.

Können Sie denn die Argumentation des Kirchentages nachvollziehen?

Ehrlich gesagt: Nein. Meines Erachtens ist es ein Verlust für die Kirche, wenn sie sich von ihren jüdischen Geschwistern distanziert: Es ist geschichtlich und politisch unverantwortlich. Ich habe die Erklärung des Kirchentags gelesen, aber ich kann theologisch überhaupt nicht verstehen, was sie dort schreiben. Ich kann verstehen, dass der Kirchentag sich dem Druck des Zentralrats der Juden beugt, weil sie das gute Verhältnis mit dem offiziellen Judentum nicht gefährden wollen. Und ich kann nachvollziehen, dass orthodoxe Juden wegen der unheilvollen Geschichte zwischen Juden und Christen auf Distanz zu judenmissionarischen Gruppen gehen. Allerdings betreiben moderne messianische Gemeinden in diesem Sinne keine klassische Judenmission, in der man Juden zu Christen macht, sondern sie bezeugen in Demut und Liebe dem jüdischen Volk ihren Messias und ermutigen Juden, ihre jüdische Identität zu leben.

Sie halten es für »geschichtlich und politisch unverantwortlich«, dass die Kirche sich von den messianischen Juden distanziert. Glauben Sie, dass das Misstrauen zwischen Juden und Christen aus der Geschichte her begründet ist?

Es gibt unterschiedliche Gründe dafür, warum Juden Christen nicht vertrauen. Dabei spielt die unheilvolle zweitausendjährige Geschichte zwischen Juden und Christen eine große Rolle. Deswegen nennen wir uns auch nicht Judenchristen, sondern messianische Juden. Denn dadurch unterstreichen wir unsere Beziehung zum jüdischen Volk. Die Juden, die vor 70 Jahren zum Glauben an Jesus kamen, nannten sich Judenchristen. Irgendwann hat die nächste Generation gemerkt, dass beim Wort »Christen« bei Juden gleich die Rollläden runtergehen. Dieser Begriff erinnert sie an die vielen negativen Dinge, die Christen ihnen angetan haben. Daher gebrauchen wir heute die Bezeichnung »messianische Juden«.

Es wird auf dem Kirchentag eine Podiumsdiskussion zum Thema »Messianisches Judentum« geben. Haben Sie Hoffnung, dass sich an der Grundeinstellung der Kirche oder des Kirchentags in diesem Zusammenhang etwas ändert?

Meine Hoffnung an den Deutschen Evangelischen Kirchentag ist, dass sie uns irgendwann nicht mehr als lästige Störung im christlich-jüdischen Dialog wahrnehmen, sondern als Brückenbauer zwischen Juden und Christen. Dann habe ich im Allgemeinen die Hoffnung an die evangelische Kirche, dass sie die Geschichte reflektiert und mit uns in Dialog tritt. Solche Dialoge gibt es in der Württembergischen Landeskirche schon. In der Württembergischen Landeskirche finden bereits auf unterschiedlichen Ebenen Begegnungen zwischen Kirchenvertretern und messianischen Juden statt. Das ist ein guter Ansatz. Diesen Ansatz sollten wir ohne Ängste weiterverfolgen.

Meine dritte Hoffnung gilt dem orthodoxen Judentum in Deutschland. Ich hoffe, dass unsere orthodox-jüdischen Geschwister – ich sage bewusst Geschwister, weil messianische Juden sich als Teil des jüdischen Volk sehen – ihre Berührungsängste mit uns abbauen. Große jüdische Männer wie Martin Buber, Schalom Asch, Leo Baeck, David Flusser, Pinchas Lapide, Joseph Klausner und andere einflussreiche Juden haben sich nicht gescheut, mit messianischen Juden zu sprechen und sowohl in diesen Gesprächen als auch in ihren Veröffentlichungen die Person Jesus zu behandeln. Solch einen Dialog wünsche ich mir auch heute mit unseren orthodoxen Geschwistern.

Dennoch gibt es viele Vorurteile von orthodoxen Juden gegenüber messianischen Juden. Wie erklären Sie sich das?

Auch hier spielt die Geschichte eine Rolle. Im Jahr 70 nach Christus wurde der Tempel in Jerusalem zerstört. Damals nutzten die messianischen Juden die Möglichkeit, aus Jerusalem zu fliehen. Sie taten das, weil in Lukas 21,20f (GN) steht: »Wenn ihr Jerusalem von feindlichen Heeren eingeschlossen seht, dann seid gewiss: Seine Zerstörung steht bevor. Dann sollen die Bewohner Judäas in die Berge fliehen! Wer in der Stadt ist, soll sie schnell verlassen, und die Leute vom Land sollen nicht in die Stadt gehen!« Dadurch wurde die messianische Gemeinde bewahrt. Aber die Juden haben sie natürlich als Verräter angesehen. In den folgenden Jahrhunderten trennte sich auch die Kirche von den jüdischen Brüdern und Schwestern. In der Kirche wurden Juden als »Juden« nicht mehr akzeptiert. Darauf folgte das Mittelalter mit Pogromen und Zwangstaufen. Eine der schlimmsten Facetten dieser Geschichte war: Einige Juden, die damals Christen wurden, wurden zu den größten Antisemiten. Das war der Grund, warum Jesus-gläubige Juden immer wieder als Verräter angesehen wurden.

Dieser Gedanke ist bis heute präsent im kollektiven Gedächtnis der Juden.

Ein anderer Punkt ist: Die heutigen Rabbiner und orthodoxen Juden haben im Grunde keine Angst vor Jesus. Wovor sie Angst haben, ist, dass Jesus-gläubige Juden nicht mehr jüdisch leben. Das ist eine berechtigte Angst, denn so war es in den letzten Jahrhunderten. Moderne messianische Juden jedoch pflegen einen jüdischen Lebensstil. Aber das wissen orthodoxe Juden nicht, weil sie keinen Kontakt mit uns haben. Sie reden mit uns nicht auf Augenhöhe. Wenn sie uns respektieren und in einen Dialog mit uns treten würden, hätten sie vielleicht weniger Angst vor uns.

Christen verwundert es manchmal, dass messianische Juden ganz andere Feiertage als sie begehen. Warum feiern sie als Gemeinde die jüdischen und nicht die christlichen Feiertage?

Die jüdischen Feiertage sind die Feste der Bibel. Die Bibel bezeichnet sie als Feste des Herrn. Der hebräische Name für diese Feiertage ist *Moed*. Moed kann man übersetzen als »festgesetzter Termin«. Im Grunde sagt Gott: An diesem Termin möchte ich mit euch Gemeinschaft haben. Das ist das Verständnis dieser Feste. Jesus hat alle diese Feste gefeiert, genauso wie die Apostel. Deswegen feiern auch wir sie.

Weihnachten feiern wir nicht, weil Weihnachten kein biblischer Feiertag ist. Außerdem glaube ich nicht, dass Jesus im Winter geboren wurde. Ostern feiern wir auch nicht, dafür aber das jüdische Passahfest: An diesem Fest feiern wir Tod und Auferstehung Jesu. Der Termin des Passahfestes wurde allerdings im Jahre 325 beim Konzil von Nicäa von Kaiser Konstantin absichtlich um eine Woche verschoben. Es gibt Dokumente, die bezeugen, aus welchem Grund das geschah, und zwar »um nicht mit den Christusmördern gemeinsam zu feiern«. Der Kirche waren bei dieser Entscheidung politische und emotionale Gründe wichtiger als theologische. Deshalb gibt es Ostern.

Juden haben noch ein weiteres emotionales Problem mit den christlichen Feiertagen. Denn an diesen beiden Feiertagen gab es die meisten christlichen Pogrome in Osteuropa. Die Christen haben Juden in ihre Gebetshäusern eingesperrt und die Häuser angezündet. Sie gingen um die Häuser herum und sangen christlichen Hymen. Das war vor hundert bis zweihundert Jahren, aber ich kann gut nachvollziehen, dass viele Juden immer noch eine Abneigung gegenüber diesen Festen haben. Leider haben Christen aus dieser Geschichte wenig gelernt. Der »Blutige Palmsonntag« am 25. März 1934 in Gunzenhausen ist ein Beispiel dafür.

Wäre es für die Zukunft nicht hilfreich, wenn messianische Juden und Christen die Auferstehung Jesu gemeinsam feierten?
Das machen wir schon. Einige messianische Gemeinden laden zum Passahfest immer Christen ein. Und die Osterwoche ist für mich die spannendste Woche im Jahr, weil ich dann fast jeden Tag in christlichen Gemeinden unterwegs bin, um mit Christen das Passahfest mit messianischen Inhalten zu feiern. Ich zeige ihnen dann, wie Jesus dieses Fest erfüllt. Denn alle biblischen Feste haben für uns Juden sowohl eine prophetische als auch eine messianische Bedeutung. Sie weisen auf Jesus hin. Einige Feste wurden schon erfüllt. Die Erfüllung von anderen steht noch aus. Es ist unmöglich, das Heilsprogramm Gottes zu begreifen, ohne die Bedeutung der Feste zu verstehen.

Wie erkannten Sie, dass Jesus der erwartete Messias ist?
Ich bin nicht als messianischer Jude geboren worden, sondern in einer säkularen Gesellschaft aufgewachsen. 99 Prozent der Juden aus der ehemaligen Sowjetunion sind atheistisch geprägt, denn die Kommunisten wollten alle Religionen und Glaubensbewegungen unterdrücken. Ich wusste zwar, dass ich ein Jude bin, aber mir fehlten die Bibelkenntnis und der Glaube an Gott. Ich habe erst mit 33 Jahren erfahren, dass Jesus der jüdische Messias ist. Dadurch kamen meine Frau und ich

zum Glauben. Das war für uns einerseits der Beginn eines ganz neuen Lebens, andererseits begann ein Prozess, in dem wir durch Jesus unsere jüdischen Wurzeln mehr und mehr kennenlernten. Wir haben vorher kaum das Judentum praktiziert – heute ist das ganz anders. Unsere jüdische Identität haben wir erst durch Jesus gewonnen.

Bei welchen Bibelstellen aus der Thora und dem Neuen Testament haben Sie gemerkt: »Dieser Jesus ist der, auf den die Juden gewartet haben«?

Zum Beispiel bei Jesaja 53. Als ich diese Stelle gelesen habe, fiel mir sofort wieder ein, was ich schon im Matthäus-Evangelium gelesen hatte. Das Matthäus-Evangelium ist ja speziell von Juden für Juden geschrieben worden. Manche Rabbiner erzählen uns, das Neue Testament sei kein jüdisches Schriftstück, sondern ein antisemitisches Buch und dass Juden es nicht lesen dürften. Umso größer war meine Überraschung, als ich mit dem Matthäus-Evangelium anfing. Ich las in Matthäus 1,1: »Dies ist das Buch von der Geschichte Jesu des Messias, des Sohnes Davids, des Sohnes Abrahams« und habe mich gefragt: »Moment mal, alle drei sind Juden – was machen sie in diesem antisemitischen Buch?« Das hat mich neugierig gemacht und ich habe weitergelesen. Je mehr ich im Matthäus-Evangelium gelesen habe, desto mehr habe ich verstanden, dass es ein durchweg jüdisches Buch ist.

Sie bezeichnen sich nicht als Christ, sondern als messianischer Jude. Was bedeutet es für Sie, dass Jesus der Messias ist?

Für uns Juden bedeutet schon Umkehr etwas anderes: Denn wir kehren uns nicht von einem anderen Glauben ab und Gott zu, sondern wir kehren zurück zu unserem Gott und unserem Messias. Der Messias ist ein jüdisches Konzept. Der lateinische Begriff Messias kommt vom hebräischen Begriff »*Maschiach*« und heißt »Gesalbter«. Im alten Israel wurden die Könige und Priester für ihren Dienst gesalbt. Die Vorstellung des Gesalbten ist ein jüdisches Konzept. Deswegen war es für Paulus so schwierig, dieses Konzept den Heiden zu erklären. Die Juden haben seit Jahrhunderten auf den Messias gewartet. Das heißt: Meine Annahme von Jesus ist die Erfüllung der Erwartungen meines Volkes. Für Christen ist es etwas ganz anderes. Das erklärt Paulus auch im Epheser- und Römerbrief.

Eine sehr wichtige Erkenntnis war für mich allerdings, dass ich mein jüdisches Volk nicht verrate, wenn ich Jesus als den Messias annehme. Denn mit dem dritten Jahrhundert nach Christus hat sich die Kirche von ihren jüdischen Wurzeln losgesagt. In den siebzehn Jahrhunderten danach gab es in der Geschichte zwar immer wieder Juden, die zum Glauben an Jesus kamen. Allerdings durften sie nicht als Juden leben. Sie mussten sich von allem Jüdischen lossagen: Sie durften sich nicht mit der jüdischen Geschichte auseinandersetzen oder ihre jüdischen Bräuche weiter praktizieren. Erst seit Anfang des 20. Jahrhunderts gibt es die messianische Bewegung, in der Juden bezeugen: »Wir können an Jesus glauben und Juden bleiben.« Das ist eine geniale Sache.

Für viele Christen sind messianische Juden einfach zum Christentum konvertierte Juden. Sie sehen das anders. Welche Unterschiede gibt es zwischen Christen und messianischen Juden?
Im Christentum wird die Thora als Altes Testament bezeichnet und man schenkt ihr kaum Beachtung. Das ist ein riesiges Missverständnis in der Kirchengeschichte. Für messianische Juden gibt es kein Altes und Neues Testament, die ganze Bibel ist für sie Offenbarung Gottes. Die sehen wir sowohl im Alten als auch im Neuen Testament und sprechen daher vom »Buch der Bündnisse«. Außerdem betrachten wir unser jüdisches Erbe als großen Schatz. Dazu gehören für uns auch jüdische Auslegungsschriften wie Talmud, Mischna und Midrasch. Wir haben ganz andere Schlüssel zur Bibelauslegung als Christen.

Ich glaube auch, dass das jüdische Volk eine besondere Berufung hat. Gott sagt seinem Volk in der Bibel: »Und ihr sollt mir ein Königreich von Priestern und ein heiliges Volk sein.« (2. Mose 19,6) Was heißt ein Volk von Priestern? Das beinhaltet zunächst eine stellvertretende Position vor Gott, aber auch eine aufklärende Position. Wenn Jesus in Matthäus 28,19f den Jüngern den Auftrag gibt, zu den Völkern hinzugehen und sie zu lehren, ist das nichts Neues. Denn es ist die ewige Berufung Israels, Licht für die Nationen zu sein.

Für Juden sind die Gebote des Moses sehr wichtig. Christen sagen meist: »Die Zehn Gebote haben für mich Gültigkeit, aber die anderen Gebote aus dem Alten Testament nicht.« Zählen für Sie als messianischer Jude alle Gebote und welche Gültigkeit haben diese Gebote für Sie?

Die Gebote zählen für uns auf jeden Fall, doch nicht alle Gebote haben die gleiche Gewichtigkeit. Die jüdische Theologie unterscheidet zwischen leichten und schweren Geboten. Allerdings sind für messianische Juden alle Gebote aus der Thora Wort Gottes und somit wichtig. Jetzt gilt es, zwei Dinge zu verstehen: Erstens: Zwei Drittel der 613 Ge- und Verbote der Bibel beziehen sich auf den Tempeldienst. Das heißt: Seit 70 nach Christus der Tempel zerstört wurde, sind diese Gebote nicht mehr in ihrer ursprünglichen Form erfüllbar. Trotzdem finde ich es wichtig für jeden Juden, diese Gebote zu kennen und zu versuchen, in ihnen den Reichtum der Ordnungen Gottes zu erkennen. Zweitens gibt es in der Bibel eine Menge Gebote für besondere Personengruppen, etwa nur für Priester, nur für Frauen oder nur für Männer. Nicht alle Gebote sind also für jeden gültig.

Für manche Christen sind die Gebote bzw. die Werke der Gerechtigkeit ein Problem. Man hat in der christlichen Theologie eine künstliche Kontroverse zwischen Gesetz und Gnade geschaffen. Die Bibel kennt diese Kontroverse nicht. Als die hebräische Bibel im Jahre 250 vor Christus zum ersten Mal ins Griechische übersetzt wurde, waren viele jüdische Gelehrte damit unglücklich. Der Grund war, dass man im Griechischen kein entsprechendes Wort für »Thora« fand. So wurde

Thora unglücklich mit dem Wort »*nomos*« (Gesetz) übersetzt. Gesetz bedeutet aber: »Das muss ich tun« und »Das schränkt mich ein«. Die richtige Übersetzung des Wortes »Thora« ist aber »Lebensweisung«. Gott gibt als liebender Vater seinen Kindern Weisungen, wie sie leben sollen, damit sie es gut im Leben und eine Verbindung zu Gott haben. Das ist der Sinn der Gebote in der Bibel. Juden verstehen die Thora als den »Weg in ein freies Leben«. Wenn das Volk Gottes nach Gottes Geboten lebt, bewundern die Völker seine Weisheit und seinen Verstand. Und – was das Wichtigste ist – dadurch werden die Völker auf die Gottesbotschaft aufmerksam. Also: Wenn das Volk Gottes nach Gottes Geboten lebt, dann ist das in erster Linie Evangelisation pur (vgl. 5. Mose 4,5-7)! Die Gebote sind kein Damoklesschwert! Wichtig ist nicht die akribische Erfüllung der Gebote, sondern die Richtung, in die sich ein Mensch kontinuierlich bewegt.

Das Leben nach dem Willen (sprich: nach den Geboten) Gottes führt zum erfüllten Leben. Das Leben ohne seine Gebote führt zum geistlichen Tod (5. Mose 5,33; 5. Mose 8,1). Die Befolgung der Gebote ist Ausdruck der Liebe zu Gott, der Liebe zu Jesus (5. Mose 10,12; Johannes 15,10).

Messianische Juden sind durch ihre Tradition oft stärker im jüdischen Denken verwurzelt als Christen. Sind Sie dadurch bessere Christen?

Zunächst sind wir keine »Christen« und auch nicht besser. Das Neue Testament macht deutlich, dass Christen und Juden sich auf Augenhöhe begegnen können. Paulus spricht im Römerbrief von wilden und natürlichen Ölzweigen (Römer 11,17-24). Ich beobachte, dass die Kenntnis der jüdischen Wurzeln in den Reihen der messianischen Juden nicht zu Hochmut führt, sondern ihnen vielmehr ihren Sendungsauftrag bewusst macht. Ich fühle mich persönlich zu meinem Volk, aber auch zu den Christen gesandt und bemühe mich, diesen Auftrag zu erfüllen. Ich bin oft unterwegs, um über die Wurzeln des christlichen Glaubens zu lehren. Der Leib Jesu besteht aus einem jüdischen und einem nicht jüdischen Teil, von denen jeder andere Begabungen und eine andere Berufung hat. Es ist eine Kunst, einander in unserer Unterschiedlichkeit anzunehmen und zu akzeptieren. Das müssen wir lernen.

Für Sie als Jude war das Lesen des Neuen Testaments ein Aha-Erlebnis. Welche Aha-Erlebnisse könnten Christen machen, wenn Sie sich stärker mit dem Alten Testament und jüdischen Traditionen beschäftigten?

Es wäre ein riesiges Aha-Erlebnis, wenn Christen überhaupt begännen, das Alte Testament zu lesen. Meiner Erfahrung nach wird das Alte Testament in den heutigen Kirchen und Gemeinden kaum gelesen. Es enthält viele schwierige Stellen. Zeigen Sie mir einen Christen, der eine Morgenandacht über das dritte Buch Mose hält. Das ist für sie ein total unverständliches Buch. Auf der anderen Seite gibt uns dieses Buch eine wunderbare Erklärung über den Messias und weist auf ihn hin.

Prinzipiell gibt es zwei hermeneutische Ansätze. Die Christen leben nach dem hermeneutischen Prinzip: »Wir lesen das Alte Testament durch die Brille des Neuen Testaments.« Ich sage nicht, dass das total falsch ist. Aber viel sinnvoller wäre es, das Neue Testament durch die Brille des Alten Testaments zu lesen. Das Neue Testament ist die Erfüllung des Alten Testaments. Zunächst muss man die Verheißungen kennenlernen und dann die Erfüllung.

Aha-Erlebnisse stellen sich ein, wenn wir im Alten Testament das Messianische entdecken – und das Alte Testament ist durchaus messianisch. Das fängt schon beim Segen für Abraham an. Ich würde Christen vorschlagen: Lesen Sie die Bibel vom ersten Buch Mose bis zur Offenbarung nicht als Altes und Neues Testament, sondern als Geschichte der Bündnisse, die Gott mit seinem Volk geschlossen hat. Diese Bundesgeschichte ist das Rückgrat der ganzen Bibel. Aus dieser Perspektive kann man die Bibel mit neuen Augen lesen.

So weit das Interview. Das christliche Nachrichtenmagazin *ideaSpektrum* bat mich, das Editorial über das Thema »Messianische Juden und der Kirchentag« zu schreiben. Zuerst wollte ich das Angebot ablehnen, da ich nicht noch mehr Unruhe stiften wollte. Aber meine Freunde ermutigten mich dann doch, den Artikel zu schreiben, den ich hier kurz zitiere:[53]

Kirchentag: Warum dürfen wir nicht mitmachen?

In Deutschland gibt es etwa 3 000 messianische Juden, die an Jesus Christus als den dem Volk Israel verheißenen Messias glauben. Wen stört das? Wir leben in einer pluralistischen Gesellschaft, die religiöse Freiheit sehr schätzt. Bei einem vergangenen Deutschen Evangelischen Kirchentag wurde der Dalai Lama als geistlicher Star gefeiert, und muslimische Gruppen und Vereine haben einen Platz auf dem Markt der Möglichkeiten. Religiöse Toleranz wird großgeschrieben.

Nur wir dürfen nicht teilnehmen! Nach Ansicht des Kirchentagspräsidiums verfolgen wir »judenmissionarische Absichten«. Als Leiter einer messianischen Gemeinde in Stuttgart fühle ich mich durch diesen Ausschluss gekränkt, wie viele meiner Glaubensgenossen auch. Wir sind sehr enttäuscht, dass wir unsere Bewegung nicht präsentieren können, obwohl Jesus selbst Jude war. Er wusste sich zunächst zu seinem eigenen Volk gesandt, damit Juden ihn vor allen anderen Völkern bezeugen können.

Das haben die ersten Jesus-gläubigen Juden aufrichtig getan. Doch nach 2 000 Jahren werden ihre Nachfolger von der EKD und ihrem Kirchentag abgelehnt. Ich kann sehr gut nachvollziehen, dass das orthodoxe Judentum wegen der unheilvollen Geschichte zwischen dem Christentum und Judentum auf Distanz zu »judenmissionarischen Gruppen« geht. Ich teile ihre Furcht vor Identitätsverlust und Lebensbedrohung. Allerdings betreiben jüdisch messianische Gemeinden keine »Judenmission«.

Wir wollen nicht Juden zu Christen machen, sondern in Demut und Liebe dem jüdischen Volk den jüdischen Messias verkünden und Juden ermutigen, gleichzeitig ihre jüdische Identität zu leben. Wir wollen Brücken auch zu Christen bauen. Wir können ihnen helfen, sich auf die jüdischen Wurzeln ihres Glaubens zu besinnen. In der Württembergischen Landeskirche gibt es dafür eine große Offenheit. Auf vielen Ebenen finden regelmäßige Gespräche mit uns statt.

Es ist nicht leicht, zwischen den Stühlen zu sitzen und Ablehnung auch von jüdischer Seite zu erfahren. Noch schmerzlicher aber ist die Ablehnung durch große Teile der Kirche und durch den Kirchentag. Dennoch sind wir uns bewusst, dass Gottes Geschichte eine eigene Dynamik hat. Was heute noch nicht möglich ist, kann morgen schon möglich sein. Als messianische Juden sind wir sehr traurig über die Ablehnung, aber nicht frustriert. Schließlich haben wir Juden Schlimmeres in unserer Geschichte erlebt, als nicht am Kirchentag teilnehmen zu können.

Und wenn der Kirchentag uns nicht einlädt, dann laden wir, die messianischen Gemeinden, am Kirchentagssamstag zu einem offenen Schabbat-Gottesdienst ein …

So weit der Artikel, mit dem ich folgende drei Ziele erreichen wollte:

Erstens: Mir war es bewusst, dass der Kirchentag die Entscheidung eines Juden, an Jesus zu glauben, für eine persönliche Lebensentscheidung ohne theologische Relevanz hält. Meine Entscheidung ist aber theologisch begründet. Ich brachte zum Ausdruck: Wir fühlen uns nicht ernst genommen.

Zweitens: Der Kirchentag nimmt das aktuelle vielfach entspannte Verhältnis zwischen messianischen und orthodoxen Juden nicht wahr. In einigen Synagogen Deutschlands wird messianischen Juden das Jude-Sein nicht abgesprochen und es gibt Treffen zwischen synagogalen und messianischen Jugendlichen. Der Kirchentag folgt den Denkmustern des vorigen Jahrhunderts.

Drittens wollte ich meine Enttäuschung zum Ausdruck bringen, dass die Erklärungen von Bischof und Synode keine praktischen Konsequenzen haben. Die Kirche könnte zwischen den jüdischen Strömungen vermitteln, anstelle als Spaltpilz zu wirken. Dieser letzte Punkt ist mir sehr wichtig. Die Kirche darf kein Spaltpilz sein. In der Vergangenheit wurde im jüdisch-kirchlichen Dialog ein entscheidender Punkt ausgelassen: Der Anspruch des Juden Jesus von Nazareth, gemäß den hebräischen Schriften, der Messias Israels und der Retter aller Menschen zu sein. Die Kirche sollte aufpassen, dass sie durch ihren kirchlich-jüdischen Dialog nicht als Spaltpilz agiert, sondern als Brückenbauer zwischen den beiden jüdischen Konfessionen.

Zum Schluss möchte ich noch einige Eindrücke wiedergeben, welche der Kirchentag erweckt hat. Unsere Ablehnung ist ein Zeichen dafür, dass die Kirche die messianische Bewegung nicht länger ignorieren darf. Über Umfang und Bedeutung der Existenz messianisch-jüdischer Gemeinden gibt es ausreichend viele Berichte, wissenschaftliche Untersuchungen und Abhandlungen.[54]

Beispielsweise sind dies

die Feststellung und Untersuchung, dass und wie messianisch-jüdische Gemeinden existieren und wachsen
- die Untersuchung der biblischen Grundlagen für die Entstehung Jesus-gläubiger jüdischer Gemeinden
- die Bedeutung messianisch-jüdischer Theologie für die christliche Theologie, insbesondere die neue Bewusstmachung der Wurzeln des christlichen Glaubens im Judentum des Alten Testaments
- die Würdigung messianisch-jüdischer Friedensarbeit vor allem im Nahen Osten

Das Argument des Kirchentages: »Als Deutsche wollen wir so sensibel mit den Juden umgehen, dass wir sie von der Guten Nachricht verschonen«, lässt sich nicht halten. Wir wissen sehr wohl, dass die unfassbaren Vorgänge zur Zeit der Herrschaft des Nationalsozialismus das Verhältnis der Deutschen zum jüdischen Volk besonders sensibel machen. Oft wird aber vergessen, dass auch Jesus-gläubige Juden genauso wie ihre Stammverwandten Verfolgung und Vernichtung erlitten haben und dass das christliche deutsche Volk gegenüber allen – auch gegenüber messianischen – Juden und ihren Nachkommen Schuld auf sich geladen hat. Der Umgang mit messianischen Juden muss deshalb genauso einfühlsam sein wie mit allen Menschen jüdischer Abstammung.

Besonders pikant war es, dass der Ausschluss messianischer Mitarbeit beim Kirchentag ausgerechnet in einem Jahr erfolgte, dessen Losung hieß: »Nehmt einander an, wie Christus euch angenommen, zu Gottes Lob.« (Römer 15,7)

Wenn wir nach Jesu Gesprächskultur fragen, dann fällt uns auf, dass er sich nie opportunistisch verhalten hat. Er hätte sich das Gespräch mit dem Priestertum und den Theologen seiner Zeit leichter machen können, wenn er keinen Umgang mit Bevölkerungsgruppen gepflegt und diese nicht angenommen hätte, die von seinen Gesprächspartnern abgelehnt wurden. Er hat es sich aber nicht leichter gemacht. Er hat seinen Gesprächspartnern zugemutet, dass sie sich hinterfragen mussten. Stünde es bei aller Sensibilität dem Judentum gegenüber nicht auch der christlichen Kirche wohl an, der jüdischen Orthodoxie zu bezeugen, dass messianische Juden Glaubensgeschwister der Christen sind?

Wie geht es weiter?

Die Erklärung der EKD zur Judenmission

Die zweite Auflage dieses Buches erlaubt mir, kurz zu skizzieren, wie diese Entwicklung weiterging. Am 9. November 2016 hat die EKD-Synode eine viel beachtete Erklärung zur »Judenmission« verabschiedet.[55] Darin gibt es manch positive Aussagen, wie zum Beispiel dass sich Christen zu »Jesus Christus, dem Juden« bekennen, »der als Messias Israels der Retter der Welt ist«. Als ein messianischer Jude kann ich solche Aussagen nur begrüßen.

Seltsam finde ich allerdings die Aussage, dass diese Erklärung jede Form der Judenmission verwirft, »wo Menschen zur Konversion gezwungen wurden«. So was geschah zwar in vergangenen Jahrhunderten, existiert aber heute nicht mehr real.

Sehr problematisch meiner Meinung nach die Aussage »dass Gott keine Christen beruft, um Juden das Evangelium von Jesus, dem Messias, weiterzugeben«. Zum einen können wir eine solche These mit bestem Willen nicht aus dem Neuen Testament herauslesen. Man braucht viel Fantasie, um solche Schlüsse zu ziehen. Zum anderen zeigt meine Erfahrung, dass die Mehrheit der messianischen Juden durch das Zeugnis von Christen zum Glauben an Jesus, den Messias, kamen. Haben diese Christen gegen den Wille Gottes gehandelt, als sie den Juden von ihrem Messias erzählten? Oder wussten sie damals nicht Bescheid, dass die EKD in dieser Sache anders als Gott entschieden hat?

Was die messianischen Juden betrifft, ignoriert die Erklärung der EKD ihre Existenz. Es scheint für die EKD nicht wichtig zu sein, Stellung zum Verhältnis von christlicher Kirche und messianischen Juden zu beziehen. Es ist sehr schade, dass die Kirche sich wieder von den Jesus-gläubigen Juden distanziert. Die deutsche Geschichte kennt die unheilvollen Zeiten, als die Kirche ihre jüdische Brüder und Schwester verraten hatte. Damals hat sie das auch aus Angst von den National-sozialisten getan. Aus welchem Grund auch immer das heute wieder geschieht: Die christliche Kirche steht in der Gefahr, die Fehler von damals zu wiederholen!

Was die messianische Bewegung betrifft: Ich glaube, sie kann auch ohne Kirchentage und trotz der Ignoranz, die in dieser Erklärung der EKD deutlich wird, leben. Wir Juden haben in unserer Geschichte viel Schlimmeres erleiden müssen als die Absage einer Teilnahme an einer christlichen Veranstaltung oder eine theologisch fragwürdige Erklä-rung. Wenn man mich fragt, wie ich die Zukunft der messianischen Bewegung sehe, würde ich Folgendes sagen:

Die Zukunft der messianischen Bewegung

Die Ausbreitung der messianischen Bewegung in der Zukunft hängt von mehreren Faktoren ab. Die messianischen Gemeinden sollten zu Zentren werden, von denen aus das Evangelium allen Menschen, aber vor allem den Juden in der ganzen Welt gepredigt wird. Das verlangt eine gründliche Ausbildung der Leiter, aber auch die Ermutigung zum evangelistischen Einsatz sowohl der messianischen Gemeinden als auch des einzelnen messianischen Gläubigen.

Drei weitere Faktoren sind nicht weniger wichtig für die Gestaltung der messianischen Bewegung. Zum einen müssen Christen erkennen, dass es notwendig ist, das Evangelium an Juden weiterzugeben. Dazu sollen Christen, die aus welchen Gründen auch immer das jüdische Volk trösten wollen, biblisch motiviert werden. Das Zitat eines juden-christlichen Theologen stellt dies deutlich heraus:

Ich weiß, dass Sie das jüdische Volk lieben. Ich weiß, dass Sie Juden an vielen Orten der Welt helfen. Aber die Verkündigung des Evangeliums ist der einzige Weg, sie zu trösten, und ihnen das Evangelium vorzuenthal-

ten, ist meiner Meinung nach die schlimmste Form von Antisemitismus, die es gibt. Viele Organisationen wollen mein Volk Israel trösten, indem sie Juden zurückführen nach Israel. Aber für diese jüdischen Menschen bedeutet das Leben in Israel nur einen kurzen Abstecher auf ihrem Weg zur Trennung von Gott. Sie wurden gesegnet durch christliche Liebe und Unterstützung. Aber solange sie noch nichts gehört haben von der Vergebung der Sünden in Jesus, sind sie immer noch nicht wirklich getröstet. Ja, das jüdische Volk hat gelitten. Wir sind schrecklich verletzt worden. Trotzdem sollte Ihre Liebe und Unterstützung nicht aus einem Schuldgefühl heraus geschehen. Ihre Liebe und Ihr Trost für das jüdische Volk müssen sich auf das Wort Gottes gründen. Dann ist Ihre Liebe ein Stück von Gottes Liebe. Und mein jüdisches Volk wird wirklich getröstet werden durch Jesus, den Messias.[56]

Andererseits muss das Zeugnis des Evangeliums an die Juden anders geschehen als die Evangelisierung von Nichtjuden. Die Kenntnis der Thora, der außerbiblischen jüdischen Schriften sowie der jüdischen Kultur sind für diese Aufgabe unabdingbar.

Des Weiteren müssen die messianischen Gemeinden das Beste aus dem Judentum herausschöpfen und ausleben. Sie dürfen kein Fremdkörper für die Juden sein, die treu nach der Thora leben wollen. Die Kompetenz der Pastoren und Leiter, die sich in der jüdischen Schriftauslegung auskennen, wird sehr gefragt sein. Andererseits sollen die Nichtjuden, die in den messianischen Gemeinden integriert sind, sich wohlfühlen und ihre eigene Identität leben. Dadurch werden die messianischen Gemeinden ihrer Einzigartigkeit gerecht, dass hier Juden und Nichtjuden ihre eigenen Berufungen in Eintracht miteinander ausleben können (vgl. 1. Korinther 7,17-18).

Zum Dritten müssen Christen anerkennen, dass der weltweite Leib Jesu ohne messianische Juden nicht vollständig ist. Es ist für sie unerlässlich, dafür Offenheit zu entwickeln und dies zu fördern. Es ist nötig, dass Christen eine biblische Sicht für messianische Juden entwickeln, wie es der Theologe Theo Sundermeier beschreibt:

Wir erleben dankbar, dass Gott an den messianischen Juden seine Erwählung Israels in Jesus Christus zur Erfüllung führt. In Israel, Amerika und Europa entstehen Gemeinden von Juden, die in Jesus ihren Messias erkennen und sich zu ihm bekennen. Sie sind Gottes Geschenk an die Christenheit, über deren Existenz sich Christen freuen dürfen. Sie sollten der Solidarität der Christen gewiss sein. In ihrer Existenz wiederholt sich die Zeit der ersten Christen, die dem Judentum treu blieben und als solche durch Christus Sündenvergebung erlangten und im Gottesfrieden lebten, der höher ist als alle Vernunft.[57]

Dem Leser dieses Buches wünsche ich vor allem Gottes reichen Segen. Ich bin dankbar, dass Sie mein Buch gelesen haben, und hoffe und bete, dass Sie dadurch mehr Verständnis und Liebe zum Volk Israel und zu seinem Messias bekommen.

Schalom u Wracha!
(Frieden und Segen auf Ihnen!)

Anmerkungen

(Alle Internetlinks wurden am 2. 2. 2017 auf ihre Aktualität überprüft.)

[1] Axt (ukrainisch)

[2] Ernst Klee: Das Personenlexikon zum Dritten Reich. Wer war was vor und nach 1945? 2. aktualisierte Auflage, Frankfurt am Main: Fischer, 2005.

[3] Hartmut Rüß: Kiev/Babyn Jar. In: Gerd R. Ueberschär (Hrsg.): Orte des Grauens. Verbrechen im Zweiten Weltkrieg. Primus, Darmstadt 2003; Ernst Klee: Das Personenlexikon zum Dritten Reich. Wer war was vor und nach 1945? 2. aktualisierte Auflage, Frankfurt am Main: Fischer, 2005

[4] Isaac Bashevis Singer, Wolfgang Einsiedel: Jakob der Knecht. Hamburg: Rowohlt 2004.

[5] Sanskrit: Ein Spruch, oder ein Lied mit einer spirituellen Kraft.

[6] Großer Fluss in Kiew, der drittlängste Fluss in Europa.

[7] Stan Telchin, Christoph Bluth: Verraten! Ein Jude begegnet dem Messias Kassel: Oncken, 1999.

[8] David H. Stern: Das jüdische Neue Testament. Holzgerlingen: SCM Hänssler, 2003.

[9] Der Babylonische Talmud, Brachot 34b. Neu übertragen durch Lazarus Goldschmidt. Frankfurt am Main: Jüdischer Verlag im Suhrkamp Verlag, Nachdruck der zweiten Auflage, die 1967 im Jüdischen Verlag Berlin erschienen ist.

[10] Seit Dezember 1991 gibt es einen unabhängigen ukrainischen Staat. Er umfasst 603 628 Quadratkilometer und ist damit der nach Russland zweitgrößte Staat Europas. Sein Territorium ist identisch mit demjenigen der Ukrainischen Sowjetrepublik und grenzt an Russland, Belarus, Polen, die Slowakei, Ungarn, Rumänien und die Republik Moldau. Seit August 2014 führt die Ukraine im Osten einen unerklärten Krieg gegen sogenannte Separatisten, die von Russland unterstützt werden.

[11] Talmud, Menachot 53b

[12] *Mesusa* (Plural: *Mesusot*) bedeutet »Türpfosten« und bezeichnet eine in einer Kapsel befindliche kleine Schriftrolle mit den Schriftworten 5. Mose 6,4-9 sowie 11,13-21, die am Türpfosten jüdischer Häuser angebracht ist.

[13] Der *Siddur* ist das jüdische Gebetbuch.

[14] Philipper 4,7; Das Jüdische Neue Testament

[15] Römer 1,16

[16] 1. Mose 39,2

[17] Vgl. 1. Mose 12,3

[18] Johannes 17,21 f.

[19] Epheser 2,14

[20] Ps 133,1

[21] Joseph Shulam: Verborgene Schätze. Das jüdische Bibelverständnis des 1. Jahrhunderts. Netivyah Bible Instruction Ministry, 2010, S. 88.

[22] Winfried Amelung: Denken macht Spaß – Glauben erst recht. Edition Amelung, Chemnitz, o. J.

[23] Talmud, Schabbat 88b; Der Midrasch Bemidbar Rabba 13

[24] Hosea 11,1

[25] Hebräisch: »Forschung, Auslegung«

[26] 1. Mose 12,3

[27] Ulrich Parzany in seiner Predigt im Gottesdienst der Israelkonferenz des EDI am 14. Juni 2015 mit dem Generalthema: »Nehmt einander an! – Einheit im Messias« über Römer 15,7-13.

[28] Christoph Stenschke: »Das Apostolische Glaubensbekenntnis, der Gott Israels und der Jude Jesus von Nazareth«, in: Scriptura 109 (2012), S. 96–109; zum Download: http://scriptura.journals.ac.za/pub/article/download/127/135

[29] Der älteste bekannte hebräische Text ist der auf eine Tontafel niedergeschriebene Gezer-Kalender von 925 v. Chr., der heute in Istanbul ausgestellt ist. Es gibt ältere Zeugnisse von anderen verwandten Dialekten.

[30] Der Name wurde geändert.

[31] Der Name wurde geändert.

[32] »Und ihnen will ich in meinem Hause und in meinen Mauern ein Denkmal und einen Namen (Yad Vashem) geben … der nicht getilgt werden soll« (Jesaja 56,5).

[33] Zvi Rix (als Franz Rix geboren am 18. 4. 1909 in Wien, Österreich-Ungarn; gestorben am 11. 1. 1981 in Rechovot) war ein österreichisch-israelischer Arzt und Autor, vgl. https://de.wikipedia.org/wiki/Zvi_Rix

[34] Aus einem russischen Magazin; übersetzt von A. U.

[35] 1. Mose 12,3

[36] Der Babylonische Talmud, Brachot 34b, vgl. Anmerkung Nr. 9.

[37] Rambam, Mischne Tora, Das Buch V, Sefer Kduscha, Kap. 13, S. 136–137.

[38] Eine jüdische Methode der Schriftauslegung

[39] 1. Korinther 1,13-17

[40] Das lateinische Wort »Messias« hat das griechische Äquivalent »Christos«. Dies ist eine Übersetzung vom hebräischen »Maschiach«. Auf Deutsch wird das Wort oft mit »Gesalbter« übersetzt. Zugrunde liegt das biblische Konzept, nach dem Priester und Könige im alten Israel mit Olivenöl zu ihrem Dienst gesalbt wurden.

[41] Vgl. Eusebius, Hist. III,5,2 ff. Eusebius von Cäsarea: Kirchengeschichte. Übersetzt von Philipp Haeuser (= BKV II.1). München, 1932, S. 104 f.

[42] http://www.vehi.net/soloviev/solovevr.html, übersetzt von A. U. aus dem Russischen.

[43] Los del Camino, Stefano Haim Levi, zitiert in Assemani, Acta Sactorum Martyrum Orientallum bei Occidentallum, Vol. 1, Roma, 1748, S. 105.

44 Martin Stöhr: Martin Luther und die Juden, in: W. D. Marsch und K. Thieme, Christen und Juden, Mainz: Matthias-Grünewald; Göttingen: Vandenhoeck & Ruprecht, 1961, S. 115.

45 Gabriel Riesser: Verteidigung der bürgerlichen Gleichstellung der Juden gegen die Entwürfe des Herrn Dr. H. E. Paulus, 1831; zit. nach Karin Wiedemann, http://www.bilderreisen.at/portraets/portraets-hamburg-riesser.php

46 Aus einem Brief Zinzendorfs vom 28. Mai 1742 aus Philadelphia. Zitiert aus Martin Schmidt: Judentum und Christentum im Pietismus des 17. und 18. Jahrhunderts. In: Kirche und Synagoge – Handbuch zur Geschichte von Christen und Juden, Bd. 2. Stuttgart: Ernst Klett Verlag, 1970, S. 118.

47 Schalom Ben-Chorin: »Die Christusfrage an den Juden«, in: Zeitbuchreihe. Unterwegs, Bd. 12. Berlin: Käthe Vogt Verlag, 1960, S. 42–43.

48 Unabhängigkeitserklärung des Staates Israel von 1948

49 Christen und Juden I–III. Die Studien der Evangelischen Kirche in Deutschland 1975–2000, Denkschrift der EKD 152, 2002, Download unter: https://www.ekd.de/download/christen_und_juden_I-III.pdf

50 http://www.hagalil.com/judentum/rambam/ikarim.htm

51 http://www.edi-online.de/index.php/kirchentag-2015

52 http://www.erf.de/index.php?node=6865-542-5108 und http://www.erf.de/index.php?node=6865-542-5107

53 http://www.edi-online.de/phocadownload/Kirchentag_2015/24_Uschomirski_Editorial_final.pdf

54 Vgl. Anatoli Uschomirski: Den Juden zuerst: Theologische Perspektiven der »Judenmission« in den kirchengeschichtlichen Epochen. Nürnberg: VTR, 2014;
Stefanie Pfister: Messianische Juden in Deutschland. Eine historische und religionssoziologische Untersuchung. Berlin: LIT-Verlag, 2008;
Hartmut Renz: Juden finden ihren Messias. Holzgerlingen: SCM Hänssler Verlag, 2012;
Kai Kjaer-Hansen; Ole Chr. M. Kvarme: Messianische Juden: Judenchristen in Israel. Erlangen: Verlag der Ev.-Luth. Mission, 1983;
Shira Sorko-Ram: Den Juden bin ich wie ein Jude geworden: Was Juden und Christen übereinander wissen sollten. Lübeck: Christliche Kommunikations- und Verlagsgesellschaft, 1995;
Chuck Cohen: Wurzeln unseres Glaubens. Lahr: Verlag der Liebenzeller Mission, 1997;
Tuvya Zaretssky: Das Evangelium – auch für Juden. Gießen: Brunnen Verlag, 2006;
Andreas Hornung: Messianische Juden zwischen Kirche und Volk Israel. Gießen: TVG/Brunnen Verlag, 1998.

55 Der Beschluss der 3. Tagung der 12. Synode der EKD in Magdeburg vom 3. bis 9. November 2016 trägt den Titel: Kundgebung »… der Treue hält ewiglich.« (Psalm 146,6) – Eine Erklärung zu Christen und Juden als Zeu

gen der Treue Gottes«; vgl.: https://www.ekd.de/synode2016/beschluesse/
s16_05_6_kundgebung_erklaerung_zu_christen_und_juden.html

[56] Arthur Goldberg, aus einer Ansprache beim Jahresfest des Evangeliumsdienstes für Israel im Jahr 2004. Freundesbrief des EDI Nr. 33/4.

[57] Theo Sundermeier im Faltblatt »Christen und Juden«, Gesellschaft für
Innere und Äußere Mission i. S. der lutherischen Kirche e. V., S. 6.

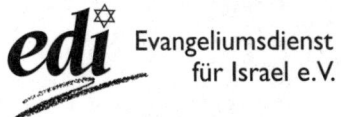

Evangeliumsdienst
für Israel e.V.

Evangeliumsdienst für Israel (EDI)

Wir setzen uns dafür ein
- dass jüdische Menschen erfahren, dass Jesus von Nazareth ihr Messias ist.
- dass Christen sich ihrer Herkunft aus dem biblischen Judentum bewusst werden.
- dass christliche Palästinenser und Juden, die an Jesus glauben, versöhnt zusammenleben.
- dass eine positive Haltung zu Israel und dem jüdischen Volk gefördert wird.

Evangelium
Das Zeugnis von Jesus, dem Messias Israels, soll in Liebe und mit Respekt unter jüdischen Menschen bekannt gemacht werden. Wir unterstützen daher jüdisch-messianische Gemeinden in Israel, Deutschland und Europa.

Information
Wir halten Gottesdienste in Kirchen und Gemeinden. In Vorträgen informieren wir über Israel, das Judentum und die messianischen Juden.

Organisation
Der Evangeliumsdienst für Israel e.V. ist ein freies Werk innerhalb der Ev. Landeskirche Württemberg und mit vielen evangelikalen Werken und Gemeinden verbunden. Der EDI finanziert seine Arbeit und Projekte ausschließlich durch Spenden, die im Rahmen der Satzung entsprechend der Zweckbestimmung für kirchliche oder mildtätige Zwecke eingesetzt werden.

Evangeliumsdienst für Israel e.V.
Postfach 3137 · 73751 Ostfildern
Fon 0711-793987
edi@evangeliumsdienst.de
www.evangeliumsdienst.de
Facebook: Evangeliumsdienst Für Israel

Carmen Matussek

Israel, mein Freund
Stimmen der Versöhnung
aus der islamischen Welt

Paperback, 14 x 21,5 cm, 272 S.,
mit s/w Karten und Bildern
Nr. 395.693, ISBN 978-3-7751-5693-6

In vielen islamischen Ländern sind häufig Vorurteile gegen Juden und
Israel anzutreffen. Aber es gibt auch Muslime, die diese antisemitische
Prägung hinterfragt haben – und nun Israel verteidigen, manchmal
unter Einsatz ihres Lebens.

Bitte fragen Sie in Ihrer Buchhandlung nach diesem Buch!
Oder schreiben Sie an: SCM Verlag, D-71087 Holzgerlingen
E-Mail: info@scm-verlag.de; Internet: www.scm-verlag.de